AF222979

Die Vernunft der Leidenschaft

von Frank Kralemann

Buchbeschreibung:

Vielleicht denken Sie: "Was soll mir eine philosophische Betrachtung der Liebe bringen? Liebe muss man fühlen, nicht analysieren!" Und tatsächlich hat der Philosoph Ludwig Wittgenstein einmal geschrieben: "Wovon man nicht sprechen kann, darüber muss man schweigen." Doch gerade bei der Liebe zeigt sich: Wir können nicht anders, als über sie zu sprechen, auch wenn unsere Worte oft unzureichend scheinen. Gerade weil die Liebe so zentral für unser Menschsein ist, müssen wir versuchen, sie besser zu verstehen nicht um sie zu entzaubern, sondern um ihr in all ihrer Komplexität gerecht zu werden. Was macht eine philosophische Betrachtung der Liebe so wertvoll? Im Gegensatz zu alltäglichen Gesprächen über Liebesbeziehungen oder medialen Darstellungen von Romantik geht es in der Philosophie darum, tiefer zu graben, grundlegende Fragen zu stellen: Was ist Liebe eigentlich? Woher kommt sie? Welche Rolle spielt sie in unserem Leben und in der Gesellschaft? Ist sie eine Emotion, eine Handlung, eine Haltung oder gar eine Form der Erkenntnis? Kann sie wahrhaftig sein oder ist sie immer mit Selbsttäuschung verbunden?

Über den Autor:

Leben und Schreiben sind für Frank Kralemann untrennbar miteinander verbunden. Dies spiegelt sich nicht nur in seinen Texten wider, sondern auch in seiner Lebensweise. Seine Passion für das Laufen, besonders auf den langen, meditativen Strecken durch die malerischen Landschaften des Teutoburger Waldes, ist für ihn mehr als nur ein Hobby. Es ist eine Quelle der Inspiration und eine Möglichkeit, den Geist zu klären, was unmittelbar in seine kreative Arbeit einfließt. Diese physische Aktivität erlaubt ihm, mit neuen Ideen zu experimentieren und Gedanken zu ordnen, was seinen Schreibprozess maßgeblich bereichert.

Sein Ansatz, das Leben in seiner ganzen Fülle zu leben und zu schreiben, hat Frank Kralemann zu einem geschätzten Mitglied der literarischen Gemeinschaft gemacht. Seine Werke, die von persönlichen Erfahrungen und einer tiefen Beobachtungsgabe geprägt sind, laden Leser aller Altersklassen dazu ein, die Welt durch seine Augen zu sehen und vielleicht auch ein Stück weit durch seine Worte inspiriert, ihr eigenes Leben reicher z u gestalten.

Frank Kralemann ist Vater und Großvater. Er schreibt seit 2007. Außer Ratgebern und Sachbüchern hat er auch Gedichtbände und Kinderbücher geschrieben.

Die Vernunft der Leidenschaft

Eine Philosophie der Liebe

von Frank Kralemann

1. Auflage, 2025 Frank Kralemann

© 2025 Alle Rechte vorbehalten.

Verlag: BoD · Books on Demand GmbH,
Überseering 33, 22297 Hamburg,
bod@bod.de
Druck: Libri Plureos GmbH,
Friedensallee 273, 22763 Hamburg

ISBN: 978-3-8192-8110-5

Inhaltsverzeichnis

Die Vernunft der Leidenschaft

Eine Philosophie der Liebe

Was vernünftig ist, sagt man, sei ohne Leidenschaft. Was leidenschaftlich ist, sagt man, sei ohne Vernunft. Aber wer sagt, dass die Leidenschaft nicht ihre eigene Vernunft hat? Die Vernunft, die uns sagt, jetzt zu lieben, jetzt zu kämpfen, jetzt zu schweigen. Die Vernunft, die das Herz versteht, wenn der Kopf noch rechnet. Vielleicht ist die größte Unvernunft, die Leidenschaft zu verleugnen. Vielleicht ist die tiefste Vernunft zu wissen, wann man nicht vernünftig sein darf.

Frank Kralemann

Das größte Rätsel des Menschseins

Haben Sie sich jemals gefragt, warum wir so viel Zeit damit verbringen, über die Liebe nachzudenken, sie zu besingen, nach ihr zu suchen und in ihr zu leiden? Warum dieses eine Gefühl die Kraft hat, unser gesamtes Leben umzukrempeln – zum Besseren wie zum Schlechteren? Warum Dichter seit Jahrtausenden versuchen, ihr Wesen in Worte zu fassen, während Philosophen sie zu ergründen suchen und Wissenschaftler ihre biologischen Grundlagen erforschen?

Die Liebe ist vielleicht das größte Paradoxon unseres Daseins: So allgegenwärtig und doch so schwer zu fassen. So alltäglich und doch so außergewöhnlich. So persönlich und doch so universell. Sie ist das Thema unzähliger Lieder, Gedichte, Romane und Filme – und dennoch bleibt sie rätselhaft, widerspenstig, entzieht sich immer wieder unserem vollständigen Verständnis.

Wenn wir von Liebe sprechen, meinen wir selten das Gleiche. Für manche ist sie ein überwältigendes Gefühl, für andere eine bewusste Entscheidung. Manche sehen in ihr eine biologische Notwendigkeit, andere eine spirituelle Verbindung. Sie kann sich als romantische Sehnsucht, elterliche Fürsorge, freundschaftliche Verbundenheit oder universelles Mitgefühl äußern. Die

Liebe hat viele Gesichter, viele Sprachen, viele Ausdrucksformen.

Dieses Buch lädt Sie zu einer philosophischen Reise ein – einer Reise durch die vielschichtigen Landschaften der Liebe. Wir werden historische Betrachtungen mit zeitgenössischen Fragen verbinden, biologische Erkenntnisse mit kulturellen Deutungen, persönliche Erfahrungen mit universellen Mustern. Dabei werden wir uns nicht auf eine einzige Definition festlegen, sondern die Vielfalt und Komplexität der Liebe erkunden und würdigen.

Was macht eine philosophische Betrachtung der Liebe so wertvoll? Im Gegensatz zu alltäglichen Gesprächen über Liebesbeziehungen oder medialen Darstellungen von Romantik geht es in der Philosophie darum, tiefer zu graben, grundlegende Fragen zu stellen: Was ist Liebe eigentlich? Woher kommt sie? Welche Rolle spielt sie in unserem Leben und in der Gesellschaft? Ist sie eine Emotion, eine Handlung, eine Haltung oder gar eine Form der Erkenntnis? Kann sie wahrhaftig sein oder ist sie immer mit Selbsttäuschung verbunden?

Vielleicht denken Sie: "Was soll mir eine philosophische Betrachtung der Liebe bringen? Liebe muss man fühlen, nicht analysieren!" Und tatsächlich hat der Philosoph Ludwig Wittgenstein einmal geschrieben: "Wovon man nicht sprechen kann, darüber muss man schweigen." Doch gerade bei der Liebe zeigt sich: Wir können nicht anders, als über sie zu sprechen, auch wenn unsere Worte oft unzureichend scheinen. Gerade weil die Liebe so zentral für unser Menschsein ist, müssen wir versuchen, sie besser zu verstehen – nicht um sie zu entzaubern, sondern um ihr in all ihrer Komplexität gerecht zu werden.

Die Philosophie der Liebe betrifft jeden von uns. Ob Sie gerade verliebt sind, eine langjährige Beziehung führen, unter Liebeskummer leiden oder über die Natur von Bindung und Zuneigung nachdenken – die Fragen, die wir in diesem Buch erkunden werden, berühren Ihr Leben auf die eine oder andere Weise. Denn die Liebe ist keine abstrakte Idee, sondern eine lebendige Kraft, die unser Denken, Fühlen und Handeln prägt.

In einer Zeit, in der Beziehungen zunehmend fluide werden, traditionelle Vorstellungen von Partnerschaft infrage gestellt werden und neue Formen des Zusammenlebens entstehen, ist eine tiefgreifende Reflexion über die Liebe besonders relevant. Die Philosophie kann uns dabei helfen, jenseits von Klischees und vorgefertigten Meinungen zu denken und unsere eigenen Erfahrungen in einen größeren Kontext einzuordnen.

Dieses Buch richtet sich an Menschen mit und ohne philosophische Vorkenntnisse. Es versucht, komplexe Gedanken zugänglich zu machen, ohne sie zu vereinfachen. Es lädt Sie ein, selbst zu philosophieren – zu hinterfragen, zu reflektieren, zu staunen. Denn das Nachdenken über die Liebe ist nicht nur eine intellektuelle Übung, sondern ein Weg, unser eigenes Erleben zu vertiefen und zu bereichern.

"Die Liebe ist die einzige vernünftige Handlung", schrieb der Psychoanalytiker und Philosoph Erich Fromm. Ob Sie dieser Aussage zustimmen oder nicht – die Erkundung der Philosophie der Liebe verspricht, nicht nur Ihren Geist, sondern auch Ihr Herz zu berühren. Lassen Sie uns gemeinsam dieses größte aller menschlichen Rätsel erkunden.

Teil I: Grundlagen und Geschichte der Liebe

Kapitel 1: Die vielen Gesichter der Liebe

Was wir meinen, wenn wir "Liebe" sagen

Wenn wir das Wort "Liebe" aussprechen, öffnet sich ein ganzes Universum an Bedeutungen. Für manche ist es das überwältigende Gefühl beim ersten Kuss, für andere die tiefe Verbundenheit nach Jahrzehnten des gemeinsamen Lebens. Es kann die instinktive Zuneigung einer Mutter zu ihrem Kind sein, die selbstlose Hingabe an eine Gemeinschaft oder die tiefe Bewunderung für die Schönheit der Natur.

Die Vieldeutigkeit des Begriffs "Liebe" spiegelt sich in den verschiedenen Sprachen wider. Die alten Griechen unterschieden zwischen verschiedenen Formen der Liebe: Eros (leidenschaftliche, körperliche Liebe), Philia (freundschaftliche Liebe), Storge (familiäre Zuneigung), Agape (universelle, selbstlose Liebe), Ludus (spielerische Liebe), Pragma (langfristige, pragmatische Liebe) und Philautia (Selbstliebe). Jede dieser Formen hat ihre eigene Qualität, ihren eigenen Ausdruck.

Im Englischen gibt es nur das eine Wort "love", was manchmal zu Missverständnissen führt. "I love my partner, I love chocolate, I love my country" – drei grundverschiedene Erfahrungen, die mit demselben Wort beschrieben werden. In anderen Sprachen finden sich feinere Unterscheidungen. Im Japanischen etwa unterscheidet man zwischen "ai" (tiefe, emotionale Liebe) und "koi" (romantische oder sexuelle Anziehung).

Diese sprachlichen Nuancen weisen auf eine grundlegende Wahrheit hin: Liebe ist nicht eine einzige Emotion oder Erfahrung, sondern ein Spektrum menschlicher Verbindungen und Haltungen. Wenn wir über die Philosophie der Liebe nachdenken, müssen wir diese Vielfalt berücksichtigen und uns fragen, ob es trotz aller Unterschiede so etwas wie einen gemeinsamen Kern gibt, der all diese Erfahrungen als "Liebe" qualifiziert.

Universalität und kulturelle Variationen

Ist die Liebe eine universelle menschliche Erfahrung oder ein kulturelles Konstrukt? Die Antwort ist: beides. Anthropologen haben in allen bekannten Gesellschaften Formen von Liebe und Bindung gefunden, doch die Art, wie Liebe ausgedrückt, verstanden und gelebt wird, variiert erheblich.

In manchen Kulturen steht die romantische Liebe im Mittelpunkt der Paarbeziehung, in anderen ist sie nachrangig gegenüber familiären Verpflichtungen oder praktischen Erwägungen. In individualistischen Gesellschaften wird Liebe oft als intensives persönliches Gefühl verstanden, in kollektivistischen Kulturen kann sie stärker mit sozialen Pflichten verwoben sein.

Nehmen wir etwa die Vorstellung der "Liebesehe". In vielen westlichen Gesellschaften gilt es heute als selbstverständlich, dass man aus Liebe heiratet. Doch historisch und in vielen Teilen der Welt bis heute wurden und werden Ehen aus wirtschaftlichen, politischen oder familiären Gründen geschlossen, mit der Erwartung, dass die Liebe sich mit der Zeit entwickeln kann – eine Vorstellung, die dem romantischen Ideal der "Liebe auf den ersten Blick" entgegensteht.

Die Universalität der Liebe zeigt sich in gemeinsamen Mustern: Das Gefühl der besonderen Verbundenheit mit einem anderen Menschen, die Bereitschaft, für das Wohlergehen des anderen zu sorgen, die Erfahrung von Freude in der Gegenwart des geliebten Wesens. Doch wie diese grundlegenden Erfahrungen in Rituale, Geschichten und soziale Praktiken eingebettet sind, unterscheidet sich von Kultur zu Kultur.

Diese Erkenntnis sollte uns davor bewahren, unsere eigenen kulturellen Vorstellungen von Liebe zu verabsolutieren. Wenn wir die Philosophie der Liebe erkunden, müssen wir immer auch die kulturelle Brille reflektieren, durch die wir dieses Phänomen betrachten.

Liebe als Gefühl, Haltung, Handlung oder Zustand

Was ist Liebe eigentlich? Eine Emotion wie Freude oder Trauer? Eine Haltung oder Einstellung gegenüber einem anderen Menschen? Eine Reihe von Handlungen? Oder vielleicht ein Zustand des Seins?

Die Philosophie bietet keine eindeutige Antwort auf diese Frage, sondern zeigt uns, dass Liebe sich auf verschiedenen Ebenen manifestiert:

Liebe als Gefühl: In dieser Perspektive ist Liebe primär eine emotionale Erfahrung – das Herzklopfen beim Anblick der geliebten Person, die tiefe Zuneigung, die uns durchströmt, das Glücksgefühl in der Verbundenheit. Der Philosoph David Hume würde die Liebe in dieser

Kategorie verorten – als eine natürliche, unmittelbare Empfindung.

Liebe als Haltung: Hier wird Liebe als eine bestimmte Weise des Sehens und Begegnens verstanden. Der Philosoph Max Scheler sprach von Liebe als einem "Akt des Herzens", der uns ermöglicht, den Wert und die Einzigartigkeit des Anderen zu erkennen. In dieser Perspektive ist Liebe nicht so sehr ein flüchtiges Gefühl als vielmehr eine beständige Orientierung.

Liebe als Handlung: "Liebe ist ein Verb", betonen manche Philosophen und Psychologen. In dieser Sichtweise zeigt sich Liebe vor allem in dem, was wir tun – in der Sorge, der Aufmerksamkeit, dem Engagement für den Anderen. Erich Fromm beschrieb Liebe als eine aktive Kraft: "Liebe ist eine tätige Macht im Menschen."

Liebe als Zustand: Manche Denker sehen Liebe als einen besonderen Seinszustand, in dem sich unser Verhältnis zur Welt grundlegend verändert. Die Philosophin Iris Murdoch sprach von Liebe als einer Form der Aufmerksamkeit, die unsere Wahrnehmung der Realität verändert. In diesem Sinne ist Liebe weniger etwas, das wir haben oder tun, als etwas, das wir sind.

Jede dieser Perspektiven erfasst einen wichtigen Aspekt der Liebe, und wahrscheinlich ist es gerade die Verbindung all dieser Dimensionen, die die Liebe zu einem so komplexen und faszinierenden Phänomen macht. Wenn wir über die Philosophie der Liebe nachdenken, sollten wir diese verschiedenen Dimensionen im Blick behalten und uns fragen, wie sie miteinander zusammenhängen.

Die Paradoxien der Liebe

Die Liebe ist voller Widersprüche, die Philosophen seit Jahrhunderten faszinieren:

- Sie kann uns zugleich höchstes Glück und tiefsten Schmerz bereiten.

- Sie verspricht Vereinigung, während sie oft die Unterschiede zwischen Menschen hervorhebt.

- Sie soll bedingungslos sein, entsteht aber oft aus sehr spezifischen Bedingungen.

- Sie wird als spontane Kraft erlebt, die dennoch Pflege und Arbeit erfordert.

- Sie gilt als selbstlos, kann aber auch mit intensiven eigenen Bedürfnissen verbunden sein.

Der französische Philosoph Roland Barthes beschrieb in "Fragmente einer Sprache der Liebe" die widersprüchliche Natur romantischer Liebe: "Ich will dich besitzen, aber ich brauche dich frei; ich will, dass du mich brauchst, aber nicht zu sehr; ich will, dass du mich überraschst, aber auch, dass du vorhersehbar bist."

Diese Paradoxien machen die Liebe zu einem so herausfordernden Gegenstand philosophischer Reflexion. Sie entzieht sich einfachen Definitionen und logischen Kategorisierungen. Vielleicht ist es gerade die Fähigkeit der Liebe, Gegensätze zu vereinen, die sie zu einer so transformativen Kraft macht.

In den folgenden Kapiteln werden wir diese Paradoxien nicht auflösen – das wäre ein Verlust, nicht ein Gewinn. Vielmehr werden wir sie als wesentliche Eigenschaften der Liebe erkunden und verstehen lernen, warum diese Widersprüche nicht Fehler, sondern zentrale Merkmale der Liebe sind.

Kapitel 2: Historische Konzeptionen der Liebe

Liebe in der Antike: Griechenland und Rom

Die griechischen Philosophen haben grundlegende Unterscheidungen eingeführt, die unser Verständnis von Liebe bis heute prägen. Platon entwirft in seinem Dialog "Symposion" verschiedene Theorien der Liebe. Eine der bekanntesten ist die Vorstellung, dass Menschen ursprünglich vollständige Wesen waren, die von den Göttern in zwei Hälften geteilt wurden – seither suchen wir nach unserer verlorenen Hälfte. Diese mythische Erklärung für die Sehnsucht nach Vereinigung prägt bis heute unsere romantischen Vorstellungen.

Noch bedeutsamer ist Platons Konzept des "Eros" als eine aufsteigende Bewegung: Ausgehend von der Anziehung zu einem schönen Körper führt der Weg über die Wertschätzung schöner Seelen und Ideen bis zur Erkenntnis des Schönen selbst. Liebe wird hier zu einem philosophischen und spirituellen Pfad, der von der sinnlichen zur geistigen Schönheit führt.

Aristoteles hingegen betonte die Philia – die Freundschaft oder kameradschaftliche Liebe. Für ihn war die höchste Form der Liebe jene zwischen Gleichen, die auf gegenseitiger Achtung und gemeinsamen Tugenden basiert. Diese Vorstellung einer Liebe, die auf charakterlicher Übereinstimmung gründet, findet sich noch heute in Konzepten stabiler Partnerschaft.

Die römische Philosophie erweiterte dieses Denken. Lukrez beschrieb Liebe in seinem Werk "De rerum natura" als physisches Phänomen, als einen "Anfall von Atomen", der uns erfasst. Diese materialistischere Sichtweise steht im Kontrast zur idealistischen Perspektive Platons.

Cicero hingegen entwickelte ein differenziertes Verständnis verschiedener Liebesformen, wobei er die auf Tugend basierende Freundschaft als die beständigste Form menschlicher Bindung ansah. Die stoischen Philosophen Roms, wie Seneca und Marc Aurel, warnten vor den emotionalen Exzessen der leidenschaftlichen Liebe und plädierten für eine durch Vernunft gemäßigte Form der Zuneigung.

Ein anschauliches Beispiel für die Unterschiede zwischen griechischem und römischem Denken zeigt sich im Umgang mit dem Liebeskummer: Während platonische Denker ihn als notwendigen Teil des Aufstiegs zur höheren Liebe betrachteten, sahen die Stoiker ihn als eine zu überwindende Störung der Seelenruhe.

Liebe im mittelalterlichen Denken und in religiösen Traditionen

Mit dem Aufstieg des Christentums verschob sich das philosophische Denken über die Liebe. Die Agape – die selbstlose, göttliche Liebe – wurde zum Ideal. Der Kirchenvater Augustinus ringt in seinen "Bekenntnissen" mit dem Verhältnis zwischen menschlicher und göttlicher Liebe. Seine berühmte Maxime "Liebe und tue, was du willst" ist nur vor dem Hintergrund zu verstehen, dass wahre Liebe für ihn bedeutet, im Einklang mit Gottes Willen zu handeln.

Thomas von Aquin entwickelte eine umfassende Theologie der Liebe, in der er zwischen der "begehrenden Liebe" (amor concupiscentiae), die etwas für sich selbst will, und der "wohlwollenden Liebe" (amor benevolentiae), die das Gute für den Anderen will, unterschied. Diese Unterscheidung ist bis heute hilfreich, um verschiedene Qualitäten der Liebe zu verstehen.

Parallel zur christlichen Theologie entstand die Tradition der höfischen Liebe, die in der mittelalterlichen Dichtung und Literatur einen wichtigen Platz einnahm. Hier wird die oft unerfüllte Liebe zu einer adligen Dame zum Antrieb für ritterliche Tugenden und künstlerische Schöpfung – ein frühes Beispiel für die Sublimierung erotischer Energie in kulturelle Leistungen.

In der jüdischen Tradition findet sich ein reiches Nachdenken über die Liebe, etwa in der Auslegung des Hohelieds, das sowohl als Ausdruck menschlicher Liebe als auch als Allegorie für die Beziehung zwischen Gott und dem Volk Israel gedeutet wurde. Die kabbalistische Tradition entwickelte komplexe Vorstellungen von der Liebe als kosmischer Kraft, die verschiedene Aspekte der göttlichen Wirklichkeit verbindet.

Der Islam kennt verschiedene Begriffe für Liebe, darunter "hubb" (allgemeine Liebe), "ishq" (leidenschaftliche Liebe) und "mahabba" (göttliche Liebe). Sufistische

Dichter wie Rumi haben die Liebe als Weg zur mystischen Vereinigung mit Gott besungen und dabei bewusst die Sprache menschlicher Leidenschaft verwendet, um geistige Erfahrungen auszudrücken.

In all diesen religiösen Traditionen findet sich die Spannung zwischen der menschlichen, oft körperlichen Liebe und der spirituellen Liebe zu Gott – manchmal als Gegensatz gesehen, oft aber auch als verschiedene Stufen oder Aspekte einer umfassenden Liebeserfahrung.

Liebe in der Renaissance und Aufklärung

Mit der Renaissance erwachte das Interesse an antiken Liebeskonzepten neu. Marsilio Ficino entwickelte eine neuplatonische Philosophie der Liebe, in der der Eros als kosmische Kraft verstanden wird, die alle Ebenen der Wirklichkeit durchdringt. Für ihn war die Liebe "der Wunsch nach Schönheit" und zugleich der Weg zur Erkenntnis des Göttlichen.

In seiner "Rede über die Würde des Menschen" beschreibt Giovanni Pico della Mirandola die Liebe als die Kraft, die den Menschen über sich selbst hinausführt und ihn mit der göttlichen Ordnung verbindet. Diese Verbindung von humanistischem Menschenbild und platonischer Liebesphilosophie prägte das Denken der Renaissance.

Michel de Montaigne reflektierte in seinen "Essais" über die Freundschaft als eine Form der Liebe, die auf völliger geistiger Übereinstimmung beruht. Seine Beschreibung seiner Freundschaft mit Étienne de La Boétie – "Weil er er war, weil ich ich war" – ist ein berührendes Zeugnis für die Möglichkeit tiefer persönlicher Verbindung jenseits sozialer Konventionen.

Die Aufklärung brachte eine stärkere Rationalisierung des Liebesdenkens. Für Immanuel Kant war die eheliche Liebe ein Vertrag, der den moralisch legitimen Austausch sexueller "Dienste" regelt – eine nüchterne Sichtweise, die weit entfernt scheint von romantischen Idealen. Dennoch betonte Kant auch die Bedeutung gegenseitiger Achtung als Grundlage menschlicher Beziehungen.

Jean-Jacques Rousseau hingegen verteidigte in "Julie oder Die neue Héloïse" die Leidenschaft gegen gesellschaftliche Konventionen, während er zugleich ein Ideal der tugendhaften Liebe entwickelte, die sich in der Familie und der staatsbürgerlichen Gemeinschaft verwirklicht. Diese Spannung zwischen persönlichem Gefühl und sozialer Ordnung sollte das moderne Nachdenken über die Liebe prägen.

Mary Wollstonecraft, eine der ersten feministischen Denkerinnen, kritisierte die romantischen Liebesideale ihrer Zeit als Mittel zur Unterwerfung der Frauen und forderte stattdessen eine Liebesbeziehung zwischen gleichberechtigten Partnern, die auf gegenseitiger Achtung und geistiger Übereinstimmung beruht – eine radikale Idee im späten 18. Jahrhundert.

Romantik und moderne Konzeptionen

Die Romantik des frühen 19. Jahrhunderts erhob die Liebe zum höchsten Lebensprinzip. Novalis' Ausspruch "Die Welt muss romantisiert werden" kann als Programm verstanden werden, das die Liebe nicht nur als persönliches Gefühl, sondern als Weltverhältnis begreift. Friedrich Schlegel entwickelte in seinem Roman "Lucinde" eine Vision der Liebe, die Sinnlichkeit und Geistigkeit, Leidenschaft und Freundschaft vereint.

Die Philosophie des deutschen Idealismus, insbesondere bei Hegel, verstand die Liebe als dialektischen Prozess, in dem das Ich sich im Anderen erkennt und durch diese Begegnung zu sich selbst zurückkehrt. Die Familie wurde dabei als erste Stufe der sittlichen Gemeinschaft gesehen, in der sich die Liebe institutionell verwirklicht.

Schopenhauer bot eine ganz andere, pessimistischere Sicht: Für ihn war die romantische Liebe ein Trick der Natur, um die Menschen zur Fortpflanzung zu bewegen. Diese biologistische Deutung sollte später durch Nietzsches Verständnis der Liebe als Ausdruck des "Willens zur Macht" und Freuds psychoanalytische Theorien weiterentwickelt werden.

Die existentialistische Philosophie des 20. Jahrhunderts, etwa bei Jean-Paul Sartre und Simone de Beauvoir, betonte die Freiheit und Verantwortung in der Liebe. De Beauvoirs Konzept der "authentischen Liebe", die die Freiheit des Anderen respektiert statt sie zu vereinnahmen, bleibt ein wichtiger Beitrag zur Philosophie der Liebe.

In jüngerer Zeit haben feministische Philosophinnen wie Luce Irigaray und Martha Nussbaum das Nachdenken über die Liebe bereichert, indem sie die Macht- und Geschlechterverhältnisse in traditionellen Liebesvorstellungen kritisch hinterfragten und alternative Visionen einer gleichberechtigten, wechselseitigen Liebe entwickelten.

Die analytische Philosophie hat sich der Frage gewidmet, inwiefern Liebe rational oder irrational ist. Harry Frankfurt argumentiert, dass Liebe eine Form der Sorge ist, die unsere Identität konstituiert, während Robert Solomon die Liebe als eine komplexe Form emotionaler

Intelligenz versteht, die uns hilft, bedeutungsvolle Beziehungen zu gestalten.

Kapitel 3: Definitionen und Typologie der Liebe

Von Eros bis Agape: Die klassischen Liebesformen

Die griechische Typologie der Liebe, die wir bereits kurz angesprochen haben, bietet einen nützlichen Rahmen, um verschiedene Formen der Liebe zu unterscheiden. Lassen Sie uns diese Formen genauer betrachten:

Eros bezeichnet die leidenschaftliche, begehrende Liebe, die traditionell mit romantischer und sexueller Anziehung verbunden ist. Der Eros ist intensiv, körperlich, oft überwältigend. Er kann uns in höchste Höhen tragen und in tiefste Abgründe stürzen. Denken Sie an das berauschende Gefühl des Verliebtseins, die verzehrende Sehnsucht nach einem anderen Menschen. Der Eros hat eine transformative Kraft – er verändert unsere Wahrnehmung, bringt uns aus dem Gleichgewicht, öffnet uns für neue Möglichkeiten.

Die Dichterin Sappho beschrieb die körperlichen Symptome des Eros – Zittern, Sprachlosigkeit, brennende Haut – auf eine Weise, die auch heute noch unmittelbar verständlich ist. Der Eros ist nicht an Geschlecht oder Alter gebunden, er kann zwischen allen Menschen entstehen und hat seine eigene, oft unberechenbare Logik.

Philia ist die freundschaftliche Liebe, die auf gegenseitiger Wertschätzung, gemeinsamen Interessen und geteilten Werten basiert. Sie ist weniger intensiv als der Eros, dafür aber oft beständiger und verlässlicher. Aristoteles unterschied drei Arten der Freundschaft: jene, die auf Nutzen basiert, jene, die auf Vergnügen beruht, und jene, die aus der Wertschätzung des Charakters erwächst. Nur die letztere Form – die "vollkommene Freundschaft" – verdient für ihn den Namen der wahren Philia.

Die Philia kann zwischen Freunden, Kollegen, Geschwistern oder in langfristigen Partnerschaften entstehen. Sie ist geprägt von Vertrauen, Loyalität und dem Wunsch nach dem Wohlergehen des anderen. Wenn wir jemanden um seiner selbst willen schätzen und mit ihm das Leben teilen möchten, erleben wir die Philia. Denken Sie an einen langjährigen Freund, mit dem Sie durch dick und dünn gegangen sind, mit dem Sie lachen und weinen können, der Sie kennt und akzeptiert, wie Sie sind.

Storge bezeichnet die familiäre, oft instinktive Zuneigung, wie sie besonders zwischen Eltern und Kindern besteht. Sie ist eine ruhige, tiefe Form der Liebe, die sich durch Fürsorge, Schutz und bedingungslose Akzeptanz auszeichnet. Anders als Eros oder Philia muss Storge nicht erworben werden – sie entwickelt sich natürlich und oft unbewusst.

Die Storge zeigt sich in der Bereitschaft, Opfer zu bringen, in der Geduld und Nachsicht gegenüber den Schwächen des anderen, in der tiefen Verbundenheit, die trotz aller Konflikte bestehen bleibt. Denken Sie an das Gefühl, das eine Mutter empfindet, wenn sie zum ersten Mal ihr neugeborenes Kind in den Armen hält, oder an die tiefe Verbundenheit zwischen Geschwistern, die ein Leben lang halten kann.

Agape ist die göttliche, selbstlose, universelle Liebe, die unabhängig von den Eigenschaften oder Handlungen des Geliebten besteht. Sie ist bedingungslos und fordert nichts zurück. Im christlichen Denken ist Agape die Liebe Gottes zu den Menschen und die Liebe, die Menschen füreinander und für Gott empfinden sollen. Sie äußert sich in Barmherzigkeit, Vergebung und der Bereitschaft, den Nächsten wie sich selbst zu lieben.

Die Agape überwindet die Grenzen von Familie, Freundschaft oder romantischer Anziehung und erstreckt sich potenziell auf alle Menschen, ja sogar auf alle Lebewesen. Sie ist das Ideal einer Liebe, die nicht bewertet, nicht wählt, nicht bedingt ist. Denken Sie an Menschen wie Mutter Teresa oder Mahatma Gandhi, deren Liebe und Mitgefühl sich auf die Ärmsten und Ausgestoßensten erstreckte.

Ludus ist die spielerische, unverbindliche Form der Liebe, die sich im Flirt, in der Eroberung, im lustvollen Spiel ausdrückt. Sie ist leicht, vergnüglich, ohne tiefe Bindung. Der Ludus findet Freude an der Abwechslung, am Kennenlernen, an der Spannung des Unbekannten. Diese Form der Liebe wird oft kritisch gesehen, kann aber in bestimmten Lebensphasen oder als Element komplexerer Liebesbeziehungen ihren Platz haben.

Der Ludus entspricht dem, was wir heute als "casual dating" oder "hookup culture" bezeichnen würden – eine Liebe, die nicht auf Dauer oder Tiefe angelegt ist, sondern im Moment und in der Leichtigkeit des Vergnügens lebt. Denken Sie an den unbeschwerten Flirt im Urlaub, die

Freude am Erobern und Erobertwerden, das Spiel der Verführung ohne langfristige Absichten.

Pragma ist die pragmatische, vernünftige Liebe, die auf Kompatibilität, gemeinsamen Zielen und dem Willen zur langfristigen Bindung basiert. Sie entwickelt sich mit der Zeit und wird durch gemeinsame Erfahrungen, durch Kompromisse und durch die bewusste Entscheidung für den anderen gestärkt. Die Pragma ist weniger romantisch als der Eros, aber oft beständiger und tragfähiger.

In traditionellen Gesellschaften, in denen Ehen arrangiert wurden, war die Pragma die Grundlage der ehelichen Beziehung – man erwartete nicht den leidenschaftlichen Eros, sondern hoffte auf eine vernünftige, funktionale Partnerschaft, in der beide Seiten ihre Pflichten erfüllten und gemeinsam ein Leben aufbauten. Auch in modernen Beziehungen spielt die Pragma eine wichtige Rolle, besonders in längerfristigen Partnerschaften, in denen es um praktische Entscheidungen, Familienplanung und die Bewältigung des Alltags geht.

Philautia schließlich ist die Selbstliebe, die in der griechischen Philosophie als Voraussetzung für die Liebe zu anderen gesehen wurde. Sie kann in zwei Formen auftreten: als gesunde Selbstachtung und Selbstfürsorge oder als narzisstische Selbstbezogenheit. Nur die erstere Form wurde als Tugend betrachtet – als die Fähigkeit, den eigenen Wert zu erkennen und zu schätzen, ohne sich über andere zu erheben.

Die Philautia im positiven Sinne zeigt sich in der Fähigkeit zur Selbstreflexion, im liebevollen Umgang mit den eigenen Schwächen, in der Sorge für das eigene Wohlbefinden. Sie ist die Grundlage für emotionale Gesundheit und für die Fähigkeit, andere wirklich zu lieben. Wie Oscar Wilde schrieb: "Sich selbst zu lieben ist der Beginn einer lebenslangen Romanze."

Diese verschiedenen Liebesformen treten selten in Reinform auf. Vielmehr verbinden sie sich in konkreten Beziehungen zu komplexen Mustern. Eine langfristige Partnerschaft kann Elemente von Eros, Philia, Pragma und sogar Agape enthalten. Eine Eltern-Kind-Beziehung basiert primär auf Storge, enthält aber oft auch Aspekte von Philia und Agape. Die Selbstliebe (Philautia) wiederum beeinflusst alle anderen Formen der Liebe, denn wie wir uns selbst begegnen, prägt auch unsere Beziehungen zu anderen.

Moderne psychologische Typologien

Während die griechische Typologie die verschiedenen Qualitäten der Liebe unterscheidet, haben moderne Psychologen versucht, die verschiedenen Arten zu lieben systematisch zu erfassen. Eine der einflussreichsten Typologien stammt von John Alan Lee, der in den 1970er Jahren sechs "Liebesstile" identifizierte, die teilweise den griechischen Begriffen entsprechen:

1. **Eros** – die leidenschaftliche, romantische Liebe, die von physischer Anziehung und emotionaler Intensität geprägt ist.

2. **Ludus** – die spielerische, unverbindliche Liebe ohne tiefe emotionale Investition.

3. **Storge** – die freundschaftliche, auf langsam wachsender Zuneigung basierende Liebe.

4. **Pragma** – die pragmatische, rationale Liebe, die auf Kompatibilität und gemeinsamen Zielen basiert.

5. **Mania** – die besitzergreifende, obsessive Liebe, die von Eifersucht, Kontrollbedürfnis und emotionalen Höhen und Tiefen geprägt ist.

6. **Agape** – die selbstlose, gebende Liebe, die das Wohl des anderen über das eigene stellt.

Diese Liebesstile sind nicht als feste Kategorien zu verstehen, sondern als Tendenzen oder Präferenzen, die je nach Person, Beziehung und Lebensphase variieren können. Eine Person kann in verschiedenen Beziehungen unterschiedliche Liebesstile praktizieren oder innerhalb einer Beziehung zwischen verschiedenen Stilen wechseln.

Eine andere einflussreiche Typologie wurde von Robert Sternberg entwickelt, der die "Dreieckstheorie der Liebe" aufstellte. Demnach besteht Liebe aus drei Komponenten:

1. **Intimität** – das Gefühl der Verbundenheit, Nähe und Bindung.

2. **Leidenschaft** – die körperliche Anziehung und das sexuelle Verlangen.

3. **Verbindlichkeit** – die Entscheidung, jemanden zu lieben und diese Liebe aufrechtzuerhalten.

Aus den verschiedenen Kombinationen dieser Komponenten ergeben sich sieben Arten der Liebe:

- **Mögen** (nur Intimität)

- **Vernarrtheit** (nur Leidenschaft)

- **Leere Liebe** (nur Verbindlichkeit)

- **Romantische Liebe** (Intimität + Leidenschaft)

- **Kameradschaftliche Liebe** (Intimität + Verbindlichkeit)

- **Fatale Liebe** (Leidenschaft + Verbindlichkeit)

- **Vollkommene Liebe** (Intimität + Leidenschaft + Verbindlichkeit)

Diese Typologie hilft uns zu verstehen, warum manche Beziehungen unbefriedigend sind – etwa, wenn einer der Partner eine romantische Liebe (Intimität + Leidenschaft) sucht, während der andere eine kameradschaftliche Liebe (Intimität + Verbindlichkeit) bevorzugt. Sie zeigt auch, wie sich Beziehungen im Laufe der Zeit verändern können – etwa von der leidenschaftlichen Vernarrtheit zu einer tieferen, intimeren Verbindung.

In der Bindungstheorie, die auf den Arbeiten von John Bowlby und Mary Ainsworth basiert, werden verschiedene Bindungsstile unterschieden, die unser Liebesverhalten prägen:

1. **Sicher gebunden** – Menschen mit diesem Bindungsstil fühlen sich wohl mit Nähe und Autonomie, können vertrauen und verlässliche Beziehungen aufbauen.

2. **Ängstlich-ambivalent** – Diese Menschen sehnen sich nach großer Nähe, haben aber Angst vor Verlassenwerden und neigen dazu, den Partner zu "ersticken".

3. **Vermeidend** – Personen mit diesem Bindungsstil haben Schwierigkeiten, anderen zu vertrauen, und halten emotionale Distanz aufrecht, um nicht verletzt zu werden.

4. **Desorganisiert** – Dieser Bindungsstil ist durch widersprüchliche Verhaltensweisen gekennzeichnet – gleichzeitiges Suchen und Vermeiden von Nähe, was zu chaotischen Beziehungsmustern führen kann.

Diese Bindungsstile entwickeln sich in der frühen Kindheit durch die Beziehung zu den primären Bezugspersonen, können aber auch durch spätere Erfahrungen und bewusste Arbeit an sich selbst verändert werden. Sie beeinflussen maßgeblich, wie wir Liebe erfahren und ausdrücken.

Spirituelle und religiöse Dimensionen der Liebe

In vielen spirituellen und religiösen Traditionen nimmt die Liebe einen zentralen Platz ein – sei es als Weg zu Gott, als göttliches Attribut oder als ethisches Ideal. Diese spirituellen Dimensionen der Liebe erweitern unser Verständnis über die persönlichen und psychologischen Aspekte hinaus.

Im Christentum wird Gott selbst als Liebe definiert: "Gott ist die Liebe, und wer in der Liebe bleibt, der bleibt in Gott und Gott in ihm" (1. Johannes 4,16). Die Agape, die selbstlose, gebende Liebe, steht im Mittelpunkt der christlichen Ethik, verkörpert im Gebot der Nächstenliebe und in der Feindesliebe. Diese Form der Liebe geht über natürliche Zuneigung oder Sympathie hinaus – sie ist eine göttliche Gabe, die es ermöglicht, sogar jene zu lieben, die uns feindlich gesinnt sind.

Die mittelalterliche christliche Mystik entwickelte elaborierte Vorstellungen von der Liebe als Weg zur Vereinigung mit Gott. Meister Eckhart, Johannes vom Kreuz und Teresa von Ávila beschrieben verschiedene Stufen der mystischen Liebe, die von der sinnlichen Erfahrung über die Läuterung des Begehrens bis zur vollkommenen Hingabe an Gott führen. In dieser Tradition wird die erotische Symbolik oft verwendet, um die intensivste spirituelle Erfahrung auszudrücken – ein Hinweis darauf, dass die göttliche und die menschliche Liebe nicht als Gegensätze, sondern als Entsprechungen verstanden wurden.

Im Judentum spielt die Liebe zu Gott eine zentrale Rolle, ausgedrückt im Schma Jisrael: "Du sollst den Herrn, deinen Gott, lieben mit ganzem Herzen, mit ganzer Seele und mit aller deiner Kraft" (Deuteronomium 6,5). Diese Liebe verwirklicht sich in der Treue zur Tora und in der Praxis der Mizwot (Gebote). Gleichzeitig betont das Judentum die zwischenmenschliche Liebe, die sich in praktischer Solidarität, in Gerechtigkeit und in Barmherzigkeit ausdrückt.

Die kabbalistische Tradition entwickelte komplexe Vorstellungen von der Liebe als kosmischer Kraft. In der Sefirot, dem kabbalistischen Lebensbaum, ist Chesed (Liebe/Güte) eine der zentralen göttlichen Emanationen, die im Ausgleich mit Gewura (Stärke/Gericht) die Welt im Gleichgewicht hält. Diese Tradition versteht die Liebe als schöpferische Kraft, die Trennung überwindet und Einheit stiftet.

Im Islam ist Liebe (Hubb) sowohl ein Attribut Allahs als auch eine menschliche Tugend. Der Koran beschreibt Allah als "al-Wadud" – den Liebenden, der seine Liebe durch Barmherzigkeit (Rahma) und Vergebung ausdrückt. Die Liebe zu Allah und zum Propheten Mohammed steht im Zentrum der islamischen Frömmigkeit.

Die sufistische Tradition hat eine reiche Liebesphilosophie entwickelt, in der die menschliche Liebe als Vorstufe und Abbild der göttlichen Liebe verstanden wird. Dichter wie Rumi, Hafez und Ibn Arabi haben die Liebe als den Pfad beschrieben, der zur Erkenntnis der göttlichen Einheit (Tawhid) führt. In Rumis berühmten Worten: "Dein Aufgabe ist nicht, nach Liebe zu suchen, sondern nur, alle Barrieren in dir zu suchen und zu finden, die du gegen sie aufgebaut hast."

In den hinduistischen Traditionen gibt es verschiedene Konzepte der Liebe, die von der menschlichen bis zur göttlichen Ebene reichen. Kama bezeichnet die sinnliche, leidenschaftliche Liebe, die in der Bhakti-Tradition zur hingebungsvollen Liebe zu Gott transformiert wird. Die Liebe zwischen Krishna und Radha wird zum Modell für die Beziehung zwischen der menschlichen Seele und dem Göttlichen.

Die Bhagavad Gita unterscheidet verschiedene Formen des Yoga (Wege zu Gott), darunter den Bhakti-Yoga, den Weg der liebenden Hingabe, der als besonders zugänglich für alle Menschen beschrieben wird. Hier wird die Liebe zu Gott als ein Weg verstanden, der emotionale Energie nicht unterdrückt, sondern auf das höchste Ziel ausrichtet.

Im Buddhismus steht Metta (liebende Güte) im Zentrum der spirituellen Praxis. Diese Form der Liebe ist weder besitzergreifend noch ausschließend, sondern erstreckt sich potenziell auf alle Wesen. In der Metta-Meditation wird die liebende Güte zunächst auf sich selbst, dann auf nahestehende Personen, dann auf neutrale Personen, dann auf schwierige Personen und schließlich auf alle Wesen ausgedehnt – ein Weg, die natürlichen Grenzen der Liebe schrittweise zu erweitern.

Karuna (Mitgefühl) und Mudita (Mitfreude) sind weitere Aspekte der liebenden Haltung im Buddhismus. Während Karuna die Anteilnahme am Leiden anderer bezeichnet, ist Mudita die Fähigkeit, sich an ihrem Glück zu freuen, ohne Neid oder Missgunst. Gemeinsam bilden sie ein umfassendes Verständnis mitfühlender Liebe, das nicht auf Besitz oder Exklusivität basiert.

Diese spirituellen und religiösen Dimensionen der Liebe bieten wichtige Perspektiven für die philosophische Reflexion. Sie erinnern uns daran, dass Liebe mehr sein kann als ein persönliches Gefühl oder eine zwischenmenschliche Beziehung – sie kann ein Weg zu tieferer Erkenntnis, zu moralischer Vervollkommnung und zu spiritueller Transformation sein.

Liebe zur Weisheit: Die Verbindung von Liebe und Philosophie

Das Wort "Philosophie" selbst enthält den Begriff der Liebe – es bedeutet wörtlich "Liebe zur Weisheit" (philos – Freund, Liebhaber; sophia – Weisheit). Diese etymologische Verbindung weist auf eine tiefere Beziehung zwischen Lieben und Philosophieren hin, die über eine bloße historische Zufälligkeit hinausgeht.

Für die antiken Griechen war Philosophie nicht nur eine intellektuelle Tätigkeit, sondern eine Lebensform, die von einer bestimmten Art des Strebens geprägt war. Der Philosoph ist, wie Platon im "Symposion" durch den Mund der Diotima erklären lässt, weder weise noch unwissend, sondern jemand, der nach Weisheit strebt, der Weisheit begehrt. Dieses Begehren, dieser Eros, treibt den philosophischen Prozess an und gibt ihm seine besondere Qualität.

Sokrates, der oft als Urbild des Philosophen gilt, verkörperte diese erotische Dimension des Philosophierens in seinen dialogischen Begegnungen. Er verglich sich selbst mit einem "Hebammen", der anderen hilft, ihre eigenen Gedanken zur Welt zu bringen, und mit einem Stechrochen, dessen Berührung eine lähmende, aber auch weckende Wirkung hat. Diese sokratische Begegnung hat eine erotische Qualität – nicht im engeren sexuellen Sinne, sondern als eine Form der Anziehung, des Begehrens, des leidenschaftlichen Austauschs.

In der platonischen Tradition wird der Eros zum Antrieb des philosophischen Aufstiegs. Ausgehend von der Liebe zu schönen Körpern steigt der Philosoph zur Liebe schöner Seelen, dann zur Liebe schöner Tätigkeiten und Erkenntnisse und schließlich zur Schau des Schönen selbst auf. Diese erotische Bewegung ist kein linearer Fortschritt, sondern ein dynamischer Prozess der Transformation, in dem das Begehren nicht überwunden, sondern umgeformt und auf höhere Ziele gerichtet wird.

Diese Verbindung von Liebe und Philosophie findet sich auch in anderen Traditionen. In der jüdischen Philosophie spricht Moses Maimonides von der "intellektuellen Liebe zu Gott", die in der Erkenntnis seiner Weisheit besteht. Spinoza entwickelte diese Idee weiter zu seinem Konzept des "amor dei intellectualis", der intellektuellen Liebe Gottes, die zugleich Gottes Liebe zu sich selbst ist – ein Gedanke, der die Trennung zwischen dem liebenden Subjekt und dem geliebten Objekt aufhebt.

Im deutschen Idealismus, besonders bei Hegel, wird die Liebe zu einem zentralen Moment im dialektischen Prozess der Selbstwerdung des Geistes. Die Liebe ist für Hegel der erste Schritt zur Überwindung der Trennung zwischen Subjekt und Objekt, zwischen dem Ich und dem Anderen. In der liebenden Begegnung erkennt das Bewusstsein sich selbst im Anderen und kehrt bereichert zu sich selbst zurück – eine Bewegung, die dem philosophischen Erkenntnisprozess entspricht.

Die feministische Philosophin Luce Irigaray hat diese Verbindung von Liebe und Philosophie kritisch reflektiert und gefragt, inwiefern die traditionelle Philosophie von einer männlichen Sichtweise auf Liebe und Begehren geprägt ist. Für sie geht es darum, eine "Ethik der sexuellen Differenz" zu entwickeln, die die Liebe nicht als Aneignung oder Verschmelzung, sondern als Begegnung in der Differenz versteht – ein Ansatz, der auch für die Philosophie selbst neue Wege eröffnet.

Die Verbindung von Liebe und Philosophie zeigt sich auch in der Art, wie wir philosophieren. Echtes Philosophieren erfordert eine liebevolle Haltung gegenüber den Gedanken anderer – die Bereitschaft, sich auf sie einzulassen, sie zu würdigen, mit ihnen in einen Dialog zu treten. Es erfordert auch eine Form der Selbstliebe, die es ermöglicht, die eigenen Gedanken zu entwickeln und zu artikulieren, ohne sie absolut zu setzen.

So verstanden ist die Philosophie der Liebe nicht nur ein Thema unter vielen, sondern berührt das Wesen des

Philosophierens selbst. Wenn wir über die Liebe nachdenken, reflektieren wir zugleich über die Art und Weise, wie wir denken, wie wir uns zur Welt und zu anderen verhalten. Die Philosophie der Liebe führt uns so zurück zum ursprünglichen Sinn der Philosophie als Liebe zur Weisheit.

Teil II: Biologie und Psychologie der Liebe

Kapitel 4: Die evolutionäre Basis der Liebe

Bindung als Überlebensstrategie

Aus evolutionsbiologischer Sicht ist die Liebe kein romantisches Ideal, sondern eine hocheffektive Überlebensstrategie. Die Fähigkeit, tiefe emotionale Bindungen zu bilden, hat sich in der menschlichen Evolution als außerordentlich vorteilhaft erwiesen und ist eng mit unserem Erfolg als Spezies verbunden.

Unsere Vorfahren standen vor enormen Herausforderungen: langfristige Kinderaufzucht, komplexe soziale Strukturen und die Notwendigkeit kooperativen Verhaltens in einer feindlichen Umwelt. In diesem Kontext bot die Fähigkeit zur tiefen emotionalen Bindung entscheidende Vorteile:

Elterliche Bindung und Brutpflege: Menschliche Kinder sind außerordentlich lange auf Fürsorge angewiesen – weit länger als der Nachwuchs anderer Primaten. Diese verlängerte Abhängigkeit hängt mit der Entwicklung unseres komplexen Gehirns zusammen. Die starke emotionale Bindung zwischen Eltern und Kindern – das, was wir als elterliche Liebe bezeichnen – sorgt dafür, dass Eltern bereit sind, die enorme Investition an Zeit, Energie und Ressourcen aufzubringen, die für die Aufzucht von Kindern nötig ist.

Studien mit Säugetieren zeigen, dass die Qualität der Brutpflege direkt mit der Überlebensrate des Nachwuchses korreliert. Bei Menschen geht es nicht nur ums Überleben, sondern auch um die Weitergabe kultureller Praktiken und sozialer Fähigkeiten. Die Liebe zwischen Eltern und Kindern schafft den sicheren Raum, in dem dieses komplexe soziale Lernen stattfinden kann.

Paarbindung und gemeinsame Aufzucht: Menschen gehören zu den wenigen Säugetierarten, die langfristige Paarbindungen eingehen. Aus evolutionsbiologischer Sicht bietet diese Strategie Vorteile für die Aufzucht des Nachwuchses: Zwei Erwachsene können mehr Ressourcen bereitstellen als einer, können sich die Aufgaben teilen und sich gegenseitig absichern.

Die romantische Liebe, mit ihrer intensiven emotionalen Bindung und sexuellen Exklusivität, fördert diese Paarbindung. Sie motiviert zwei Menschen, zusammenzubleiben und gemeinsam in ihre Nachkommen zu investieren. Die neurochemischen Prozesse, die mit dem Verliebtsein verbunden sind – die wir später genauer betrachten werden – fördern genau diese Art von Bindungs- und Investitionsbereitschaft.

Gruppenzusammenhalt und Kooperation: Über die Kernfamilie hinaus haben Menschen komplexe soziale Strukturen entwickelt, die auf Kooperation und gegenseitiger Unterstützung basieren. Die Fähigkeit, emotionale Bindungen zu einem weiteren Kreis von Verwandten, Freunden und Gruppenmitgliedern aufzubauen, fördert diesen sozialen Zusammenhalt.

Die freundschaftliche Liebe (Philia) und die Gruppensolidarität spielen hier eine wichtige Rolle. Sie motivieren uns, in andere zu investieren, auch wenn sie nicht direkt mit uns verwandt sind, und schaffen die Grundlage für Kooperation in größeren sozialen Einheiten. Studien zur Anthropologie kleiner Jäger-und-Sammler-Gemeinschaften zeigen, wie wichtig diese sozialen Bindungen für das Überleben unter schwierigen Bedingungen sind.

Die evolutionäre Perspektive erklärt auch einige der Paradoxien der Liebe. Warum etwa kann Liebe gleichzeitig so befriedigend und so schmerzhaft sein? Ein Grund könnte sein, dass sowohl die Belohnung (bei erfolgreicher Bindung) als auch die Bestrafung (bei Verlust oder Zurückweisung) starke Motivationsfaktoren sind. Der Schmerz der unerwünschten Trennung ist der Preis für die Freude der Verbindung – beide dienen dem übergeordneten Ziel, stabile Bindungen zu fördern.

Diese evolutionäre Sichtweise reduziert die Liebe nicht auf einen "Trick der Natur", um uns zur Fortpflanzung zu bewegen. Vielmehr erklärt sie, warum die Fähigkeit zu tiefer emotionaler Bindung für uns so zentral ist und warum die Liebe in ihren verschiedenen Formen – von der elterlichen Fürsorge über die romantische Hingabe bis zur freundschaftlichen Solidarität – eine so mächtige Kraft in unserem Leben ist.

Die Evolution hat uns nicht nur mit der Fähigkeit zur strategischen Kalkulation ausgestattet, sondern auch mit der Fähigkeit zu tiefen Gefühlen, zu Empathie, zu selbstloser Sorge – all den Qualitäten, die wir mit Liebe verbinden. Diese Gefühle sind keine Illusion, sondern Teil unserer biologischen Ausstattung, die es uns ermöglicht, die komplexen sozialen Bindungen zu knüpfen, von denen unser Überleben und Wohlbefinden abhängt.

Neurobiologie der Liebe: Hormone und Gehirnaktivitäten

Wenn wir verlieben, erleben wir ein Wechselbad der Gefühle – Euphorie, Angst, Sehnsucht, Glück. Diese emotionale Achterbahnfahrt hat eine neurobiologische Basis: Sie spiegelt komplexe Prozesse in unserem Gehirn und Hormonsystem wider.

Die Chemie der Anziehung

In der Anfangsphase des Verliebtseins – oft als "Limerence" bezeichnet – schüttet unser Gehirn eine Flut von Neurotransmittern und Hormonen aus:

- **Dopamin**, der "Belohnungsstoff", erzeugt das euphorische Glücksgefühl und die Erregung, die wir beim Anblick der geliebten Person empfinden. Die Dopaminausschüttung aktiviert das Belohnungszentrum im Gehirn – dasselbe System, das auch bei süchtig machenden Substanzen anspricht. Dies erklärt teilweise, warum Verliebtsein so berauschend sein kann und warum wir "süchtig" nach der geliebten Person werden können.

- **Noradrenalin** erhöht die Herzfrequenz, lässt den Blutdruck steigen und sorgt für gesteigerte Aufmerksamkeit und Energie. Es ist mitverantwortlich für das "Schmetterlinge im Bauch"-Gefühl und dafür, dass Verliebte oft weniger Schlafbedürfnis haben.

- **Serotonin** sinkt in dieser Phase paradoxerweise ab – auf ein Niveau, das dem bei Menschen mit Zwangsstörungen ähnelt. Dies könnte erklären, warum Verliebte oft obsessiv an die geliebte Person denken.

Diese neurochemischen Prozesse lassen sich in Gehirnscans nachweisen. Studien mit funktioneller Magnetresonanztomographie (fMRT) zeigen, dass beim Anblick der geliebten Person Gehirnregionen aktiviert werden, die mit Belohnung, Motivation und Freude zusammenhängen, insbesondere der Nucleus accumbens und der ventrale tegmentale Bereich.

Interessanterweise werden gleichzeitig Bereiche deaktiviert, die mit kritischem Denken und negativer Bewertung zusammenhängen – was die allgemeine Beobachtung erklärt, dass Verliebte dazu neigen, die geliebte Person zu idealisieren und ihre Fehler zu übersehen. Die Redewendung "die Liebe macht blind" hat tatsächlich eine neurobiologische Grundlage!

Von Leidenschaft zu Bindung

Mit dem Übergang von der anfänglichen Verliebtheit zu einer tieferen Bindung verändert sich auch die neurochemische Signatur der Liebe:

- **Oxytocin**, oft als "Kuschelhormon" bezeichnet, spielt nun eine zentrale Rolle. Es wird bei körperlicher Berührung, beim Sex, aber auch bei intensivem Blickkontakt ausgeschüttet und fördert Bindung, Vertrauen und Empathie. Oxytocin reduziert auch Angst und Stress und stärkt das Gefühl der Sicherheit in der Beziehung.

- **Vasopressin**, ein mit Oxytocin verwandtes Hormon, wird besonders bei Männern mit monogamem Bindungsverhalten in Verbindung gebracht. Studien an Präriewühlmäusen – einer der wenigen monogamen Säugetierarten – haben gezeigt, dass Vasopressin eine Schlüsselrolle bei der Ausbildung der Paarbindung des Männchens spielt.

- **Endorphine**, körpereigene Opioide, sorgen für ein Gefühl der Behaglichkeit und des Wohlbefindens in der Gegenwart des Partners. Anders als die Hochs und Tiefs der dopamingesteuerten Verliebtheit bieten sie ein stabileres, weniger dramatisches, aber oft tieferes Glücksgefühl.

Diese Bindungshormone haben mehrere bemerkenswerte Effekte. Sie verringern Angst und Stress, verstärken positive Gefühle in der Beziehung und fördern Verhaltensweisen, die die Bindung stärken. Sie spielen auch eine Rolle bei der "Prägung" auf den Partner – bei der Entwicklung einer besonderen Sensibilität für seine oder ihre Bedürfnisse, Vorlieben und Verhaltensweisen.

Neurobiologie der verschiedenen Liebesformen

Unterschiedliche Formen der Liebe zeigen unterschiedliche neurobiologische Muster:

- Die **mütterliche Liebe** ist stark mit Oxytocin verbunden, das bereits während der Schwangerschaft und besonders bei der Geburt und beim Stillen ausgeschüttet wird. Es fördert die Bindung zwischen Mutter und Kind und aktiviert das Belohnungssystem, wenn Mütter ihre Kinder ansehen oder hören. Interessanterweise sind einige der aktivierten Gehirnregionen ähnlich wie bei romantischer Liebe, jedoch mit stärkerer Aktivierung in Bereichen, die mit Empathie und Fürsorge zusammenhängen.

- **Freundschaftliche Liebe** zeigt eine weniger intensive, aber ähnliche Aktivierung des Belohnungssystems wie romantische Liebe. Der Hauptunterschied besteht darin, dass Regionen, die mit sexuellem Verlangen und Besitzdenken zusammenhängen, weniger aktiviert sind, während soziale Bindungsregionen stärker ansprechen.

- Bei **langfristigen Liebesbeziehungen** zeigen Gehirnscans eine Kombination aus den Mustern von Verliebtheit und tiefer Bindung, oft mit zusätzlicher Aktivierung in Bereichen, die mit Empathie und Emotionsregulation zusammenhängen. Diese neurologischen Befunde unterstützen die Idee, dass langjährige Liebe nicht einfach ein "Abklingen" der anfänglichen Verliebtheit ist, sondern eine eigene, komplexere Form der Liebe darstellt.

Die neurobiologische Basis des Liebeskummers

Auch der Schmerz der unerwünschten Trennung oder des Verlusts hat eine neurobiologische Basis. Studien zeigen, dass beim Liebeskummer Gehirnregionen aktiviert werden, die auch bei physischem Schmerz aktiv sind. Der Entzug von den "Liebesdrogen" kann zu Symptomen führen, die einer Entzugserscheinung ähneln – Schlafstörungen, Appetitlosigkeit, Konzentrationsschwierigkeiten, obsessives Grübeln.

Gleichzeitig sinkt der Spiegel von Oxytocin und anderen "Bindungshormonen", was zu einem Gefühl der Isolation und des Verlusts führen kann. Das Stresssystem wird aktiviert, mit erhöhter Ausschüttung von Cortisol, was die emotionale Belastung weiter verstärkt.

Diese neurobiologischen Erkenntnisse helfen uns, sowohl die Intensität als auch die Universalität der Liebeserfahrung zu verstehen. Sie erklären, warum Verliebtsein sich ähnlich anfühlt wie ein Rausch, warum wir in der Frühphase der Liebe so besessen von der geliebten Person sein können, warum tiefe Bindungen ein Gefühl der Sicherheit und des Wohlbefindens vermitteln und warum der Verlust einer Liebesbeziehung so schmerzhaft sein kann.

Dennoch reduzieren diese Erkenntnisse die Liebe nicht auf bloße Chemie. Die neurobiologischen Prozesse sind das "Wie", nicht das "Warum" der Liebe. Sie erklären den Mechanismus, nicht die Bedeutung. Die persönliche, kulturelle und philosophische Dimension der Liebe bleibt auch im Licht dieser wissenschaftlichen Erkenntnisse bestehen.

Die Phasen der romantischen Liebe aus biologischer Sicht

Aus biologischer Perspektive lässt sich die romantische Liebe in verschiedene Phasen einteilen, die jeweils durch spezifische neurochemische Prozesse und Verhaltensweisen gekennzeichnet sind. Diese Phasen spiegeln die evolutionäre Funktion der Liebe wider – von der Partnerwahl über die Paarbindung bis zur langfristigen Kooperation.

Phase 1: Anziehung und sexuelles Verlangen

Die erste Phase ist gekennzeichnet durch die Anziehungskraft eines potenziellen Partners, die zunächst oft auf visuellen, olfaktorischen und auditiven Reizen basiert. Diese Phase wird hormonell stark von Testosteron und Östrogen gesteuert – Sexualhormone, die bei beiden Geschlechtern das sexuelle Verlangen fördern.

Studien zeigen, dass wir in dieser Phase unbewusst auf Merkmale achten, die evolutionär vorteilhaft sein könnten: symmetrische Gesichtszüge (ein Indikator für genetische Gesundheit), ein bestimmtes Taille-Hüft-Verhältnis bei Frauen (assoziiert mit Fruchtbarkeit), Körpergröße und Muskulatur bei Männern (Hinweise auf Ressourcen und Schutz). Auch der Geruch spielt eine subtile, aber wichtige Rolle – wir fühlen uns tendenziell zu Menschen hingezogen, deren Immunsystem sich von unserem unterscheidet, was aus evolutionärer Sicht die Widerstandsfähigkeit der Nachkommen erhöhen könnte.

Doch diese biologischen Präferenzen werden stark von kulturellen Faktoren überformt. Was als attraktiv gilt, variiert erheblich zwischen verschiedenen Kulturen und Epochen. Zudem spielen individuelle Erfahrungen, persönliche Vorlieben und soziale Faktoren wie Status und Prestige eine wichtige Rolle bei der Partnerwahl.

Phase 2: Verliebtheit und romantische Obsession

Die zweite Phase – das eigentliche Verliebtsein – ist gekennzeichnet durch die intensive Fokussierung auf den ausgewählten Partner. Diese Phase wird, wie bereits erwähnt, stark von Dopamin, Noradrenalin und einem niedrigen Serotoninspiegel geprägt.

Evolutionsbiologisch dient diese Phase dazu, die Aufmerksamkeit und Energie auf einen spezifischen Partner zu konzentrieren und die Paarbildung einzuleiten. Die typischen Symptome des Verliebtseins – Herzklopfen, Schlaflosigkeit, obsessives Denken an den Partner, ein Gefühl der Euphorie in seiner Gegenwart – fördern diesen Prozess, indem sie uns motivieren, Zeit und Energie in die Beziehung zu investieren.

Interessanterweise dauert diese Phase in der Regel nur zwischen sechs Monaten und drei Jahren. Aus evolutionsbiologischer Sicht reicht diese Zeitspanne aus, um eine Paarbindung zu etablieren und potenziell eine Schwangerschaft einzuleiten. Das zeitliche Limit verhindert, dass wir dauerhaft in einem energetisch aufwendigen Zustand erhöhter emotionaler und physischer Erregung bleiben.

Phase 3: Bindung und Vertrautheit

Die dritte Phase ist gekennzeichnet durch den Übergang von der leidenschaftlichen Verliebtheit zu einer tieferen, stabileren Bindung. Aus biologischer Sicht dient diese Phase der langfristigen Kooperation bei der Aufzucht des Nachwuchses und wird, wie bereits erwähnt, primär durch Oxytocin und Vasopressin gesteuert.

In dieser Phase entwickeln Paare eine tiefere emotionale Verbindung, eine stärkere Empathie füreinander und ein stabiles Gefühl von Vertrauen und Sicherheit. Die sexuelle Leidenschaft mag etwas nachlassen, wird aber oft ersetzt durch ein tieferes Gefühl der Verbundenheit und Intimität.

Diese Phase hat kein natürliches zeitliches Limit – sie kann das ganze Leben andauern. Studien an Paaren, die 20 oder mehr Jahre zusammen sind und berichten, immer noch "verliebt" zu sein, zeigen Gehirnaktivitäten, die Elemente sowohl der Verliebtheit als auch der Bindungsphase kombinieren – ein Hinweis darauf, dass langfristige, erfüllende Liebesbeziehungen möglich sind.

Phase 4: Kooperation und Partnerschaft

Eine vierte Phase, die in manchen biologischen Modellen beschrieben wird, ist die langfristige Kooperation und Partnerschaft. In dieser Phase geht es weniger um die emotionale Intensität als um die praktische Zusammenarbeit bei gemeinsamen Projekten – sei es die Kindererziehung, der Aufbau eines gemeinsamen Haushalts oder die Verfolgung gemeinsamer Ziele.

Aus biologischer Sicht wird diese Phase durch eine Kombination von Bindungshormonen und sozialen Faktoren gefördert. Die neurobiologische Basis ist weniger intensiv, aber stabiler, mit einem Gleichgewicht verschiedener Neurotransmitter und Hormone, die Kooperation, Vertrauen und Empathie fördern.

Anpassung und Abweichungen vom Phasenmodell

Wichtig ist zu betonen, dass dieses Phasenmodell nicht für alle Menschen und alle Kulturen gleichermaßen gilt. Es gibt erhebliche individuelle Unterschiede in der Dauer und Intensität der einzelnen Phasen. Manche Menschen erleben die Phase der Verliebtheit intensiver und länger, andere gehen schneller in die Bindungsphase über.

Zudem gibt es kulturelle Variationen in der Bedeutung und Gestaltung dieser Phasen. In Gesellschaften, in denen arrangierte Ehen üblich sind, wird die erste Phase der Anziehung oft übersprungen oder tritt erst nach der formalen Bindung ein. In einigen Kulturen wird die Phase der romantischen Obsession als problematisch angesehen und zugunsten einer pragmatischeren Herangehensweise an die Partnerwahl unterdrückt.

Auch gibt es alternative Beziehungsformen – wie polyamoröse Beziehungen oder bewusst unverbindliche Arrangements – die nicht diesem traditionellen Phasenmodell folgen. Diese Variationen unterstreichen die Plastizität des menschlichen Liebesverhaltens und die Bedeutung kultureller und individueller Faktoren neben den biologischen Grundlagen.

Geschlechtsunterschiede und Universalien in der biologischen Basis der Liebe

Die Frage nach Geschlechtsunterschieden in der Erfahrung und dem Ausdruck von Liebe ist wissenschaftlich und gesellschaftlich umstritten. Es gibt sowohl Evidenz für bestimmte biologisch basierte Unterschiede als auch für die enorme Formbarkeit des menschlichen Liebesverhaltens durch kulturelle und individuelle Faktoren.

Biologische Unterschiede

Einige biologische Unterschiede zwischen den Geschlechtern sind gut dokumentiert:

- **Hormonelle Unterschiede**: Männer haben im Durchschnitt höhere Testosteronspiegel, die mit einem stärkeren sexuellen Verlangen und einer größeren Neigung zu kurzfristigen Beziehungen korrelieren können. Frauen erleben hormonelle Schwankungen im Verlauf des Menstruationszyklus, die ihre Präferenzen bei der Partnerwahl beeinflussen können.

- **Gehirnphysiologie**: Einige Studien deuten auf subtile Unterschiede in der Gehirnaktivität während des Verliebtseins hin, wobei bei Männern visuelle Zentren stärker aktiviert werden, während bei Frauen Regionen, die mit Erinnerung und Emotion verbunden sind, aktiver sind. Diese Unterschiede sind jedoch subtil und viel weniger ausgeprägt als die kulturellen Stereotypen suggerieren.

- **Evolutionäre Pressionen**: Die evolutionäre Psychologie argumentiert, dass Männer und Frauen aufgrund unterschiedlicher reproduktiver Strategien verschiedene "Investitionen" in Beziehungen und Nachwuchs tätigen. Da Frauen eine begrenzte Anzahl von Kindern gebären können und pro Kind eine höhere biologische Investition tätigen, könnten sie evolutionär bedingt wählerischer bei der Partnerwahl sein und mehr Wert auf Ressourcen und langfristige

Bindung legen. Männer hingegen, die potenziell viele Nachkommen zeugen können, könnten evolutionär bedingt stärker auf Vielfalt und Anzahl der Partner ausgerichtet sein.

Kulturelle Überformung und Kritik an evolutionären Modellen

Diese biologischen Unterschiede werden jedoch stark durch kulturelle, soziale und individuelle Faktoren überformt:

- **Kulturelle Normen**: Die Erwartungen an Liebes- und Beziehungsverhalten variieren stark zwischen verschiedenen Kulturen. Was in einer Gesellschaft als "natürliches" männliches oder weibliches Verhalten gilt, kann in einer anderen als abweichend angesehen werden.

- **Sozialisation**: Von früher Kindheit an werden Menschen in geschlechtsspezifische Rollen sozialisiert, die ihre Ausdrucksformen von Liebe und Intimität prägen. Jungen werden oft ermutigt, Emotionen zu unterdrücken, während Mädchen ermutigt werden, ihre Gefühle auszudrücken und zu pflegen.

- **Wandel der Geschlechterrollen**: In vielen Gesellschaften findet ein rascher Wandel der Geschlechterrollen statt, der auch das Liebes- und Beziehungsverhalten beeinflusst. Mit zunehmender wirtschaftlicher Unabhängigkeit von Frauen verändern sich auch ihre Prioritäten und Präferenzen bei der Partnerwahl.

Kritiker evolutionärer Modelle weisen zudem darauf hin, dass diese oft zu stark vereinfacht sind und die enorme

Vielfalt menschlichen Verhaltens und die Komplexität kultureller Faktoren unterschätzen. Zudem basieren viele dieser Modelle auf Studien in westlichen, industrialisierten Gesellschaften, was ihre Universalität in Frage stellt.

Universalien in der Liebeserfahrung

Trotz aller kulturellen und individuellen Variationen gibt es auch bemerkenswerte Universalien in der menschlichen Liebeserfahrung, die auf eine gemeinsame biologische Basis hindeuten:

- **Universale emotionale Ausdrucksformen**: Die grundlegenden emotionalen Reaktionen der Liebe – Freude in der Nähe des geliebten Menschen, Schmerz bei Trennung oder Verlust, Eifersucht bei Bedrohung der Beziehung – finden sich in allen bekannten Kulturen.

- **Universale Bindungsmuster**: Die grundlegenden Muster der menschlichen Bindung, wie sie in der Bindungstheorie beschrieben werden, scheinen universell zu sein, wenn auch mit kulturellen Variationen in der Häufigkeit verschiedener Bindungsstile.

- **Universale Phasen**: Die grundlegenden Phasen der Liebe – Anziehung, Verliebtheit, Bindung – finden sich in verschiedenen kulturellen Kontexten, wenn auch mit unterschiedlicher Betonung und Bewertung.

Diese Universalien deuten darauf hin, dass die Grundstrukturen der Liebe in unserer gemeinsamen biologischen Natur verankert sind, während ihre spezifischen Ausdrucksformen kulturell und individuell geprägt sind.

Die Erforschung der biologischen Basis der Liebe befindet sich noch in einem frühen Stadium, und viele der bisherigen Befunde müssen durch weitere Studien mit größeren und diverseren Stichproben überprüft werden. Dennoch bietet sie einen faszinierenden Einblick in die biologischen Mechanismen, die unsere emotionalen Erfahrungen prägen, und hilft uns, sowohl die universellen Aspekte als auch die große Vielfalt der menschlichen Liebeserfahrung besser zu verstehen.

Kapitel 5: Psychologie der Liebe

Bindungstheorie und Liebesstile

Die in den 1950er Jahren von John Bowlby entwickelte Bindungstheorie gehört zu den einflussreichsten psychologischen Erklärungsmodellen für menschliche Beziehungen. Ursprünglich konzipiert, um die Mutter-Kind-Bindung zu verstehen, wurde sie später von Forschern wie Cindy Hazan und Phillip Shaver auf romantische Beziehungen im Erwachsenenalter angewandt.

Die Grundidee ist bemerkenswert einfach: Die frühen Bindungserfahrungen eines Kindes mit seinen primären Bezugspersonen (meist den Eltern) prägen ein internes "Arbeitsmodell" von Beziehungen, das die emotionalen Bindungen im Erwachsenenalter beeinflusst. Dieses Modell umfasst Vorstellungen darüber, ob andere Menschen vertrauenswürdig und verlässlich sind und ob man selbst liebenswert ist.

Bindungsstile und ihre Auswirkungen auf Liebesbeziehungen

Basierend auf den frühen Arbeiten von Mary Ainsworth werden typischerweise vier Bindungsstile unterschieden:

1. **Sicherer Bindungsstil** (etwa 55-60% der Bevölkerung): Menschen mit sicherer Bindung haben als Kinder erfahren, dass ihre Bezugspersonen zuverlässig auf ihre Bedürfnisse reagieren. Als Erwachsene fallen es ihnen leicht, emotionale Nähe zuzulassen, sie fühlen sich wohl mit Intimität und Autonomie und können sowohl geben als auch nehmen in Beziehungen.

   In Liebesbeziehungen zeigen sicher gebundene Menschen gesunde Muster: Sie kommunizieren offen über Gefühle und Bedürfnisse, sind vertrauensvoll und unterstützend, können Konflikte konstruktiv lösen und pflegen tiefe, stabile Bindungen, ohne ihre Autonomie oder die ihres Partners zu untergraben.

   Ein Beispiel: Maria und Thomas, beide sicher gebunden, können offen über ihre Bedürfnisse sprechen. Wenn Maria mehr Zeit mit Freunden verbringen möchte, vertraut Thomas darauf, dass dies ihre Beziehung nicht gefährdet, und nutzt die Zeit für eigene Interessen. Bei Konflikten suchen sie gemeinsam nach Lösungen, statt einander zu beschuldigen.

2. **Ängstlich-ambivalenter Bindungsstil** (etwa 20% der Bevölkerung): Menschen mit diesem Bindungsstil haben als Kinder inkonsistente Fürsorge erfahren – manchmal verfügbar, manchmal nicht. Als Erwachsene sehnen sie sich nach enger emotionaler Bindung, haben aber gleichzeitig Angst, verlassen oder nicht ausreichend geliebt zu werden.

In Liebesbeziehungen neigen ängstlich-ambivalent gebundene Menschen zu starker emotionaler Abhängigkeit, übermäßigem Bedürfnis nach Bestätigung und Nähe, intensiver Eifersucht und der Tendenz, den Partner zu "ersticken". Sie interpretieren neutrale Verhaltensweisen oft als Ablehnung und können durch ihre anhaltende Angst vor Verlassenwerden die Beziehung belasten.

Ein Beispiel: Sarah, ängstlich-ambivalent gebunden, überprüft ständig, ob ihr Partner Michael sie noch liebt. Wenn er spät von der Arbeit kommt, befürchtet sie, er könnte das Interesse an ihr verloren haben. Sie sucht ständig nach Bestätigung und reagiert überempfindlich auf vermeintliche Zurückweisungen.

3. **Vermeidender Bindungsstil** (etwa 20-25% der Bevölkerung): Menschen mit vermeidendem Bindungsstil haben oft erfahren, dass ihre emotionalen Bedürfnisse ignoriert oder abgewertet

wurden. Als Erwachsene halten sie emotionale Distanz, betonen ihre Unabhängigkeit und vermeiden tiefe emotionale Bindungen.

In Liebesbeziehungen fällt es vermeidend gebundenen Menschen schwer, sich zu öffnen und Verletzlichkeit zu zeigen. Sie neigen dazu, Intimität zu begrenzen, haben Schwierigkeiten, über Gefühle zu sprechen, und ziehen sich bei emotionaler Nähe zurück. Sie können distanziert wirken und Schwierigkeiten haben, dem Partner zu vertrauen und sich auf ihn einzulassen.

Ein Beispiel: Markus, vermeidend gebunden, fühlt sich unwohl, wenn seine Partnerin Lisa emotionale Gespräche führen möchte. Er wechselt das Thema oder beschäftigt sich mit anderen Dingen. Nach Streit zieht er sich zurück und braucht viel Zeit für sich, was Lisa als Ablehnung empfindet.

4. **Desorganisierter Bindungsstil** (etwa 5-10% der Bevölkerung): Dieser seltenere Stil entsteht oft durch traumatische Erfahrungen oder widersprüchliche Verhaltensweisen der Bezugspersonen. Menschen mit diesem Bindungsstil haben kein konsistentes inneres Modell von Beziehungen und zeigen widersprüchliche Verhaltensmuster.

In Liebesbeziehungen können desorganisiert gebundene Menschen zwischen extremen Verhaltensweisen schwanken – zwischen verzweifeltem Anklammern und plötzlichem Rückzug, zwischen Idealisierung und Abwertung des Partners. Ihre Beziehungen sind oft von

Chaos, Instabilität und unbewältigten Traumata geprägt.

Ein Beispiel: Julia, mit desorganisiertem Bindungsstil, kann ihrem Partner David gegenüber an einem Tag extrem liebevoll und anhänglich sein und ihm am nächsten Tag völlig misstrauen und ihn zurückstoßen. Ihre Reaktionen sind für David oft unvorhersehbar und erscheinen unverhältnismäßig.

Die Dynamik verschiedener Bindungskombinationen

Besonders interessant wird es, wenn Menschen mit unterschiedlichen Bindungsstilen Beziehungen eingehen. Bestimmte Kombinationen scheinen häufiger vorzukommen als andere, oft mit herausfordernden Dynamiken:

- **Ängstlich-ambivalent + Vermeidend**: Diese häufige, aber oft problematische Kombination führt zu einem Muster, bei dem die ängstlich-ambivalente Person immer mehr Nähe sucht, während die vermeidende Person sich immer mehr zurückzieht. Dies kann zu einem eskalierenden Zyklus führen, in dem beide Teile sich in ihren Ängsten bestätigt fühlen.

- **Sicher + Ängstlich-ambivalent oder Vermeidend**: In diesen Konstellationen kann der sicher gebundene Partner einen "heilenden" Einfluss haben, indem er konsistente, vertrauenswürdige Erfahrungen bietet, die das unsichere Bindungsmuster des anderen herausfordern. Der Erfolg hängt davon ab, ob der unsicher gebundene Partner diese neuen Erfahrungen annehmen kann.

- **Desorganisiert + Jeder Stil**: Beziehungen, in denen ein Partner einen desorganisierten Bindungsstil hat, sind oft besonders herausfordernd und benötigen häufig professionelle Unterstützung, um stabile Muster entwickeln zu können.

Veränderbarkeit von Bindungsstilen

Eine entscheidende Erkenntnis der neueren Bindungsforschung ist, dass Bindungsstile nicht unveränderlich sind. Durch neue Beziehungserfahrungen, Selbstreflexion und therapeutische Arbeit können Menschen sicherere Bindungsmuster entwickeln. Dies ist ein hoffnungsvoller Aspekt der Bindungstheorie – unsere frühen Erfahrungen prägen uns, determinieren aber nicht unser Schicksal.

Therapeutische Ansätze wie die Emotionsfokussierte Therapie (EFT) arbeiten gezielt mit Bindungsmustern und helfen Paaren, sicherere Bindungen zu entwickeln. Der Schlüssel liegt oft darin, die eigenen Bindungsängste zu erkennen und zu kommunizieren, statt sie durch dysfunktionale Verhaltensweisen auszuagieren.

Die Bindungstheorie bietet einen wertvollen Rahmen, um die emotionalen Dynamiken in Liebesbeziehungen zu verstehen. Sie erklärt, warum wir bestimmte Muster in Beziehungen wiederholen, warum manche Menschen Schwierigkeiten mit Nähe oder Vertrauen haben und wie wir sicherere, befriedigendere Beziehungen entwickeln können. Sie erinnert uns daran, dass Liebe nicht nur ein romantisches Ideal ist, sondern eine tiefe emotionale Bindung, die von unseren frühesten

Beziehungserfahrungen geprägt wird und sich im Laufe unseres Lebens weiterentwickeln kann.

Die Rolle des Selbstwertgefühls und der Identität

Unsere Fähigkeit zu lieben und geliebt zu werden steht in enger Verbindung mit unserem Selbstwertgefühl und unserer Identität. Die Art, wie wir uns selbst wahrnehmen und bewerten, beeinflusst maßgeblich, wie wir Liebesbeziehungen gestalten und erleben.

Selbstwertgefühl als Grundlage für gesunde Liebe

Ein gesundes Selbstwertgefühl bildet die Basis für erfüllende Liebesbeziehungen. Menschen mit positivem Selbstwert bringen bestimmte Qualitäten in Beziehungen ein:

- Sie wählen Partner, die sie gut behandeln, weil sie glauben, Respekt und Liebe verdient zu haben.

- Sie können echte Intimität zulassen, weil sie keine übermäßige Angst vor Ablehnung haben.

- Sie können konstruktive Kritik annehmen, ohne sich grundlegend in Frage zu stellen.

- Sie treten für ihre Bedürfnisse ein, setzen Grenzen und respektieren die Grenzen anderer.

- Sie können echte Wertschätzung für den Partner empfinden, ohne ihn zu idealisieren oder abzuwerten.

Die griechische Vorstellung der "Philautia" – der gesunden Selbstliebe – findet hier ihre psychologische Bestätigung: Wer sich selbst nicht wertschätzen kann, wird Schwierigkeiten haben, die Liebe eines anderen anzunehmen oder selbst ausgewogen zu lieben.

Ein niedriges Selbstwertgefühl hingegen kann zu problematischen Beziehungsmustern führen:

- Menschen mit geringem Selbstwert neigen dazu, sich mit Partnern zu begnügen, die sie schlecht behandeln, weil sie glauben, nichts Besseres zu verdienen.

- Sie können übermäßig abhängig werden und ihre eigene Identität im Partner aufgeben.

- Sie suchen ständig nach Bestätigung, was den Partner ermüden kann.

- Sie interpretieren neutrale Handlungen oft als Ablehnung oder Kritik.

- Sie können Schwierigkeiten haben, Liebe anzunehmen, weil sie sich selbst nicht als liebenswert betrachten.

Ein Beispiel: Jonas hat seit seiner Jugend mit geringem Selbstwert zu kämpfen. In seiner Beziehung zu Nina sucht er ständig nach Bestätigung, dass sie ihn wirklich liebt. Wenn Nina Zeit mit Freunden verbringen möchte, interpretiert er dies als Zeichen, dass sie ihn nicht genug liebt. Er wagt nicht, eigene Bedürfnisse zu äußern, aus Angst, Nina zu verärgern. Diese Dynamik belastet die Beziehung zunehmend, da Nina sich eingeengt fühlt und Jonas sich nicht wertgeschätzt.

Identität und Autonomie in der Liebe

Neben dem Selbstwertgefühl spielt die Identität – unser Gefühl dafür, wer wir sind – eine entscheidende Rolle in Liebesbeziehungen. Der Entwicklungspsychologe Erik Erikson beschrieb, dass eine stabile Identität die Voraussetzung für echte Intimität ist. Nur wer ein klares Gefühl für das eigene Selbst entwickelt hat, kann sich auf tiefe Beziehungen einlassen, ohne sich darin zu verlieren.

Dieser Gedanke findet sich auch in Erich Fromms einflussreichem Werk "Die Kunst des Liebens", in dem er argumentiert, dass wahre Liebe die Integrität und Individualität beider Partner respektiert und fördert. Fromm schreibt: "Liebe ist die aktive Sorge für das Leben und das Wachstum dessen, was wir lieben." Dieses Wachstum schließt die Entwicklung der eigenen Identität ein.

In gesunden Liebesbeziehungen existiert eine Balance zwischen Verbundenheit und Autonomie – ein "Tanz der Nähe", wie der Paartherapeut David Schnarch es nennt. Beide Partner behalten ihre eigene Identität, während sie gleichzeitig eine gemeinsame Identität als Paar entwickeln. Diese Balance ermöglicht es beiden, zu wachsen und sich zu entwickeln, ohne die Verbindung zu verlieren.

Ein Gegenbild dazu ist die sogenannte "Fusion" oder "Verschmelzung", bei der die Grenzen zwischen den Partnern verschwimmen. Obwohl dieses Gefühl der vollständigen Vereinigung romantisch erscheinen mag, führt es oft zu problematischen Dynamiken:

- Übermäßige Abhängigkeit vom Partner für das eigene Wohlbefinden

- Verlust eigener Interessen, Freundschaften und Lebensbereiche

- Schwierigkeiten, Meinungsverschiedenheiten und Konflikte zu akzeptieren

- Angst vor Autonomiebestrebungen des Partners

Ein Beispiel: Claudia und Martin haben seit dem Beginn ihrer Beziehung fast ihre gesamte Zeit miteinander verbracht. Sie haben gemeinsame Freunde, gemeinsame Hobbys und treffen alle Entscheidungen zusammen. Als Martin ein neues berufliches Projekt beginnt, das mehr seiner Zeit in Anspruch nimmt, gerät die Beziehung in eine Krise. Claudia fühlt sich verlassen und verloren, wenn Martin nicht bei ihr ist. Sie haben Schwierigkeiten, mit dieser neuen Autonomie umzugehen, weil ihre Identitäten so eng miteinander verwoben sind.

Selbstobjektifizierung und Idealisierung

Ein besonderes Problem in Liebesbeziehungen kann die Tendenz zur Selbstobjektifizierung sein – die Neigung, sich selbst primär durch die Augen des Partners zu sehen und seinen Wert an seiner Attraktivität für den anderen zu messen. Diese Tendenz ist in unserer auf äußere

Erscheinung fixierten Kultur besonders verbreitet und kann die Liebesfähigkeit beeinträchtigen:

- Sie lenkt den Fokus auf das "Geliebtwerden" statt auf das Lieben.

- Sie macht den eigenen Wert abhängig von der Bewertung durch andere.

- Sie erschwert echte Intimität, da man sich mehr damit beschäftigt, wie man wirkt, als damit, echte Verbindung einzugehen.

Auf der anderen Seite kann die übermäßige Idealisierung des Partners – ein häufiges Phänomen in der frühen Phase der Verliebtheit – ebenfalls problematisch sein. Wenn wir den Partner auf ein Podest stellen, lieben wir nicht die reale Person mit all ihren Facetten, sondern ein idealisiertes Bild.

Die Herausforderung besteht darin, sowohl sich selbst als auch den Partner realistisch wahrzunehmen – mit Stärken und Schwächen, mit Licht- und Schattenseiten. Diese realistische Sichtweise, die der Psychoanalytiker D.W. Winnicott als "good enough" beschrieb, ermöglicht eine tiefere, authentischere Form der Liebe als die Idealisierung.

Entwicklung von Selbstwert und Identität in Beziehungen

Obwohl ein gesundes Selbstwertgefühl und eine stabile Identität die Grundlage für gesunde Liebesbeziehungen bilden, ist die Beziehung zwischen diesen Faktoren keine Einbahnstraße. Liebesbeziehungen können auch zur Entwicklung von Selbstwert und Identität beitragen:

- Durch die bedingungslose Annahme durch einen liebenden Partner können wir lernen, uns selbst mehr zu akzeptieren.

- Durch die Spiegelung unserer Qualitäten im Blick des Partners können wir bisher unerkannte Aspekte unserer Identität entdecken.

- Durch die Herausforderungen einer Beziehung können wir wachsen und neue Stärken entwickeln.

Der humanistische Psychologe Carl Rogers beschrieb, wie bedingungslose positive Zuwendung zur Selbstaktualisierung beiträgt – ein Prozess, der in liebevollen Beziehungen stattfinden kann. Der Entwicklungspsychologe Robert Kegan sieht in reifen Liebesbeziehungen einen Kontext für die höchsten Stufen der Identitätsentwicklung – die Fähigkeit, gleichzeitig verbunden und autonom zu sein.

Gleichzeitig ist es wichtig zu erkennen, dass keine Liebesbeziehung alle unsere Bedürfnisse nach Bestätigung und Identität erfüllen kann. Die Erwartung, dass ein Partner alle unsere Unsicherheiten heilen und unserem Leben vollständigen Sinn geben soll, überfordert jede Beziehung und führt oft zu Enttäuschung und Groll.

Eine gesunde Balance besteht darin, Verantwortung für den eigenen Selbstwert und die eigene Identitätsentwicklung zu übernehmen, während man gleichzeitig offen bleibt für das Wachstum und die Bereicherung, die eine Liebesbeziehung bieten kann. Diese Balance ermöglicht es uns, zu lieben, ohne zu klammern, und geliebt zu werden, ohne uns zu verlieren – die Grundlage für eine reife, erfüllende Liebe.

Liebe und psychische Gesundheit

Die Verbindung zwischen Liebe und psychischer Gesundheit ist vielschichtig und wechselseitig. Einerseits kann eine gesunde Liebesbeziehung unser psychisches Wohlbefinden fördern, andererseits beeinflussen psychische Faktoren unsere Fähigkeit, liebevolle Beziehungen zu gestalten und zu erhalten.

Der Schutzfaktor Liebe

Zahlreiche Studien belegen die positiven Auswirkungen stabiler, liebevoller Beziehungen auf die psychische Gesundheit:

- Menschen in unterstützenden Partnerschaften zeigen niedrigere Raten von Depressionen und Angststörungen.

- Sie verfügen über bessere Stressbewältigungsmechanismen und ein stärkeres Immunsystem.

- Sie erholen sich schneller von traumatischen Erlebnissen und Krankheiten.

- Sie berichten über ein höheres subjektives Wohlbefinden und Lebenszufriedenheit.

Diese positiven Effekte werden durch verschiedene Mechanismen vermittelt:

- **Soziale Unterstützung**: Ein liebender Partner bietet emotionale Unterstützung, praktische Hilfe und das Gefühl, nicht allein zu sein. Dieser "Puffereffekt" sozialer Unterstützung ist einer der

am besten dokumentierten Faktoren für
psychische Resilienz.

- **Emotionsregulation**: In gesunden Beziehungen
  lernen wir, unsere Emotionen besser zu verstehen
  und zu regulieren. Der Partner fungiert als
  "sicherer Hafen", in dem schwierige Gefühle
  geteilt und gemeinsam bewältigt werden können.

- **Bindungssicherheit**: Wie bereits erwähnt, kann
  eine sichere Bindung zu einem Partner frühere
  Bindungsverletzungen teilweise heilen und uns
  helfen, stabilere emotionale Muster zu entwickeln.

- **Sinnstiftung**: Liebe gibt unserem Leben
  Bedeutung und Zweck – ein Faktor, der laut dem
  Psychologen Viktor Frankl wesentlich für
  psychische Gesundheit ist. Die Erfahrung,
  jemanden zu lieben und geliebt zu werden, kann
  existenziellen Fragen einen konkreten, erfahrbaren
  Sinn geben.

Ein anschauliches Beispiel bietet die bekannte
Harvard-Studie zur Erwachsenenentwicklung, die
Teilnehmer über mehr als 75 Jahre begleitete. Der Leiter
der Studie, Robert Waldinger, fasste die Ergebnisse so
zusammen: "Gute Beziehungen halten uns glücklicher
und gesünder. Punkt." Die Qualität der Beziehungen
erwies sich als besserer Prädiktor für Gesundheit und
Wohlbefinden im Alter als Faktoren wie Wohlstand,
Berufserfolg oder genetische Veranlagung.

Wenn Liebe krank macht: Dysfunktionale Beziehungsmuster

Nicht alle Liebesbeziehungen fördern die psychische Gesundheit. Bestimmte dysfunktionale Muster können das psychische Wohlbefinden erheblich beeinträchtigen:

- **Toxische Abhängigkeit**: Wenn die Beziehung zum einzigen Lebensinhalt wird und die eigene Identität vollständig von der Bestätigung des Partners abhängt, entsteht eine ungesunde Abhängigkeit, die der Psychologe Stanley Greenspan als "symbiotische Pathologie" bezeichnet.

- **Missbrauchszyklen**: In missbräuchlichen Beziehungen wechseln Phasen von Gewalt (physisch oder emotional) mit Phasen intensiver Zuwendung, was zu traumatischen Bindungsmustern führen kann. Die Betroffenen bleiben oft in der Beziehung, weil sie die Versöhnungsphasen mit echter Liebe verwechseln.

- **Der "Retter-Komplex"**: Wenn ein Partner versucht, den anderen zu "retten" oder zu "heilen", entsteht eine ungesunde Dynamik, die den Hilfsbedürftigen in einer abhängigen Position hält und dem Helfenden ein falsches Gefühl von Kontrolle und Überlegenheit gibt.

- **Narzissistische Dynamiken**: In Beziehungen, in denen ein Partner stark narzisstische Züge zeigt, wird der andere oft zum Objekt der Selbstbestätigung degradiert. Diese Form der "Liebe" dient primär der Aufrechterhaltung des narzisstischen Selbstbildes und nicht der echten Verbindung.

Psychologen wie John Gottman haben bestimmte Interaktionsmuster identifiziert, die besonders schädlich für die Beziehungsqualität und die psychische Gesundheit sind:

- **Kritik**: Angriffe auf den Charakter des Partners statt auf spezifische Verhaltensweisen.

- **Verachtung**: Ausdrücke von Abscheu, Überlegenheit oder Geringschätzung.

- **Defensivität**: Ablehnung von Verantwortung und ständige Rechtfertigung.

- **Mauern**: Emotionaler Rückzug und Kommunikationsverweigerung.

Gottman bezeichnete diese Muster als die "vier apokalyptischen Reiter" der Beziehungsdynamik, da sie hochgradig prädiktiv für Beziehungsauflösung und psychische Belastung sind.

Psychische Störungen und ihre Auswirkungen auf die Liebesfähigkeit

Verschiedene psychische Störungen können die Fähigkeit, liebevolle Beziehungen zu gestalten, beeinträchtigen:

- **Depressionen** können die emotionale Verfügbarkeit einschränken, zu sozialem Rückzug führen und die Fähigkeit beeinträchtigen, Freude und Verbundenheit zu empfinden. Partner von depressiven Menschen berichten oft über ein Gefühl der emotionalen Distanz und unerfüllter Bedürfnisse.

- **Angststörungen**, besonders soziale Angst oder Bindungsangst, können die Entwicklung von Intimität erschweren. Übermäßige Sorgen über Ablehnung oder Verlassenwerden können zu vermeidendem oder klammerndem Verhalten führen.

- **Persönlichkeitsstörungen** wie die Borderline-Persönlichkeitsstörung sind oft mit intensiven, aber instabilen Beziehungen verbunden, die zwischen Idealisierung und Abwertung schwanken. Die narzisstische Persönlichkeitsstörung kann die Fähigkeit zur echten Empathie und zum Perspektivwechsel beeinträchtigen.

- **Traumatische Erfahrungen**, besonders interpersonelle Traumata wie Missbrauch oder Vernachlässigung, können tiefgreifende Auswirkungen auf die Beziehungsfähigkeit haben. Menschen mit komplexen Traumata entwickeln oft Schwierigkeiten mit Vertrauen, Nähe und Emotionsregulation.

Ein Beispiel: Clara hat in ihrer Kindheit emotionale Vernachlässigung erfahren und später eine traumatische Beziehung durchlebt. Sie leidet unter einer komplexen posttraumatischen Belastungsstörung, die ihre Fähigkeit, Nähe zuzulassen, stark beeinträchtigt. Wenn ihr aktueller Partner Stefan ihr Zuneigung zeigt, empfindet sie oft Angst statt Freude und zieht sich zurück. Diese Reaktion verletzt Stefan, der den Rückzug als Ablehnung interpretiert. Um diese Dynamik zu durchbrechen, benötigt Clara therapeutische Unterstützung, um ihre traumatischen Erfahrungen zu verarbeiten, und das Paar braucht Hilfe, um neue Interaktionsmuster zu entwickeln.

Heilende Aspekte der Liebe in der Psychotherapie

In der Psychotherapie spielt die Qualität der Beziehung zwischen Therapeut und Patient eine zentrale Rolle für den Heilungsprozess. Der Psychoanalytiker Heinz Kohut beschrieb, wie der Therapeut temporär bestimmte psychische Funktionen für den Patienten übernehmen kann ("Selbstobjektfunktionen"), um Entwicklungslücken zu schließen. Diese therapeutische Beziehung hat gewisse Ähnlichkeiten mit liebevollen Beziehungen, insbesondere hinsichtlich Empathie, Akzeptanz und Unterstützung.

Auch in Paartherapien wird die Liebe selbst als heilende Kraft erkannt. Ansätze wie die Emotionsfokussierte Paartherapie von Sue Johnson arbeiten explizit mit der emotionalen Bindung zwischen den Partnern und nutzen die Liebe als Ressource für Heilung und Wachstum. Johnson beschreibt, wie Partner "Bindungsverletzungen" heilen können, indem sie lernen, ihre tieferen emotionalen Bedürfnisse zu kommunizieren und füreinander emotional verfügbar zu sein.

Balance von Selbstfürsorge und Beziehungspflege

Für eine gesunde Verbindung zwischen Liebe und psychischer Gesundheit ist eine Balance von Selbstfürsorge und Beziehungspflege entscheidend. Die Verantwortung für die eigene psychische Gesundheit kann nicht vollständig an den Partner delegiert werden, und die Beziehung sollte nicht als Ersatz für professionelle Hilfe bei psychischen Problemen dienen.

Gleichzeitig ist es wichtig, die unterstützende Rolle zu würdigen, die ein liebevoller Partner im Kontext psychischer Herausforderungen spielen kann. Partner können Mut zusprechen, den Zugang zu professioneller Hilfe fördern, im Alltag praktische Unterstützung bieten und einfach "da sein" in schwierigen Zeiten.

Die Psychologin Esther Perel betont, dass eine gesunde Beziehung sowohl Sicherheit als auch Herausforderung bieten sollte – sie sollte ein sicherer Hafen sein, aber auch ein Ort des Wachstums und der Entwicklung. Diese Dualität entspricht dem Bedürfnis nach sowohl Stabilität als auch Stimulation, das für psychische Gesundheit charakteristisch ist.

In einer gesunden Verbindung von Liebe und psychischer Gesundheit bereichern und stärken sich beide Aspekte gegenseitig: Die Liebe fördert unsere psychische Gesundheit, und unsere psychische Gesundheit ermöglicht es uns, tiefer und authentischer zu lieben. Diese positive Spirale kann ein Leben lang andauern und zu wachsendem Wohlbefinden und tieferer Verbundenheit führen.

Liebe im Digitalen Zeitalter: Psychologische Auswirkungen neuer Technologien

Die digitale Revolution hat nicht nur unsere Kommunikation und Arbeitswelt verändert, sondern auch tiefgreifende Auswirkungen auf die Art und Weise, wie wir Liebe und Beziehungen erleben. Diese Veränderungen bieten sowohl neue Möglichkeiten als auch komplexe Herausforderungen für die Psychologie der Liebe.

Online-Dating und die Paradoxie der Wahl

Online-Dating-Plattformen und Apps haben die Landschaft der Partnersuche grundlegend verändert. Nie zuvor hatten Menschen Zugang zu so vielen potenziellen Partnern mit so geringem Aufwand. Diese Entwicklung hat mehrere psychologische Auswirkungen:

- **Die Paradoxie der Wahl**: Der Psychologe Barry Schwartz beschreibt, wie ein Überangebot an Optionen paradoxerweise zu größerer Unzufriedenheit und Entscheidungsschwierigkeiten führen kann. Im Kontext des Online-Datings kann dies zu einem ständigen Gefühl führen, dass vielleicht noch ein "besserer Match" wartet, was die Bereitschaft verringert, in eine bestehende Beziehung zu investieren.

- **Vermehrte Objektivierung**: Die Gestaltung vieler Dating-Apps fördert eine schnelle, oberflächliche Bewertung potenzieller Partner, primär basierend auf Fotos. Diese "Shopping-Mentalität" kann die Tendenz verstärken, Menschen als austauschbare Objekte zu betrachten, statt als komplexe Individuen.

- **Filterung und Algorithmen**: Dating-Plattformen ermöglichen es uns, potenzielle Partner nach spezifischen Kriterien zu filtern. Dies kann einerseits die Effizienz erhöhen, andererseits aber dazu führen, dass wir Menschen ausschließen, die auf unerwartete Weise zu uns passen könnten. Die Psychologin Eli Finkel spricht vom Risiko, den "Wald vor lauter Bäumen nicht zu sehen" – wir konzentrieren uns so sehr auf einzelne Merkmale, dass wir die Gesamtperson übersehen.

Ein Beispiel: Johannes nutzt seit zwei Jahren verschiedene Dating-Apps. Obwohl er mehrere vielversprechende Verbindungen hatte, hat er keine davon vertieft. Er ertappt sich dabei, wie er bei jedem kleinen Anzeichen von Unvereinbarkeit die Interaktion beendet, weil er das Gefühl hat, dass jemand Besseres nur einen Swipe entfernt ist. Trotz der vielen Kontakte fühlt er sich zunehmend einsam und desillusioniert.

Andererseits haben digitale Plattformen auch positive Aspekte für die Partnersuche:

- Sie ermöglichen Menschen mit spezifischen Interessen oder aus marginalen Gruppen, gleichgesinnte Partner zu finden, die sie in ihrem unmittelbaren Umfeld vielleicht nie getroffen hätten.

- Sie erleichtern den ersten Kontakt für Menschen mit sozialer Angst oder in Kulturen mit strengen Regeln für die Partneranbahnung.

- Sie können durch Persönlichkeitstests und Matching-Algorithmen potenziell kompatible Partner zusammenbringen.

Soziale Medien und Beziehungsdynamiken

Soziale Medien haben nicht nur die Partnersuche, sondern auch die Dynamik bestehender Beziehungen verändert:

- **Öffentliche Darstellung der Beziehung**: Paare stehen heute vor der Frage, wie sie ihre Beziehung online präsentieren. Die Entscheidung, ob man seinen "Beziehungsstatus" teilt, gemeinsame Fotos postet oder öffentlich Zuneigung ausdrückt, wird zu einem Teil der Beziehungsdefinition.

- **Vergleiche mit idealisierten Darstellungen**: Die Tendenz, in sozialen Medien primär positive Aspekte des Lebens zu zeigen, kann zu unrealistischen Vergleichen führen. Paare vergleichen ihre reale Beziehung mit den idealisierten Darstellungen anderer Paare, was Unzufriedenheit fördern kann.

- **Digitale Eifersucht und Überwachung**: Soziale Medien bieten neue Möglichkeiten für Eifersucht und Kontrollverhalten. Die Sichtbarkeit von Interaktionen (Likes, Kommentare), Standortinformationen und Online-Status kann Misstrauen verstärken und zu übermäßiger Überwachung führen.

- **Phubbing" und digitale Ablenkung**: Der Begriff "Phubbing" beschreibt das Phänomen, den Partner zugunsten des Smartphones zu ignorieren. Diese ständige digitale Ablenkung kann die Qualität der Interaktion und die emotionale Verbindung beeinträchtigen.

Eine Studie von Roberts und David (2016) zeigte, dass "Phubbing" mit geringerer Beziehungszufriedenheit und mehr Konflikten über Technologienutzung korreliert. Diese Effekte waren besonders ausgeprägt bei Personen mit unsicherem Bindungsstil.

Digitale Kommunikation und emotionale Intimität

Textbasierte Kommunikation über Messaging-Dienste, E-Mails und soziale Medien hat spezifische Eigenschaften, die die emotionale Verbindung fördern oder behindern können:

- **Verlust nonverbaler Hinweise**: In der textbasierten Kommunikation fehlen wichtige nonverbale Hinweise wie Gesichtsausdruck, Tonfall und Körpersprache. Dies kann zu Missverständnissen führen, besonders bei emotionalen oder komplexen Themen.

- **Asynchrone Kommunikation und Erwartungsdruck**: Die Möglichkeit verzögerter Antworten in digitaler Kommunikation schafft neue Dynamiken. Die Sichtbarkeit des "Online-Status" oder "Gelesen"-Markierungen kann Druck erzeugen, sofort zu antworten, und Interpretationsspielraum für Verzögerungen schaffen.

- **Idealisierung und Projektion**: In der frühen Phase des Kennenlernens kann die textbasierte Kommunikation zu verstärkter Idealisierung führen. Ohne die vollständigen Informationen, die persönliche Begegnungen bieten, füllen Menschen Lücken oft mit positiven Projektionen.

- **Erhöhte Selbstoffenbarung**: Paradoxerweise führt die physische Distanz digitaler Kommunikation manchmal zu größerer Offenheit. Menschen teilen persönliche Gedanken und Gefühle, die sie in einem direkten Gespräch vielleicht zurückhalten würden.

Ein Beispiel für konstruktive digitale Kommunikation: Sophie und Michael führen eine Fernbeziehung. Sie haben klare Vereinbarungen über ihre digitale Kommunikation getroffen: tägliche Videoanrufe, aber keine Erwartung sofortiger Textantworten während der Arbeitszeit. Sie nutzen eine private digitale Plattform, um persönliche Gedanken, Fotos und Pläne zu teilen. Diese bewusste Nutzung digitaler Technologie hilft ihnen, trotz der Distanz emotionale Nähe zu erhalten.

Virtuelle Beziehungen und neue Beziehungsformen

Die digitale Welt hat auch völlig neue Beziehungsformen ermöglicht:

- **Online-Beziehungen ohne physisches Treffen**: Menschen entwickeln tiefe emotionale Bindungen, ohne sich je persönlich begegnet zu sein. Diese Beziehungen können sehr bedeutsam sein, werfen aber Fragen nach der Natur der Intimität und Authentizität auf.

- **Polyamore und offene Beziehungskonstellationen**: Digitale Plattformen haben es leichter gemacht, gleichzeitig mehrere Beziehungen zu pflegen oder Partner für offene Beziehungen zu finden. Dies hat zur größeren Sichtbarkeit und Akzeptanz alternativer Beziehungsmodelle beigetragen.

- **Virtuelle Intimität**: Von Sexting bis zu virtueller Realität entstehen neue Formen der Intimität, die physische Anwesenheit nicht erfordern. Diese Entwicklungen verändern unser Verständnis davon, was eine "reale" Beziehung ausmacht.

Die Psychologin Sherry Turkle warnt in ihrem Buch "Alone Together" vor dem Risiko, dass digitale Verbindungen echte menschliche Nähe ersetzen könnten. Sie argumentiert, dass technologievermittelte Beziehungen oft kontrollierter und weniger riskant erscheinen als direkte menschliche Begegnungen, letztlich aber nicht dasselbe tiefe Bedürfnis nach Verbundenheit erfüllen können.

Andere Forscher betonen hingegen die Authentizität und Bedeutung, die digitale Beziehungen haben können, besonders für Menschen mit Mobilitätseinschränkungen, in isolierten Gebieten oder mit sozialen Ängsten.

Strategien für gesunde digitale Liebesbeziehungen

Angesichts dieser Herausforderungen haben Psychologen verschiedene Strategien für einen gesunden Umgang mit digitalen Technologien in Liebesbeziehungen entwickelt:

- **Bewusste Nutzung**: Vereinbarungen über Smartphone-freie Zeiten, bewusstes Abschalten von Benachrichtigungen während gemeinsamer Aktivitäten und klare Kommunikation über digitale Bedürfnisse und Grenzen.

- **Digital Detox**: Regelmäßige Auszeiten von digitalen Medien, um die direkte, ungeteilte Aufmerksamkeit in der Beziehung zu fördern.

- **Transparenz statt Überwachung**: Offene Kommunikation über digitale Aktivitäten aus Vertrauen, nicht aus Kontrolle, und Respekt für die Privatsphäre des Partners.

- **Ergänzung statt Ersatz**: Digitale Kommunikation als Ergänzung, nicht als Ersatz für direkte Interaktion nutzen – besonders bei wichtigen Gesprächen oder Konflikten.

- **Realitätsprüfung bei sozialen Vergleichen**: Bewusstsein dafür entwickeln, dass die in sozialen Medien präsentierten Beziehungsbilder stark gefiltert und idealisiert sind.

Die digitale Revolution hat die Psychologie der Liebe in vielerlei Hinsicht verändert, aber die grundlegenden menschlichen Bedürfnisse nach Verbindung, Verständnis und Zugehörigkeit bleiben bestehen. Die Herausforderung besteht darin, digitale Technologien so zu nutzen, dass sie diese grundlegenden Bedürfnisse fördern, statt sie zu untergraben. Wie der Philosoph Martin Buber es ausdrückte, geht es letztlich um die Begegnung zwischen einem "Ich" und einem "Du" – eine authentische Begegnung, die durch Technologie unterstützt, aber nicht vollständig ersetzt werden kann.

Kapitel 6: Komponenten und Dynamik der Liebe

Leidenschaft, Intimität und Verbindlichkeit

Robert Sternbergs einflussreiche "Dreieckstheorie der Liebe" bietet einen nützlichen Rahmen, um die Hauptkomponenten der Liebe zu verstehen: Leidenschaft, Intimität und Verbindlichkeit. Jede dieser Komponenten hat ihre eigene Qualität und zeitliche Dynamik, und ihre verschiedenen Kombinationen erzeugen unterschiedliche Formen der Liebe.

Leidenschaft: Das Feuer der Liebe

Leidenschaft umfasst die intensiven Gefühle der Anziehung, des Verlangens und der Erregung, die besonders in der romantischen Liebe eine zentrale Rolle spielen. Sie ist der energetische, motivationale Aspekt der Liebe, der uns zum Handeln antreibt und intensive emotionale Zustände erzeugt.

Charakteristisch für die Leidenschaft ist:

- Körperliche Anziehung und sexuelles Verlangen

- Intensive emotionale Höhen und Tiefen

- Das Gefühl, von der geliebten Person "besessen" zu sein

- Ein Gefühl der Dringlichkeit und des intensiven Verlangens nach Nähe

Die neurobiologische Basis der Leidenschaft liegt, wie wir bereits gesehen haben, in der Ausschüttung von Dopamin, Noradrenalin und anderen "Liebeshormonen", die für das euphorische Hochgefühl des Verliebtseins verantwortlich sind.

Zeitlich folgt die Leidenschaft typischerweise einer Kurve: Sie steigt relativ schnell an, erreicht einen Höhepunkt und nimmt dann allmählich ab – ein Muster, das mit der Gewöhnung des Belohnungssystems zusammenhängt. Diese natürliche Abnahme bedeutet nicht notwendigerweise ein Ende der Liebe, sondern eine Transformation in andere Formen der emotionalen Verbindung.

Ein Beispiel für leidenschaftliche Liebe: Lena und David haben sich vor zwei Monaten kennengelernt und fühlen sich unwiderstehlich zueinander hingezogen. Sie denken ständig aneinander, verspüren ein intensives körperliches Verlangen und erleben ein Hochgefühl, wenn sie zusammen sind. Andere Aktivitäten und Beziehungen treten in den Hintergrund, während sie in ihrer gegenseitigen Faszination versunken sind.

Intimität: Die emotionale Verbindung

Intimität bezieht sich auf die emotionale Nähe, das Verständnis und die Verbundenheit zwischen Menschen. Sie umfasst das Gefühl, verstanden und wertgeschätzt zu werden, gemeinsame Erfahrungen zu teilen und sich emotional sicher zu fühlen.

Charakteristisch für Intimität ist:

- Gegenseitiges Verständnis und Empathie

- Die Bereitschaft, sich zu öffnen und verletzlich zu zeigen

- Das Gefühl, den anderen "wirklich zu kennen" und von ihm gekannt zu werden

- Gegenseitige emotionale Unterstützung und Fürsorge

- Vertrauen und ein Gefühl der Sicherheit in der Beziehung

Intimität entwickelt sich typischerweise langsamer als Leidenschaft. Sie entsteht durch wiederholte positive Interaktionen, gemeinsame Erfahrungen und den Aufbau von Vertrauen. Im Gegensatz zur Leidenschaft nimmt sie bei gesunden Beziehungen mit der Zeit nicht ab, sondern kann kontinuierlich wachsen.

Die Entwicklung von Intimität erfordert bestimmte Fähigkeiten und Verhaltensweisen:

- Die Fähigkeit, eigene Gefühle wahrzunehmen und auszudrücken

- Aktives Zuhören und Empathie für die Perspektive des anderen

- Die Bereitschaft, sich authentisch zu zeigen, mit Stärken und Schwächen

- Die Fähigkeit, Grenzen zu respektieren und eigene Grenzen zu setzen

Ein Beispiel für intime Liebe: Markus und Christine sind seit fünf Jahren befreundet. Sie teilen ihre tiefsten Gedanken und Gefühle, kennen die Lebensgeschichte des anderen im Detail und bieten sich gegenseitig emotionale Unterstützung in schwierigen Zeiten. Obwohl ihre Beziehung nicht romantisch ist, besteht eine tiefe emotionale Verbindung und das Gefühl, einander wirklich zu verstehen.

Verbindlichkeit: Die Entscheidung zur Liebe

Verbindlichkeit hat zwei Aspekte: kurzfristig die Entscheidung, jemanden zu lieben, und langfristig das Engagement, diese Liebe aufrechtzuerhalten. Sie ist der kognitive, willentliche Aspekt der Liebe – weniger ein Gefühl als eine bewusste Orientierung und Verpflichtung.

Charakteristisch für Verbindlichkeit ist:

- Eine bewusste Entscheidung für die Beziehung

- Das Versprechen, auch in schwierigen Zeiten zur Beziehung zu stehen

- Langfristige Perspektive und Zukunftsorientierung

- Bereitschaft, in die Beziehung zu investieren und an ihr zu arbeiten

Verbindlichkeit folgt oft einer anderen zeitlichen Dynamik als Leidenschaft und Intimität. Sie kann schnell entstehen (wie bei der Entscheidung zu heiraten) oder sich langsam entwickeln (wie bei einer allmählich wachsenden Hingabe). Im Gegensatz zur Leidenschaft nimmt sie in gesunden Beziehungen mit der Zeit nicht ab, sondern kann sich vertiefen und stabilisieren.

Verbindlichkeit spielt eine besondere Rolle bei der Überbrückung von Krisen und Konflikten in Beziehungen. Sie ist der "Klebstoff", der eine Beziehung durch schwierige Zeiten trägt, wenn die Gefühle der Leidenschaft und manchmal sogar der Intimität vorübergehend nachlassen.

Ein Beispiel für verbindliche Liebe: Thomas und Anna sind seit 30 Jahren verheiratet. Sie haben Höhen und Tiefen erlebt, einschließlich einer schweren Krankheit und finanzieller Probleme. Ihre Entscheidung, zusammenzubleiben und füreinander da zu sein, hat sie durch diese Herausforderungen getragen. Sie sehen ihre Ehe als lebenslange Verbindung und arbeiten kontinuierlich daran, ihre Beziehung zu pflegen.

Die sieben Formen der Liebe nach Sternberg

Aus den verschiedenen Kombinationen dieser drei Komponenten ergeben sich nach Sternberg sieben verschiedene Formen der Liebe:

1. **Mögen (nur Intimität)**: Eine tiefe freundschaftliche Verbindung ohne romantische Leidenschaft oder langfristige Verbindlichkeit.

2. **Vernarrtheit (nur Leidenschaft)**: Intensive Anziehung und Verlangen ohne tiefere emotionale Verbindung oder Commitment – wie etwa ein "Crush" oder eine kurzfristige Affäre.

3. **Leere Liebe (nur Verbindlichkeit)**: Eine Beziehung, die auf Verpflichtung basiert, aber weder Leidenschaft noch tiefe emotionale Nähe enthält – wie manche langjährige Ehen, in denen die anderen Komponenten verloren gegangen sind.

4. **Romantische Liebe (Intimität + Leidenschaft)**: Die Kombination aus emotionaler Nähe und physischer Anziehung, aber ohne langfristiges Commitment – wie bei vielen neuen Liebesbeziehungen.

5. **Kameradschaftliche Liebe (Intimität + Verbindlichkeit)**: Eine tiefe, langfristige Verbindung mit emotionaler Nähe, aber ohne

starke Leidenschaft – typisch für viele langjährige Ehen.

Fatale Liebe (Leidenschaft + Verbindlichkeit): Starke körperliche Anziehung und langfristiges Commitment, aber ohne tiefe emotionale Verbindung – eine oft instabile Kombination.

7. **Vollkommene Liebe (Intimität + Leidenschaft + Verbindlichkeit)**: Die Integration aller drei Komponenten – das Ideal einer ganzheitlichen Liebesbeziehung, nach dem viele streben.

Diese verschiedenen Formen der Liebe sind nicht statisch; Beziehungen können sich im Laufe der Zeit von einer Form zur anderen entwickeln. Typischerweise beginnen romantische Beziehungen mit starker Leidenschaft, entwickeln dann Intimität und schließlich Verbindlichkeit. Im weiteren Verlauf nimmt die Leidenschaft oft ab, während Intimität und Verbindlichkeit wachsen können.

Die Balance und Integration der Komponenten

Jede Komponente hat ihre eigenen Stärken und Herausforderungen:

*   **Leidenschaft** liefert Energie und Motivation, kann aber unbeständig sein und zu irrationalen Entscheidungen führen.

*   **Intimität** schafft tiefe Verbundenheit und emotionale Sicherheit, erfordert aber Verletzlichkeit und kann durch Verletzungen beeinträchtigt werden.

- **Verbindlichkeit** bietet Stabilität und Sicherheit, kann aber ohne die anderen Komponenten zu einer leeren Verpflichtung werden.

In einer ausgewogenen Liebesbeziehung ergänzen und verstärken sich diese Komponenten gegenseitig:

- Die Leidenschaft liefert die Energie, die nötig ist, um die Intimität aufzubauen und die Verbindlichkeit zu erhalten.

- Die Intimität verleiht der Leidenschaft Tiefe und Bedeutung und gibt der Verbindlichkeit einen emotionalen Anker.

- Die Verbindlichkeit schafft den sicheren Raum, in dem Intimität wachsen kann, und hilft, die Beziehung durch Phasen geringerer Leidenschaft zu tragen.

Verschiedene Menschen und verschiedene Beziehungsformen legen unterschiedlichen Wert auf diese Komponenten. Manche Individuen priorisieren die Intensität der Leidenschaft, andere die Tiefe der Intimität, wieder andere die Sicherheit der Verbindlichkeit. Es gibt kein universell "richtiges" Gleichgewicht; vielmehr geht es darum, eine für beide Partner zufriedenstellende Balance zu finden.

Die Dreieckstheorie bietet auch einen Rahmen, um Beziehungsprobleme zu verstehen. Oft entstehen Konflikte, wenn Partner unterschiedliche Komponenten priorisieren oder unterschiedliche Vorstellungen davon haben, wie diese Komponenten ausgedrückt werden sollten.

Ein Beispiel: Julia legt großen Wert auf verbale und emotionale Intimität – tiefe Gespräche, das Teilen von Gefühlen, emotionale Unterstützung. Ihr Partner Max drückt seine Liebe primär durch Verbindlichkeit aus – Zuverlässigkeit, praktische Unterstützung, langfristige Planung. Beide lieben einander, aber ihre unterschiedlichen Prioritäten führen zu Missverständnissen und dem Gefühl, dass der andere die eigenen Bedürfnisse nicht erfüllt.

Kulturelle und historische Variationen

Die relative Bedeutung und Bewertung dieser drei Komponenten variiert stark zwischen verschiedenen Kulturen und historischen Epochen:

- In traditionellen arrangierten Ehen steht Verbindlichkeit an erster Stelle, während Leidenschaft und Intimität sich idealerweise mit der Zeit entwickeln.

- Die westliche romantische Tradition seit dem 19. Jahrhundert betont die Leidenschaft als Ausgangspunkt und Rechtfertigung für eine Beziehung.

- Viele moderne Beziehungskonzepte, besonders in therapeutischen Kontexten, priorisieren Intimität als Kern einer gesunden Beziehung.

Diese kulturellen Unterschiede spiegeln breitere Werte und soziale Strukturen wider. Gesellschaften mit starker Betonung familiärer Bindungen und wirtschaftlicher Zusammenarbeit neigen dazu, Verbindlichkeit zu priorisieren. Individualistische Gesellschaften, die persönliche Erfüllung betonen, legen oft mehr Wert auf Leidenschaft und Intimität.

Sternbergs Dreieckstheorie bietet einen nuancierten Rahmen, um die verschiedenen Aspekte der Liebe zu verstehen und zu artikulieren. Sie erinnert uns daran, dass Liebe nicht ein einheitliches Gefühl ist, sondern ein komplexes Zusammenspiel verschiedener Elemente, die jeweils ihre eigene Bedeutung und Dynamik haben. Das Bewusstsein für diese verschiedenen Komponenten kann uns helfen, unsere eigenen Liebeserfahrungen besser zu verstehen und bewusstere, erfüllendere Beziehungen zu gestalten.

Empathie, Mitgefühl und emotionale Verbindung

Während Sternbergs Dreieckstheorie die strukturellen Komponenten der Liebe beschreibt, sind Empathie, Mitgefühl und emotionale Verbindung die prozessualen Elemente, die Liebe lebendig und authentisch machen. Sie sind die Brücken, über die wir die innere Welt eines anderen Menschen erreichen und mit ihr in Resonanz treten können.

Empathie: Die Kunst des Perspektivwechsels

Empathie bezeichnet die Fähigkeit, die Welt aus der Perspektive eines anderen Menschen zu sehen, seine Gefühle und Gedanken nachzuvollziehen und zu verstehen. Sie ist ein grundlegender Mechanismus zwischenmenschlicher Verbindung und eine Kernkomponente liebevoller Beziehungen.

Psychologen unterscheiden verschiedene Arten der Empathie:

- **Kognitive Empathie** ist die Fähigkeit, die Gedanken und Perspektive eines anderen Menschen intellektuell zu verstehen – sozusagen die Welt durch seine Augen zu sehen. Sie umfasst die Fähigkeit zum Perspektivwechsel und zum Verständnis der Gründe und Motive anderer.

- **Emotionale Empathie** ist die Fähigkeit, die Gefühle eines anderen Menschen mitzufühlen – eine Art emotionaler Resonanz, bei der wir ähnliche Gefühle erleben wie die Person, mit der wir empathisieren. Diese Form der Empathie hat eine neurobiologische Basis in den sogenannten "Spiegelneuronen", die ähnliche Aktivierungsmuster zeigen, ob wir selbst eine Emotion erleben oder sie bei anderen beobachten.

- **Mitfühlende Empathie** geht über das bloße Verstehen und Mitfühlen hinaus und schließt den Wunsch ein, auf das Leiden des anderen zu reagieren und es zu lindern. Sie verbindet die empathische Einsicht mit einer handlungsorientierten Haltung.

Empathie spielt in liebevollen Beziehungen mehrere entscheidende Rollen:

- Sie ermöglicht es uns, den anderen wirklich zu "sehen" und zu verstehen, jenseits unserer Projektionen und Annahmen. Der Philosoph Martin Buber sprach von der Begegnung zwischen

"Ich" und "Du" als einer authentischen Anerkennung des anderen als eigenständiges Subjekt – ein Grundprinzip echter Liebe.

- Sie schafft ein Gefühl der Verbundenheit und des Verstandenwerdens, das für emotionale Intimität wesentlich ist. Wenn wir uns empathisch verstanden fühlen, fühlen wir uns gesehen, anerkannt und wertgeschätzt in unserer Einzigartigkeit.

- Sie hilft uns, angemessen auf die Bedürfnisse und Grenzen des anderen zu reagieren, was für eine harmonische Beziehungsdynamik unerlässlich ist. Ohne Empathie tendieren wir dazu, den anderen nach unseren eigenen Maßstäben zu behandeln, was zu Missverständnissen und Konflikten führen kann.

Ein Beispiel: Als Jakob seiner Partnerin Lisa von einem Konflikt mit seinem Chef erzählt, könnte eine empathische Reaktion so aussehen:

- Kognitive Empathie: "Ich verstehe, dass du dich ungerecht behandelt fühlst, weil der Chef deine Arbeit vor dem Team kritisiert hat, ohne dir vorher Feedback zu geben."

- Emotionale Empathie: Lisa fühlt selbst einen Anflug von Frustration und Scham, während sie Jakobs Erfahrung zuhört.

- Mitfühlende Empathie: "Das muss wirklich verletzend gewesen sein. Was kann ich tun, um dich zu unterstützen? Vielleicht hilft es, wenn wir zusammmen überlegen, wie du das Gespräch mit deinem Chef suchen kannst."

Wie bei vielen Aspekten der Liebe kann jedoch auch Empathie ihre Schattenseiten haben:

- **Empathische Überlastung** tritt auf, wenn wir die Gefühle anderer so intensiv miterleben, dass wir emotional erschöpft werden. Dies ist besonders in helfenden Berufen und in Beziehungen mit hoher emotionaler Belastung ein Risiko.

- **Projektive Empathie** bezeichnet die Tendenz, unsere eigenen Gefühle und Gedanken auf den anderen zu projizieren, statt seine tatsächliche Erfahrung zu erfassen. Dies kann zu Missverständnissen führen und die authentische Verbindung untergraben.

- **Selektive Empathie** tritt auf, wenn wir nur für bestimmte Erfahrungen oder Emotionen des anderen empathisch sind, während wir andere ignorieren oder abwerten. Dies kann dazu führen, dass sich der andere nur teilweise verstanden oder akzeptiert fühlt.

Mitgefühl: Die wohlwollende Sorge

Während Empathie das Verstehen und Mitfühlen der Erfahrung eines anderen Menschen betrifft, bezieht sich Mitgefühl (Compassion) auf eine wohlwollende, fürsorgliche Haltung angesichts des Leidens anderer. Es umfasst den Wunsch, Leiden zu lindern und zum Wohlbefinden beizutragen, und ist eng mit der buddhistischen Vorstellung von Karuna verwandt.

Mitgefühl hat mehrere Schlüsselkomponenten:

- **Erkennen des Leidens**: Die Fähigkeit, das Leiden eines anderen Menschen wahrzunehmen und anzuerkennen.

- **Emotionale Resonanz**: Ein Gefühl der Betroffenheit oder Besorgtheit angesichts dieses Leidens.

- **Den Wunsch zu helfen**: Die Motivation, das Leiden zu lindern oder zu verhindern.

- **Responsive Handlung**: Konkrete Schritte, um dem Leidenden zu helfen oder beizustehen.

Mitgefühl unterscheidet sich von Mitleid, das oft eine hierarchische Komponente und eine emotionale Distanz enthält. Während Mitleid auf den anderen herabschaut ("Der Arme!"), begegnet Mitgefühl dem anderen auf Augenhöhe, in der Erkenntnis unserer gemeinsamen Menschlichkeit und Verletzlichkeit.

In liebevollen Beziehungen zeigt sich Mitgefühl auf vielfältige Weise:

- In der Bereitschaft, dem Partner in schwierigen Zeiten beizustehen und seine Lasten mitzutragen.

- In der nicht-wertenden Akzeptanz von Schwächen und Fehlern, in dem Wissen, dass wir alle unvollkommen sind.

- In praktischen Handlungen der Fürsorge und Unterstützung im Alltag.

- In der Fähigkeit, dem Partner zu vergeben und nach Konflikten wieder Verbindung herzustellen.

Ein Beispiel: Nachdem Marias Vater gestorben ist, zeigt ihr Partner Stefan Mitgefühl, indem er:

- Ihren Schmerz anerkennt und ihr Raum gibt, ihn auszudrücken.

- Emotional präsent bleibt, ohne vom Schmerz überwältigt zu werden oder sich zurückzuziehen.

- Praktische Unterstützung anbietet, wie die Organisation der Beerdigung oder die Übernahme alltäglicher Aufgaben.

- Einfach da ist, auch in Momenten, in denen er nichts "tun" oder "lösen" kann.

Interessanterweise zeigen neuere Forschungen, dass Mitgefühl andere neurologische Muster aktiviert als reine emotionale Empathie. Während emotionale Empathie Netzwerke aktiviert, die mit eigenem Schmerz verbunden sind, aktiviert Mitgefühl Bereiche, die mit Fürsorge, Liebe und der Motivation zu helfen verbunden sind. Dies erklärt, warum Mitgefühl weniger zur emotionalen Erschöpfung führt als reine Empathie – es verbindet das Verständnis für den Schmerz des anderen mit einer positiven, aktiven Haltung.

Selbstmitgefühl als Grundlage für die Liebe zu anderen

Ein wichtiger Aspekt von Empathie und Mitgefühl, der oft übersehen wird, ist die Fähigkeit, diese Qualitäten auch sich selbst gegenüber zu entwickeln. Die Psychologin Kristin Neff hat den Begriff "Selbstmitgefühl" (Self-Compassion) geprägt, um eine gesunde, mitfühlende Beziehung zu sich selbst zu beschreiben, die drei Komponenten umfasst:

1. **Selbstfreundlichkeit statt Selbstkritik**: Eine wohlwollende, verständnisvolle Haltung gegenüber eigenen Fehlern und Unzulänglichkeiten.

2. **Gemeinsames Menschsein statt Isolation**: Das Erkennen, dass Leiden, Scheitern und Unvollkommenheit Teil der gemeinsamen menschlichen Erfahrung sind, nicht Anzeichen persönlichen Versagens.

3. **Achtsamkeit statt Überidentifikation**: Ein ausgewogenes Bewusstsein für schmerzhafte Gedanken und Gefühle, ohne sie zu unterdrücken oder sich von ihnen überwältigen zu lassen.

Selbstmitgefühl bildet eine wichtige Grundlage für die Fähigkeit, anderen Mitgefühl entgegenzubringen. Wenn wir unsere eigenen Schwächen und Fehler nicht akzeptieren können, werden wir Schwierigkeiten haben, die Unvollkommenheiten anderer anzunehmen. Wer sich selbst ständig kritisiert, neigt dazu, auch anderen gegenüber kritisch zu sein.

Umgekehrt ermöglicht uns Selbstmitgefühl, aus einer Position der inneren Fülle und Großzügigkeit heraus zu lieben, statt aus einem Gefühl des Mangels oder der Bedürftigkeit. Es erlaubt uns, dem anderen Raum für Autonomie und Andersartigkeit zu geben, ohne uns bedroht zu fühlen.

Emotionale Verbindung: Die Kunst des Einstimmens

Empathie und Mitgefühl sind Grundlagen für eine tiefere Qualität der Beziehung: die emotionale Verbindung oder emotionale Intimität. Diese Verbindung entsteht, wenn zwei Menschen lernen, aufeinander "eingestimmt" zu sein – wenn sie ihre emotionalen Rhythmen synchronisieren und eine Art "emotionalen Tanz" entwickeln.

Der Säuglingsforscher Daniel Stern beschrieb diesen Prozess als "Affektabstimmung" – die Art und Weise, wie Eltern und Babys ihre emotionalen Zustände aufeinander abstimmen, durch subtile Zeichen wie Gesichtsausdruck, Stimme und Körperhaltung. Diese frühkindliche Erfahrung bildet die Vorlage für spätere intime Beziehungen.

In Liebesbeziehungen äußert sich emotionale Verbindung in verschiedenen Qualitäten:

- **Emotionale Verfügbarkeit**: Die Bereitschaft und Fähigkeit, auf die emotionalen Signale des Partners zu reagieren und emotional präsent zu sein.

- **Emotionale Durchlässigkeit**: Die Fähigkeit, eigene Gefühle wahrzunehmen und authentisch auszudrücken, sowie die Gefühle des anderen zu empfangen und zu verstehen.

- **Emotionale Sicherheit**: Das Vertrauen, dass der Partner emotional zugänglich und reaktionsfähig sein wird, besonders in Zeiten der Not oder Verletzlichkeit.

- **Geteilte emotionale Erfahrung**: Die Fähigkeit, Freude, Trauer, Angst und andere Emotionen gemeinsam zu erleben und sie dadurch zu vertiefen oder zu transformieren.

Die Paartherapeutin Sue Johnson beschreibt in ihrem Ansatz der Emotionsfokussierten Therapie (EFT), wie emotionale Verbindung die Basis sicherer Bindung in Erwachsenenbeziehungen ist. Wenn Partner lernen, emotional verfügbar und reaktionsfähig zu sein, schaffen sie einen "sicheren Hafen", in dem beide wachsen und gedeihen können.

Ein Beispiel für emotionale Verbindung: Nach einem schwierigen Arbeitstag kommt Julia nach Hause und signalisiert durch ihre Körpersprache und ihren Tonfall, dass sie angespannt ist. Ihr Partner Thomas nimmt diese Signale wahr, fragt nach ihrem Tag und hört aufmerksam zu, während sie von ihren Frustrationen erzählt. Er spiegelt ihre Gefühle, ohne sofort Lösungen anzubieten oder das Thema zu wechseln. Durch diese Abstimmung fühlt sich Julia verstanden und angenommen, und ihre emotionale Anspannung beginnt sich zu lösen.

Hindernisse für Empathie und emotionale Verbindung

Trotz ihrer zentralen Bedeutung für liebevolle Beziehungen stoßen Empathie, Mitgefühl und emotionale Verbindung auf verschiedene Hindernisse:

- **Defensivität und Selbstschutz**: Wenn wir uns bedroht oder angegriffen fühlen, verschließen wir uns oft emotional und sind weniger in der Lage, die Perspektive des anderen einzunehmen.

- **Übermäßiger Fokus auf eigene Bedürfnisse**: Wenn wir zu stark auf unsere eigenen Bedürfnisse und Gefühle fixiert sind, haben wir weniger "Bandbreite" für die Erfahrung des anderen.

- **Emotionale Vermeidung**: Manche Menschen haben gelernt, Emotionen (eigene oder die anderer) als bedrohlich oder überwältigend zu erleben und entwickeln Strategien, um emotionale Erfahrungen zu vermeiden.

- **Stereotypisierung und Vorurteile**: Wenn wir den anderen durch die Linse von Stereotypen oder festen Überzeugungen betrachten, beschränken wir unsere Fähigkeit, seine einzigartige Erfahrung zu erfassen.

- **Kognitive Verzerrungen**: Tendenzen wie Schwarz-Weiß-Denken, Übergeneralisierung oder Mind-Reading können unsere Fähigkeit zur Empathie beeinträchtigen.

Der Weg zu tieferer Empathie und emotionaler Verbindung führt durch diese Hindernisse hindurch. Er erfordert die Bereitschaft, sich verletzlich zu zeigen, eigene Abwehrmechanismen zu erkennen und allmählich abzubauen und die Fähigkeit zu entwickeln, mit unangenehmen Emotionen umzugehen, ohne sie zu vermeiden oder von ihnen überwältigt zu werden.

Kultivierung von Empathie und emotionaler Verbindung

Empathie und emotionale Verbindungsfähigkeit sind keine festen Eigenschaften, sondern Fähigkeiten, die kultiviert und vertieft werden können. Verschiedene Praktiken können diese Entwicklung unterstützen:

- **Achtsames Zuhören**: Die Praxis, dem anderen mit voller Aufmerksamkeit zuzuhören, ohne zu unterbrechen, zu urteilen oder sofort zu reagieren.

Dies schafft den Raum, in dem Empathie entstehen kann.

- **Emotionale Selbstwahrnehmung**: Die Entwicklung eines feineren Gespürs für die eigenen emotionalen Zustände und Muster. Wer die eigenen Emotionen besser versteht, kann auch die Gefühle anderer besser erfassen.

- **Bewusste Verletzlichkeit**: Die Bereitschaft, sich zu öffnen und authentisch zu zeigen, auch wenn dies Risiken birgt. Verletzlichkeit lädt zu Verbindung ein und schafft Raum für die Verletzlichkeit des anderen.

- **Perspektivwechsel-Übungen**: Die bewusste Praxis, sich in die Lage eines anderen zu versetzen und die Welt aus seiner Sicht zu betrachten. Dies kann durch Dialog, Rollenspiele oder Imaginationsübungen geschehen.

- **Mitgefühl-Meditation**: Praktiken wie die buddhistische Metta-Meditation, die darauf abzielen, liebevolle Güte für sich selbst und andere systematisch zu kultivieren.

In einer Welt, die oft von Oberflächlichkeit, Schnelllebigkeit und virtueller Verbindung geprägt ist, werden Empathie, Mitgefühl und emotionale Verbindung zu immer wertvolleren Gütern. Sie erinnern uns daran, dass echte Liebe nicht nur ein Gefühl oder eine Entscheidung ist, sondern eine Art, in Beziehung zu sein – eine Qualität der Präsenz und des Verstehens, die uns erlaubt, die Grenzen unseres isolierten Selbst zu überschreiten und eine tiefere Form der Verbundenheit zu erfahren.

Vulnerabilität, Macht und Vertrauen

Liebe konfrontiert uns mit grundlegenden Paradoxien des menschlichen Daseins: Sie erfordert, dass wir uns öffnen und verletzlich zeigen, während wir gleichzeitig mit Machtdynamiken und der Notwendigkeit von Vertrauen umgehen müssen. Diese drei Aspekte – Vulnerabilität, Macht und Vertrauen – bilden ein komplexes Geflecht, das die Tiefe und Authentizität unserer Liebesbeziehungen wesentlich prägt.

Vulnerabilität: Der Mut zur Offenheit

Die Forscherin Brené Brown definiert Vulnerabilität als "Unsicherheit, Risiko und emotionale Exposition" – genau die Elemente, die wir oft zu vermeiden suchen und die dennoch für tiefe Verbindung unerlässlich sind. In ihren Worten: "Vulnerabilität ist der Geburtsort von Liebe, Zugehörigkeit, Freude, Mut, Empathie und Kreativität."

In Liebesbeziehungen zeigt sich Vulnerabilität auf verschiedene Weise:

- In der Offenlegung persönlicher Gedanken, Gefühle und Erfahrungen, die wir normalerweise verbergen

- Im Ausdruck von Bedürfnissen, Wünschen und Grenzen, auch auf die Gefahr hin, dass sie nicht erfüllt oder respektiert werden

- Im Eingeständnis von Fehlern, Schwächen und Unsicherheiten

- In der Bereitschaft, sich emotional zu zeigen und berühren zu lassen

Die Vulnerabilität in der Liebe ist bidirektional: Wir machen uns verletzlich, indem wir uns öffnen, und wir werden verletzlich durch unsere Zuneigung zu einem anderen Menschen. Der französische Philosoph Emmanuel Levinas beschrieb diese doppelte Vulnerabilität als wesentliches Merkmal echter Begegnung – wir sind sowohl "Geiseln" als auch "Gastgeber" des anderen.

Ein konkretes Beispiel: Als Michael seiner Partnerin Sarah von seinen Versagensängsten erzählt, die ihn seit seiner Kindheit begleiten, macht er sich in mehrfacher Hinsicht verletzlich. Er riskiert, dass Sarah ihn anders sehen könnte oder seine Ängste nicht versteht. Er öffnet einen Teil seines inneren Erlebens, den er normalerweise vor anderen verbirgt. Diese Vulnerabilität kann entweder zu tieferer Verbindung führen (wenn Sarah empathisch reagiert) oder zu Verletzung (wenn sie seine Offenheit nicht würdigt).

Die zentrale Paradoxie der Vulnerabilität besteht darin, dass sie sowohl Risiko als auch Chance ist – sie macht uns angreifbar, schafft aber gleichzeitig die Möglichkeit für echte Verbindung. Wie der Dichter Rainer Maria Rilke schrieb: "Schützen wird sich der Mensch, aber Ausgesetztsein wird sein Schicksal bleiben."

Macht: Die unvermeidliche Dynamik

In jeder Beziehung, auch in liebevollen, gibt es Machtdynamiken. Macht in diesem Kontext bezieht sich auf die Fähigkeit, Einfluss auf den anderen auszuüben, Entscheidungen zu beeinflussen und die Bedingungen der Beziehung mitzugestalten. Diese Macht kann offen oder subtil sein, bewusst oder unbewusst ausgeübt werden.

Verschiedene Formen von Macht in Beziehungen:

- **Entscheidungsmacht**: Wer trifft welche Entscheidungen? Wessen Präferenzen setzen sich durch?

- **Emotionale Macht**: Wessen emotionale Bedürfnisse haben Priorität? Wer passt sich emotional an wen an?

- **Ressourcenmacht**: Wer kontrolliert die materiellen Ressourcen (Geld, Wohnraum, Zeit)?

- **Informationsmacht**: Wer hat Zugang zu welchen Informationen? Wer entscheidet, was geteilt wird?

- **Beziehungsdefinitionsmacht**: Wer definiert die Regeln, Grenzen und Erwartungen der Beziehung?

In gesunden Beziehungen wird Macht ausgewogen und flexibel ausgeübt, mit gegenseitigem Respekt und Rücksichtnahme auf die Bedürfnisse beider Partner. Dies bedeutet nicht, dass Macht immer gleich verteilt sein muss – in verschiedenen Bereichen oder zu verschiedenen Zeiten kann ein Partner mehr Macht haben als der andere. Entscheidend ist, dass die Machtverteilung nicht starr und einseitig ist und dass sie nicht zur Unterdrückung oder Ausbeutung führt.

Die französische Philosophin Simone de Beauvoir analysierte in ihrem Werk "Das andere Geschlecht", wie traditionelle Geschlechterrollen und -strukturen zu ungleichen Machtdynamiken in Liebesbeziehungen führen können. Für sie war eine "authentische Liebe" nur zwischen Gleichberechtigten möglich – zwischen Menschen, die einander als freie Subjekte, nicht als Objekte oder Besitz betrachten.

Ein Beispiel für problematische Machtdynamik: In der Beziehung von Marc und Lena trifft Marc alle finanziellen Entscheidungen, da er mehr verdient. Wenn Lena eigene Wünsche äußert, werden diese oft als "unnötig" oder "nicht prioritär" abgewertet. Lena hat das Gefühl, dass ihre Stimme nicht zählt, und passt sich zunehmend an, um Konflikte zu vermeiden. Diese Dynamik untergräbt die Gleichwertigkeit in der Beziehung und erschwert echte Intimität.

Die Herausforderung besteht darin, ein Bewusstsein für Machtdynamiken zu entwickeln, ohne die Liebe auf einen bloßen Machtkampf zu reduzieren. Macht ist in Beziehungen unvermeidlich, aber wie wir mit ihr umgehen – ob wir sie teilen oder horten, ob wir sie für oder gegen den anderen einsetzen – macht den entscheidenden Unterschied.

Vertrauen: Die Grundlage der Liebe

Vertrauen ist sowohl eine Voraussetzung als auch ein Ergebnis liebevoller Beziehungen. Es ermöglicht Vulnerabilität und mildert die Risiken von Machtungleichgewichten. Ohne ein Grundniveau an Vertrauen ist echte Liebe kaum möglich.

Vertrauen in Liebesbeziehungen hat verschiedene Dimensionen:

- **Zuverlässigkeitsvertrauen**: Das Vertrauen, dass der andere tut, was er sagt, und seinen Verpflichtungen nachkommt.

- **Ehrlichkeitsvertrauen**: Das Vertrauen, dass der andere wahrhaftig ist und keine wichtigen Informationen zurückhält.

- **Kompetenzvertrauen**: Das Vertrauen in die Fähigkeiten und das Urteilsvermögen des anderen.

- **Loyalitätsvertrauen**: Das Vertrauen, dass der andere loyal ist und die Beziehung nicht verrät.

- **Wohlwollensvertrauen**: Das Vertrauen, dass der andere das eigene Wohlbefinden im Auge hat und nicht absichtlich verletzen will.

Der amerikanische Philosoph Annette Baier beschreibt Vertrauen als "die Akzeptanz von Verletzlichkeit gegenüber möglichem, aber nicht erwarteter Böswilligkeit (oder mangelnder Fürsorge) seitens des anderen". In dieser Definition wird die enge Verbindung zwischen Vertrauen und Vulnerabilität deutlich: Vertrauen bedeutet, sich verletzlich zu machen in der Erwartung, dass diese Verletzlichkeit nicht ausgenutzt wird.

Ein Beispiel für Vertrauensaufbau: Anna und Thomas haben vereinbart, offen über ihre Finanzen zu sprechen. Als Thomas einen unerwarteten finanziellen Rückschlag erlebt, teilt er dies sofort mit Anna, obwohl er sich dafür schämt. Anna reagiert verständnisvoll und unterstützend, ohne Vorwürfe zu machen. Diese Erfahrung stärkt das Vertrauen beider, dass sie auch schwierige Themen sicher teilen können.

Vertrauen wird durch konsistentes, wohlwollendes Verhalten über Zeit aufgebaut. Es entsteht durch kleine "Vertrauenstests", die positiv verlaufen – Momente, in denen wir uns verletzlich zeigen und der andere darauf mit Fürsorge und Respekt reagiert. Dieses schrittweise aufgebaute Vertrauen bildet die Grundlage für tiefere Vulnerabilität und intimere Verbindung.

Gleichzeitig ist Vertrauen fragil und kann durch Vertrauensbrüche beschädigt werden. Je nach Schwere des Bruchs und der Reaktion beider Partner kann Vertrauen wiederhergestellt werden oder dauerhaft beeinträchtigt bleiben. Der Prozess der Vertrauenswiederherstellung erfordert oft mehrere Schritte:

1. Anerkennung des Vertrauensbruchs und Übernahme von Verantwortung

2. Aufrichtiges Bedauern und Empathie für den Schmerz des anderen

3. Verbindliche Zusagen für Verhaltensänderungen

4. Konsistentes, vertrauensförderndes Verhalten über Zeit

5. Bereitschaft des verletzten Partners, wieder zu vertrauen und das Risiko neuer Verletzlichkeit einzugehen

Die Verflechtung von Vulnerabilität, Macht und Vertrauen

Diese drei Elemente – Vulnerabilität, Macht und Vertrauen – sind eng miteinander verwoben und beeinflussen sich gegenseitig:

- **Vulnerabilität und Macht**: Sich verletzlich zu zeigen bedeutet, dem anderen eine gewisse Macht einzuräumen – die Macht zu verletzen oder zu schützen, anzunehmen oder abzulehnen. Gleichzeitig kann das Teilen von Verletzlichkeit

Machtdynamiken ausgleichen, indem es Authentizität und Gegenseitigkeit fördert.

- **Vulnerabilität und Vertrauen**: Vertrauen ermöglicht Vulnerabilität; ohne ein Grundniveau an Vertrauen werden wir uns kaum öffnen. Umgekehrt stärkt die Erfahrung, dass unsere Vulnerabilität respektvoll behandelt wird, das Vertrauen.

- **Macht und Vertrauen**: In Beziehungen mit starken Machtungleichgewichten ist Vertrauen besonders wichtig und gleichzeitig besonders gefährdet. Der mächtigere Partner muss besonders vertrauenswürdig handeln, um den weniger mächtigen Partner nicht auszunutzen.

Ein integriertes Beispiel: In der langjährigen Beziehung von Sofie und Leon hat Leon aufgrund seiner beruflichen Stellung mehr finanzielle Macht. Sofie bringt durch ihre emotionale Intelligenz und soziale Kompetenz andere Stärken in die Beziehung ein. Wenn Leon sich traurig oder ängstlich fühlt, macht er sich verletzlich, indem er diese Gefühle mit Sofie teilt. Sofie begegnet dieser Vulnerabilität mit Empathie und Unterstützung, was Leons Vertrauen stärkt. Gleichzeitig respektiert Leon Sofies Beitrag zur Beziehung und teilt die Entscheidungsmacht in finanziellen Fragen, was das Machtgleichgewicht fördert. Diese positive Spirale von geteilter Vulnerabilität, ausgewogener Macht und wachsendem Vertrauen vertieft ihre Verbindung.

Ethische Dimensionen von Vulnerabilität, Macht und Vertrauen

Die Dynamik von Vulnerabilität, Macht und Vertrauen hat auch eine ethische Dimension. Sie berührt Fragen der

Verantwortung, der Gerechtigkeit und des guten Lebens in Beziehungen:

- **Verantwortung für die Vulnerabilität des anderen**: Wenn sich jemand uns gegenüber verletzlich zeigt, entsteht eine ethische Verantwortung, diese Verletzlichkeit zu würdigen und nicht auszunutzen. Der Philosoph Emmanuel Levinas spricht vom "Antlitz des Anderen", das uns zu einer ethischen Antwort auffordert.

- **Gerechte Machtverteilung**: Eine ethisch reflektierte Liebe strebt nach einer Machtverteilung, die beiden Partnern Autonomie, Würde und Selbstausdruck ermöglicht. Dies bedeutet nicht notwendigerweise Gleichheit in allen Bereichen, sondern eine Verteilung, die beiden gerecht wird und niemanden marginalisiert.

- **Pflege des Vertrauens**: Vertrauen ist ein gemeinsames Gut, das aktive Pflege und Schutz erfordert. Es ist eine ethische Verpflichtung, vertrauenswürdig zu handeln und das in uns gesetzte Vertrauen zu respektieren.

Diese ethischen Dimensionen erinnern uns daran, dass Liebe nicht nur ein Gefühl oder ein Zustand ist, sondern auch eine Praxis – eine Art des Handelns und Seins, die bestimmte Werte und Tugenden verkörpert. Die Philosophin Martha Nussbaum argumentiert, dass Liebe eine "komplexe emotionale Einstellung" ist, die von ethischen Überzeugungen geprägt ist und selbst ethische Implikationen hat.

Kulturelle und historische Perspektiven

Verschiedene Kulturen und historische Epochen haben unterschiedliche Vorstellungen und Praktiken in Bezug auf Vulnerabilität, Macht und Vertrauen in Liebesbeziehungen entwickelt:

- In stark hierarchischen Gesellschaften sind Liebesbeziehungen oft von klaren Machtunterschieden geprägt, während moderne egalitäre Gesellschaften Gleichheit und geteilte Macht betonen.

- Manche Kulturen betonen emotionale Zurückhaltung und indirekte Kommunikation, während andere offenen emotionalen Ausdruck und Vulnerabilität fördern.

- Vertrauensbildung kann durch verschiedene kulturelle Praktiken und Rituale unterstützt werden, von formellen Verlobungsperioden bis hin zu familiären Integrationsprozessen.

Diese kulturellen Variationen erinnern uns daran, dass es verschiedene Wege gibt, mit den grundlegenden Herausforderungen von Vulnerabilität, Macht und Vertrauen umzugehen, und dass unsere eigenen Vorstellungen kulturell und historisch geprägt sind.

Praktische Implikationen für liebevolle Beziehungen

Aus dem Verständnis der komplexen Dynamik von Vulnerabilität, Macht und Vertrauen ergeben sich praktische Einsichten für die Gestaltung liebevoller Beziehungen:

- **Schrittweise Vulnerabilität**: Vulnerabilität entwickelt sich am besten schrittweise, in einem Tempo, das für beide Partner angemessen ist. Es geht nicht darum, sich sofort vollständig zu öffnen, sondern darum, allmählich tiefere Ebenen des Selbst zu teilen, während Vertrauen aufgebaut wird.

- **Bewusster Umgang mit Macht**: Eine gesunde Beziehung erfordert Bewusstsein für Machtdynamiken und die Bereitschaft, Macht zu teilen. Dies kann bedeuten, explizit über Entscheidungsprozesse zu sprechen, Raum für die Stimme des weniger mächtigen Partners zu schaffen und aktiv gegen Machtmissbrauch zu arbeiten.

- **Aktive Vertrauensbildung**: Vertrauen wird durch konsistentes, vertrauenswürdiges Verhalten aufgebaut: durch Ehrlichkeit, Zuverlässigkeit, Respekt für Grenzen und einfühlsame Reaktionen auf die Verletzlichkeit des anderen.

- **Reparatur nach Verletzungen**: Keine Beziehung ist perfekt, und Verletzungen sind unvermeidlich. Die Fähigkeit, Verletzungen zu erkennen, Verantwortung zu übernehmen und aktiv an der Heilung zu arbeiten, ist entscheidend für langfristige Liebesbeziehungen.

In der Auseinandersetzung mit Vulnerabilität, Macht und Vertrauen liegt eine der größten Herausforderungen und zugleich eine der größten Chancen der Liebe. Sie konfrontiert uns mit unseren Ängsten und

Abwehrmechanismen, mit unseren Machtbedürfnissen und -ängsten, mit unserer Fähigkeit zu vertrauen und vertrauenswürdig zu sein. Doch gerade in dieser Konfrontation liegt das transformative Potenzial der Liebe – die Möglichkeit, über uns selbst hinauszuwachsen und eine tiefere Form der Verbindung zu erfahren, die sowohl die eigene als auch die Freiheit des anderen respektiert und fördert.

Konflikt, Wachstum und Transformation

Konflikte gehören zu den unvermeidlichen und zugleich wertvollsten Aspekten liebevoller Beziehungen. Obwohl oft gefürchtet und vermieden, bieten sie einzigartige Möglichkeiten für Wachstum, Vertiefung und Transformation – sowohl für die einzelnen Partner als auch für die Beziehung als Ganzes.

Die unvermeidliche Natur von Konflikten

Konflikte entstehen aus der grundlegenden Tatsache, dass zwei Menschen nie vollständig identisch sind in ihren Bedürfnissen, Wünschen, Werten, Gewohnheiten und Kommunikationsstilen. Selbst in den harmonischsten Beziehungen treten Unterschiede auf, die zu Spannungen und Konflikten führen können.

Diese Unterschiede haben vielfältige Wurzeln:

- **Unterschiedliche Bindungsstile**: Ein sicher gebundener Partner kann Autonomie als selbstverständlich empfinden, während ein ängstlich gebundener Partner sie als Bedrohung wahrnimmt.

- **Familiäre Prägungen**: Partner bringen unterschiedliche familiäre "Skripte" mit –

implizite Regeln und Erwartungen darüber, wie Beziehungen funktionieren sollten, die oft unbewusst bleiben, bis sie auf abweichende Erwartungen treffen.

- **Kulturelle und soziale Hintergründe**: Unterschiede in kulturellen Werten, Geschlechterrollenerwartungen oder sozialen Milieus können zu unterschiedlichen Vorstellungen von "normalen" oder "richtigen" Verhaltensweisen führen.

- **Persönlichkeitsunterschiede**: Introvertierte und extrovertierte Partner, Planer und Spontane, Risikofreudige und Sicherheitsorientierte – solche grundlegenden Temperamentsunterschiede können zu wiederkehrenden Reibungen führen.

- **Kommunikationsstile**: Direkte versus indirekte Kommunikation, emotionale Expressivität versus Zurückhaltung, unterschiedliche Konfliktlösungsstile – diese Unterschiede können Missverständnisse und Frustrationen erzeugen.

Der Paarforscher John Gottman hat festgestellt, dass etwa 69% der Konflikte in Langzeitbeziehungen "unlöosbare" oder "wiederkehrende" Konflikte sind – sie basieren auf grundlegenden Unterschieden, die sich nicht einfach beseitigen lassen. Die zentrale Herausforderung liegt nicht darin, diese Konflikte zu eliminieren, sondern zu lernen, mit ihnen konstruktiv umzugehen.

Ein Beispiel: Thomas ist ein Planer, der Sicherheit schätzt und sich unwohl fühlt, wenn Dinge nicht vorhersehbar sind. Seine Partnerin Lisa ist spontan, schätzt Flexibilität und fühlt sich durch zu viel Struktur eingeengt. Dieser Unterschied wird nie vollständig verschwinden, da er in ihren Grundpersönlichkeiten verankert ist. Die Frage ist nicht, wie sie diesen Unterschied beseitigen, sondern wie sie ihn navigieren können, sodass beide ihre Grundbedürfnisse erfüllt sehen.

Destruktive versus konstruktive Konflikte

Nicht alle Konflikte sind gleich. Gottman unterscheidet zwischen destruktiven und konstruktiven Konflikten, basierend nicht auf ihrem Inhalt, sondern auf der Art, wie sie ausgetragen werden.

Destruktive Konflikte sind gekennzeichnet durch die "vier apokalyptischen Reiter", die wir bereits erwähnt haben:

1. **Kritik**: Angriffe auf den Charakter des Partners statt auf spezifisches Verhalten ("Du bist so egoistisch!" statt "Ich fühle mich übergangen, wenn...").

2. **Verachtung**: Ausdrücke von Überlegenheit, Abscheu oder Respektlosigkeit durch Sarkasmus, Augenrollen, Spott oder Herabsetzung.

3. **Defensivität**: Abwehr von Verantwortung, Gegenangriffe oder Opferrolle, statt die berechtigten Anliegen des Partners anzuerkennen.

4. **Mauern**: Emotionaler Rückzug, "Abschalten" oder Verweigerung der Kommunikation während eines Konflikts.

Diese destruktiven Muster untergraben das Vertrauen und die emotionale Sicherheit in der Beziehung und können langfristigen Schaden anrichten. Sie aktivieren Kampf-Flucht-Reaktionen, die rationales Denken und Empathie blockieren.

Konstruktive Konflikte hingegen zeichnen sich durch andere Qualitäten aus:

1. **Ich-Botschaften**: Kommunikation über eigene Gefühle und Bedürfnisse statt Vorwürfe ("Ich fühle mich vernachlässigt" statt "Du kümmerst dich nie um mich").

2. **Aktives Zuhören**: Echtes Bemühen, die Perspektive des Partners zu verstehen, auch wenn man nicht übereinstimmt.

3. **Fokus auf das Problem, nicht die Person**: Unterscheidung zwischen dem Verhalten und dem Wert des Partners als Person.

4. **Bereitschaft zur Selbstreflexion**: Offenheit für den eigenen Anteil am Konflikt und Bereitschaft, Verantwortung zu übernehmen.

5. **Reparaturversuche**: Bemühungen, die Spannung zu reduzieren und die Verbindung wiederherzustellen, selbst mitten im Konflikt – durch Humor, Entschuldigung, Berührung oder andere versöhnliche Gesten.

Ein Beispiel für konstruktiven Konflikt: Wenn Anna frustriert ist, weil ihr Partner Michael zu viel Zeit mit seinen Freunden verbringt, könnte sie sagen: "Ich fühle mich einsam und vermisse unsere gemeinsame Zeit, wenn du mehrmals pro Woche ausgehst" (statt "Du bist ein egoistischer Freund, der sich nicht um mich kümmert"). Michael könnte antworten: "Ich verstehe, dass du mehr Zeit mit mir verbringen möchtest. Mir sind meine Freundschaften wichtig, aber unsere Beziehung hat

Priorität. Lass uns schauen, wie wir eine Balance finden können, die für uns beide funktioniert."

Konflikte als Wachstumschancen

Konstruktiv ausgetragene Konflikte bieten einzigartige Möglichkeiten für persönliches und relationales Wachstum:

1. **Tieferes Selbstverständnis**: Konflikte bringen oft unbewusste Muster, Trigger und Bedürfnisse an die Oberfläche. Wenn wir innere Reaktionen wie "Das ist unfair!" oder "Ich werde nicht gesehen!" bemerken, haben wir die Möglichkeit, tiefere Schichten unserer Psyche zu erkunden und zu verstehen.

2. **Erweiterung der Perspektive**: Durch den Konflikt werden wir mit der Realität konfrontiert, dass andere Menschen die Welt anders sehen und erleben als wir. Diese Erfahrung kann unsere eigene Perspektive erweitern und zu mehr Empathie und Flexibilität führen.

3. **Entwicklung emotionaler Regulationsfähigkeiten**: Konflikte erzeugen intensive Emotionen, die reguliert werden müssen, um konstruktiv zu bleiben. Diese "emotionale Schwerarbeit" stärkt unsere Fähigkeit, mit schwierigen Gefühlen umzugehen, ohne von ihnen überwältigt zu werden oder sie zu unterdrücken.

4. **Aufbau von Problemlösungskompetenzen**:
   Jeder gelöste Konflikt stärkt die gemeinsamen
   Problemlösungsfähigkeiten des Paares und schafft
   Vertrauen in die Fähigkeit, auch zukünftige
   Herausforderungen bewältigen zu können.

5. **Differenzierung und Integration**: Der
   Entwicklungspsychologe David Schnarch
   beschreibt, wie Konflikte zur "Differenzierung"
   beitragen – dem Prozess, ein klares Gefühl für das
   eigene Selbst zu entwickeln, während man in
   enger Beziehung zu einem anderen Menschen
   steht. Dieser Prozess führt zu mehr Authentizität
   und tieferer Verbindung.

Ein Beispiel: Laura und Stefan haben unterschiedliche
Vorstellungen darüber, wie viel Kontakt sie zu ihren
Familien pflegen sollten. Laura kommt aus einer eng
verbundenen Familie und möchte häufige Besuche und
täglichen Kontakt. Stefan schätzt mehr Distanz und fühlt
sich durch zu viel familiäre Einmischung unwohl.

Durch ihre Auseinandersetzung mit diesem Konflikt lernt
Laura, ihre eigenen Grenzen besser wahrzunehmen und
zu kommunizieren, auch gegenüber ihrer Familie. Stefan
erkennt seine Tendenz, sich emotional zurückzuziehen,
wenn er sich bedrängt fühlt, und arbeitet daran, verbunden
zu bleiben, auch wenn er Grenzen setzt. Gemeinsam
entwickeln sie ein differenzierteres Verständnis von Nähe
und Distanz und finden einen Weg, der beider
Bedürfnisse respektiert.

Transformation durch Konflikte

Jenseits des individuellen und relationalen Wachstums
können Konflikte zu tieferen Transformationen führen –

zu qualitativen Veränderungen in der Art, wie wir uns selbst, den anderen und die Beziehung verstehen und erleben.

Der Philosoph Martin Buber beschrieb Transformation als Bewegung von einer "Ich-Es-Beziehung" zu einer "Ich-Du-Beziehung". In einer Ich-Es-Beziehung betrachten wir den anderen als Objekt unserer Bedürfnisse und Projektionen. In einer Ich-Du-Beziehung begegnen wir dem anderen in seiner vollen Subjektivität und Andersartigkeit.

Konflikte haben das Potenzial, uns von der ersten zur zweiten Art von Beziehung zu führen:

1. **Von Idealisierung zu authentischer Akzeptanz**: In frühen Phasen der Liebe idealisieren wir oft den Partner und projizieren unsere Wünsche auf ihn. Konflikte konfrontieren uns mit der Realität des anderen in seiner Andersartigkeit. Die Transformation besteht darin, den realen anderen zu sehen und zu lieben, nicht unser idealisiertes Bild.

2. **Von Verschmelzung zu differenzierter Verbundenheit**: Frühe Liebeserfahrungen sind oft von dem Wunsch nach Verschmelzung geprägt – dem Gefühl, dass "wir eins sind". Konflikte machen deutlich, dass wir getrennte Personen mit eigenen Bedürfnissen, Grenzen und Perspektiven sind. Die Transformation liegt darin, eine Verbindung zu entwickeln, die Unterschiede würdigt, statt sie zu leugnen.

3. **Von Kontrolle zu Vertrauen**: Eine natürliche Reaktion auf die Ungewissheit der Liebe ist der Versuch, den anderen und die Beziehung zu

kontrollieren. Konflikte zeigen die Grenzen dieser Kontrolle auf. Die Transformation besteht im Übergang von Kontrollbemühungen zu einem tieferen Vertrauen in den Prozess der Beziehung selbst.

4. **Von Bedürftigkeit zu Großzügigkeit**: Frühe Liebeserfahrungen sind oft von dem Wunsch geprägt, dass der andere unsere Bedürfnisse erfüllt. Konflikte machen deutlich, dass beide Partner Bedürfnisse haben. Die Transformation liegt in der Entwicklung einer Haltung der Großzügigkeit und Fürsorge, die das Wohlbefinden des anderen um seiner selbst willen wünscht.

Ein Beispiel für Transformation: Nach Jahren wiederkehrender Konflikte über ihre unterschiedlichen Bedürfnisse nach Nähe und Autonomie erleben Julia und Marco einen Durchbruch. Statt den anderen zu beschuldigen oder zu versuchen, ihn zu ändern, beginnen sie, ihre Unterschiede als Ausdruck ihrer einzigartigen Persönlichkeiten zu sehen, die beide wertvoll und berechtigt sind. Sie entwickeln ein neues Verständnis ihrer Beziehung als Raum, in dem beide ihre Authentizität leben können, ohne die Verbindung zu gefährden. Diese Transformation verändert nicht nur ihre Konflikte, sondern ihr gesamtes Erleben der Beziehung.

Die Rolle der Achtsamkeit und des Dialogs

Zwei Praktiken sind besonders hilfreich, um das transformative Potenzial von Konflikten zu erschließen: Achtsamkeit und Dialog.

Achtsamkeit – die nicht-wertende Aufmerksamkeit für den gegenwärtigen Moment – hilft uns, unsere automatischen Reaktionen in Konfliktsituationen zu erkennen und zu unterbrechen. Sie schafft einen Raum zwischen Reiz und Reaktion, in dem wir bewusste Entscheidungen treffen können, statt eingespielten Mustern zu folgen.

Achtsame Konfliktführung beinhaltet:

- Bewusstsein für körperliche Signale von Stress und Aktivierung

- Erkennen eigener emotionaler Trigger und Reaktionsmuster

- Die Fähigkeit, innezuhalten und zu atmen, bevor man reagiert

- Nicht-wertende Beobachtung eigener Gedanken und Gefühle

- Präsenz im gegenwärtigen Moment, statt in vergangenen Verletzungen oder zukünftigen Ängsten zu verweilen

Dialog – im Sinne des Philosophen David Bohm – ist mehr als Gespräch. Es ist eine Form der Kommunikation, die darauf abzielt, gemeinsam zu denken und neues Verständnis zu generieren, statt vorgefasste Positionen zu verteidigen. Im Dialog werden Annahmen suspendiert, unterschiedliche Perspektiven erkundet und ein gemeinsamer Bedeutungsraum geschaffen.

Dialogische Konfliktführung beinhaltet:

- Sprechen aus persönlicher Erfahrung, nicht aus abstrakten Positionen

- Tiefes, interessiertes Zuhören ohne sofortige Bewertung

- Suspendierung von Annahmen und Urteilen

- Erkundung der Wurzeln und Bedeutungen hinter Positionen

- Bereitschaft, sich von der Interaktion verändern zu lassen

Ein Beispiel: Wenn Daniel und Sophia über ihre unterschiedlichen Ansichten zur Kindererziehung streiten, könnte ein achtsamer, dialogischer Ansatz so aussehen:

Daniel bemerkt seinen aufsteigenden Ärger, als Sophia seine Erziehungsmethode kritisiert. Statt sofort zu reagieren, atmet er bewusst und nimmt wahr, dass hinter seinem Ärger die Angst steht, als inkompetenter Vater gesehen zu werden. Statt zu verteidigen oder anzugreifen, teilt er diese tiefere Erfahrung: "Wenn du sagst, ich sei zu streng, fühle ich mich als Vater infrage gestellt, und das macht mir Angst."

Sophia hört aufmerksam zu und erkennt, dass ihre Kritik mit ihrer eigenen strengen Erziehung zusammenhängt. Sie teilt: "Ich reagiere so stark, weil ich mich an meine eigene Kindheit erinnere und unsere Kinder vor ähnlichen Erfahrungen schützen möchte."

Durch diesen authentischen Austausch entdecken sie den gemeinsamen Wert hinter ihren unterschiedlichen Positionen: die Sorge um das Wohlbefinden ihrer Kinder. Von diesem gemeinsamen Grund aus können sie nun kreativer nach Lösungen suchen, die beiden wichtig sind.

Integration von Konflikterfahrungen

Damit Konflikte tatsächlich zu Wachstum und Transformation führen, müssen die Erkenntnisse und Erfahrungen integriert werden – sie müssen Teil des gemeinsamen Verständnisses und der alltäglichen Praxis werden.

Diese Integration kann durch verschiedene Praktiken unterstützt werden:

1. **Reflexion und gemeinsame Sinngebung**: Gespräche über den Konflikt und seinen Verlauf, nachdem die emotionale Intensität abgeklungen ist, helfen, Einsichten zu vertiefen und gemeinsame Bedeutung zu schaffen.

2. **Rituale der Versöhnung und Reparatur**: Bewusste Handlungen, die die Wiederherstellung der Verbindung nach einem Konflikt markieren, wie eine aufrichtige Entschuldigung, eine Umarmung oder ein gemeinsames Essen.

3. **Konkrete Vereinbarungen**: Spezifische, handlungsorientierte Vereinbarungen darüber, wie ähnliche Situationen in Zukunft anders angegangen werden können.

4. **Regelmäßige "Beziehungschecks"**: Bewusst geschaffene Räume, um über den Zustand der Beziehung zu sprechen, bevor akute Konflikte entstehen.

5. **Externe Unterstützung**: In manchen Fällen kann professionelle Unterstützung durch Paartherapie oder Mediation hilfreich sein, um festgefahrene Konflikte zu transformieren.

Die tiefgreifendste Integration findet statt, wenn die Erkenntnisse aus Konflikten nicht nur zu Verhaltensänderungen führen, sondern zu einer veränderten inneren Haltung – einer Haltung größerer Offenheit, Großzügigkeit und Authentizität in der Beziehung.

Konflikte sind nicht das Gegenteil von Liebe, sondern ein integraler Bestandteil liebevoller Beziehungen. Durch konstruktive Konflikte werden wir mit unseren eigenen Grenzen und Schatten konfrontiert, mit der unauslöschlichen Andersartigkeit des geliebten Menschen und mit der ständigen Veränderung, die das Leben und die Liebe charakterisiert. In dieser Konfrontation liegt die Möglichkeit, über uns selbst hinauszuwachsen und eine tiefere, authentischere Form der Liebe zu entdecken – eine Liebe, die nicht auf Illusion und Idealisierung basiert, sondern auf der mutigen Bereitschaft, sich immer wieder neu zu begegnen und gemeinsam zu wachsen.

Teil III: Philosophische Betrachtungen

Kapitel 7: Liebe als erkenntnistheoretisches Problem

Liebe als Erkenntnisform: Kann Liebe eine Quelle des Wissens sein?

Eine der fundamentalsten philosophischen Fragen über die Liebe betrifft ihren erkenntnistheoretischen Status: Ist Liebe lediglich eine subjektive emotionale Erfahrung, oder kann sie als eine eigenständige Form des Erkennens, als ein Weg zur Wahrheit betrachtet werden? Kann Liebe uns Einsichten vermitteln, die durch andere Erkenntnisformen – wie rationales Denken, empirische Beobachtung oder wissenschaftliche Methoden – nicht zugänglich sind?

Die platonische Tradition: Eros als Aufstieg zur Wahrheit

Für Platon war der Eros – die leidenschaftliche Liebe – weit mehr als nur ein emotionaler Zustand. In seinem Dialog "Symposion" beschreibt er durch die Stimme der Priesterin Diotima den Eros als eine aufsteigende Bewegung, die von der sinnlichen Liebe zu einem schönen Körper über die Liebe zur Schönheit der Seele, der Handlungen und der Erkenntnisse bis zur Schau des Schönen selbst führt – einer Form der höchsten Wahrheit.

In dieser Konzeption ist der Eros ein erkenntnistheoretischer Weg, der den Menschen über das Sinnliche zum Intelligiblen, über das Partikulare zum Universellen, über das Vergängliche zum Ewigen führt. Er ist eine treibende Kraft, die uns von den "Schatten an der Wand" der platonischen Höhle zum Licht der Ideen führt.

Dieser platonische Gedanke findet sich in abgewandelter Form in vielen spirituellen und mystischen Traditionen. Der jüdische Religionsphilosoph Martin Buber beispielsweise spricht von der Liebe als einer Begegnung mit dem "Du", die uns gleichzeitig eine Begegnung mit dem "ewigen Du" (Gott) ermöglicht. Die Liebe wird hier zu einem Fenster in die transzendente Dimension der Wirklichkeit.

Ein Beispiel dafür, wie Liebe als Erkenntnisweg funktionieren kann, bietet die folgende Erfahrung: Maria, eine pragmatische und rational orientierte Frau, verliebt sich tief in Thomas, einen künstlerisch begabten, intuitiven Mann. Durch ihre Liebe zu ihm öffnet sie sich für eine Welt ästhetischer und emotionaler Erfahrungen, die ihr zuvor nicht zugänglich waren. Sie beginnt, Aspekte der Wirklichkeit wahrzunehmen und zu schätzen, die sie vorher ignoriert oder abgewertet hatte. Ihre Liebe zu Thomas wird zu einem Weg, auf dem sie nicht nur ihn, sondern auch eine neue Dimension des Seins entdeckt.

Die phänomenologische Perspektive: Liebe als Enthüllung des Wesens

In der phänomenologischen Tradition, besonders bei Max Scheler, wird die Liebe als eine Form des "Wertfühlens" betrachtet, die uns das Wesen des Geliebten in einer besonderen Weise erschließt. Scheler schreibt in "Wesen und Formen der Sympathie": "Die Liebe ist die Bewegung, in der jeder konkret individuelle Gegenstand, der Werte trägt, zu den für ihn möglichen höchsten Werten gelangt; oder in der er sein ideales Wertsein [...] erreicht."

In dieser Sichtweise "sieht" die Liebe nicht nur, was der Geliebte aktuell ist, sondern auch sein Potenzial, sein ideales Sein. Sie erfasst den geliebten Menschen in seiner Tiefe und Ganzheit, jenseits seiner momentanen Erscheinung oder Leistung. Diese Art des Erkennens ist nicht arbiträr oder projizierend, sondern enthüllt etwas Wahres über den Geliebten – etwas, das andere Erkenntnisformen möglicherweise nicht erfassen können.

Der Philosoph Josef Pieper drückt dies so aus: "Nicht das ist das Große an der Liebe, dass sie den anderen idealisiert [...], sondern dass sie ihn wirklich sieht, dass sie ihn wahrnimmt in der ganzen Wahrheit seines Seins." Diese Wahrnehmung ist keine nüchterne, distanzierte Beobachtung, sondern eine teilnehmende, engagierte Form des Erkennens.

Ein Beispiel: Lucas hat sich in Sara verliebt. Während andere in ihr vor allem ihre Schüchternheit und Zurückhaltung sehen, "sieht" Lucas in ihr eine tiefe Sensibilität, kreative Intelligenz und innere Stärke. Seine Liebe ermöglicht ihm, Aspekte ihres Wesens wahrzunehmen, die anderen verborgen bleiben – nicht weil er sie idealisiert, sondern weil seine liebende Aufmerksamkeit eine tiefere Dimension ihres Seins enthüllt.

Die epistemischen Tugenden der Liebe

Aus erkenntnistheoretischer Sicht kann die Liebe bestimmte "epistemische Tugenden" fördern – Qualitäten oder Haltungen, die unsere Fähigkeit, Wahrheit zu erkennen, verbessern:

1. **Aufmerksamkeit**: Liebe intensiviert und fokussiert unsere Aufmerksamkeit auf den Geliebten. Diese gesteigerte Aufmerksamkeit kann zu einer differenzierteren, nuancierteren Wahrnehmung führen, die Details und Bedeutungen erfasst, die sonst übersehen würden.

2. **Empathie**: Liebe fördert die Fähigkeit, die Welt aus der Perspektive des anderen zu sehen und seine subjektive Erfahrung nachzuvollziehen. Diese empathische Erkenntnis ist eine Form des Wissens, die durch rein objektive Beobachtung nicht erreicht werden kann.

3. **Offenheit**: Liebe kann uns öffnen für neue Erfahrungen, Ideen und Perspektiven, die wir sonst vielleicht abgelehnt oder ignoriert hätten. Diese Offenheit erweitert unser Erkenntnisfeld und ermöglicht neue Einsichten.

4. **Hingabe**: Liebe motiviert uns, Zeit, Energie und Aufmerksamkeit in das Verstehen des Geliebten zu investieren. Diese Hingabe kann zu einem tieferen Verständnis führen, als es durch flüchtige oder oberflächliche Betrachtung möglich wäre.

Die britische Philosophin Iris Murdoch betont besonders die erkenntnistheoretische Bedeutung liebevoller Aufmerksamkeit. In ihrem Werk "The Sovereignty of Good" beschreibt sie, wie eine liebevolle, achtsame Haltung uns befähigt, die Realität klarer zu sehen, indem sie unsere egozentrischen Verzerrungen und Projektionen reduziert.

Die erkenntnistheoretischen Grenzen und Risiken der Liebe

Trotz dieser epistemischen Potenziale hat die Liebe als Erkenntnisform auch klare Grenzen und Risiken:

1. **Idealisierung und Projektion**: Die Liebe, besonders in ihrer romantischen Form, neigt dazu, den Geliebten zu idealisieren und eigene Wünsche und Bedürfnisse auf ihn zu projizieren. Diese

Tendenz kann unser Urteil trüben und zu Verzerrungen führen.

2. **Selektive Wahrnehmung**: Liebe kann zu einer selektiven Wahrnehmung führen, bei der wir positive Eigenschaften übergewichten und negative ignorieren oder rationalisieren. Die bekannte "rosarote Brille" der Verliebtheit ist ein Ausdruck dieser selektiven Wahrnehmung.

3. **Emotionale Verzerrung**: Intensive Gefühle können unser Urteilsvermögen beeinträchtigen und zu irrationalen Überzeugungen oder Entscheidungen führen. Die Leidenschaft des Eros kann die Klarheit des Logos trüben.

4. **Partikularität**: Die Liebe richtet sich typischerweise auf bestimmte Individuen, nicht auf allgemeine Wahrheiten. Diese Partikularität kann im Widerspruch zum universellen Anspruch der Erkenntnis stehen.

Ein Beispiel für diese Grenzen: Thomas ist tief in Anna verliebt. Er nimmt ihre Intelligenz, ihren Humor und ihre Warmherzigkeit intensiv wahr, übersieht jedoch ihre Tendenz zu manipulativem Verhalten und emotionaler Unbeständigkeit. Als seine Freunde Bedenken äußern, weist er diese zurück und betont, dass nur er "die wahre Anna" kennt. Hier zeigt sich, wie Liebe gleichzeitig bestimmte Aspekte enthüllen und andere verschleiern kann.

Synthese: Liebe als komplementäre Erkenntnisform

Eine nuancierte Position würde die Liebe weder als alleinigen Weg zur Wahrheit überhöhen noch als bloße subjektive Emotion abtun, die keinen erkenntnistheoretischen Wert hat. Vielmehr kann die Liebe als eine komplementäre Erkenntnisform betrachtet werden, die in Ergänzung zu anderen epistemischen Zugängen – wie rationaler Analyse, empirischer Beobachtung oder kritischer Reflexion – steht.

In bestimmten Bereichen bietet die Liebe einzigartige erkenntnistheoretische Möglichkeiten:

- In der Erkenntnis von Personen, ihrem Wesen, ihren Potenzialen und ihrer Einzigartigkeit

- Im Verständnis qualitativer, nicht quantifizierbarer Aspekte der Wirklichkeit

- In der Erschließung von Bedeutung, Wert und Sinn

- In der Integration von kognitiven, emotionalen und körperlichen Dimensionen des Erkennens

Gleichzeitig braucht die Liebe als Erkenntnisform die kritische Reflexion, um ihre eigenen Verzerrungen und Begrenzungen zu erkennen und zu korrigieren. Eine reife Liebe ist nicht blind, sondern sehend – sie verbindet die Offenheit und Intensität der liebenden Wahrnehmung mit der Klarheit des kritischen Denkens.

Der Dichter und Philosoph Friedrich Schlegel beschrieb diese Synthese treffend: "Nur durch Liebe und durch das Bewusstsein der Liebe wird der Mensch zum Menschen." Diese Formulierung deutet auf eine integrative Sichtweise hin, in der die Liebe als eine fundamentale, aber nicht isolierte Dimension menschlichen Erkennens verstanden wird.

Vielleicht liegt die tiefste erkenntnistheoretische Bedeutung der Liebe darin, dass sie uns daran erinnert, dass Erkenntnis nicht nur ein intellektueller, sondern auch ein existenzieller Akt ist – ein Akt, der uns als ganze Menschen mit unseren Gedanken, Gefühlen, Werten und Beziehungen involviert. In diesem Sinne eröffnet die Liebe nicht nur den Zugang zu bestimmten Inhalten des Wissens, sondern transformiert potenziell auch den Erkennenden selbst und sein Verhältnis zur Welt.

Subjektivität und Objektivität in der Liebe

Die Spannung zwischen Subjektivität und Objektivität gehört zu den zentralen erkenntnistheoretischen Problemen der Liebe. Ist unsere Wahrnehmung des Geliebten eine rein subjektive Konstruktion, oder erfasst sie etwas Objektives? Können wir in der Liebe gleichzeitig authentisch subjektiv und wahrhaft erkennend sein?

Subjektivität in der Liebe: Der persönliche Blick

Die Liebe ist unleugbar eine zutiefst subjektive Erfahrung. Wir lieben nicht abstrakte Eigenschaften, sondern konkrete Personen in ihrer Einzigartigkeit und in ihrer spezifischen Beziehung zu uns selbst.

Der französische Existenzialist Jean-Paul Sartre betont diese Subjektivität, wenn er schreibt: "Liebe ist ein Vertrag, den zwei Freiheiten geschlossen haben." Für Sartre ist die Liebe kein Erkennen einer objektiven Realität, sondern ein gegenseitiges Engagement von Subjekten, die sich in ihrer Freiheit anerkennen.

Auch der Philosoph Robert Solomon sieht in der Liebe primär eine subjektive Konstruktion. In seinem Werk "About Love" argumentiert er, dass Liebe im Wesentlichen eine Selbst-Definierung ist, ein "geteilter Selbstmythos", den zwei Menschen gemeinsam erschaffen. Die Liebe ist demnach weniger ein Entdecken als ein Erschaffen.

Diese subjektive Dimension erklärt, warum wir oft nicht erklären können, warum wir jemanden lieben. Die Gründe unserer Liebe sind so persönlich, so verwoben mit unserer eigenen Geschichte und Identität, dass sie sich einer vollständigen rationalen Artikulation entziehen. Der Satz "Ich liebe dich, weil du du bist" ist keine leere Phrase, sondern Ausdruck dieser irreduziblen Subjektivität.

Ein Beispiel für diese subjektive Dimension: Michaels Liebe zu Sophia ist geprägt von seiner eigenen Lebensgeschichte, seinen Werten und Sehnsüchten. Er liebt ihre ruhige Präsenz und Tiefe besonders, weil sie einen Kontrast zu seiner eigenen tendenziell unruhigen Natur bildet und ihm einen inneren Anker gibt. Ein anderer Mann mit einer anderen Lebensgeschichte würde Sophia anders wahrnehmen und lieben.

Die Gefahr der Projektion

Die Subjektivität der Liebe birgt jedoch die Gefahr der Projektion. Statt den anderen in seiner eigenen Realität zu sehen, können wir unsere Wünsche, Bedürfnisse und Fantasien auf ihn projizieren und ihn so zu einem Objekt unserer eigenen inneren Welt machen.

Sigmund Freud hat auf diese Tendenz hingewiesen und die romantische Liebe als eine Form der Idealisierung interpretiert, bei der wir unsere eigenen narzisstischen Wünsche auf den anderen übertragen. In "Massenpsychologie und Ich-Analyse" schreibt er: "Wir lieben, was wir sein wollen oder was wir einmal waren und verloren haben."

Der Psychoanalytiker Jacques Lacan verstärkt diese Sichtweise noch, indem er argumentiert, dass das Begehren immer das Begehren des "Anderen" ist – wir begehren, was wir glauben, dass der andere begehrt. In dieser Perspektive wird die Liebe zu einem komplexen Spiegel� und Projektionsspiel, in dem der reale andere hinter unseren Projektionen verschwindet.

Ein Beispiel für Projektion in der Liebe: Thomas hat eine idealisierte Vorstellung von der "perfekten Partnerin" entwickelt, geprägt von Filmen, Büchern und unerfüllten Kindheitssehnsüchten. Als er Lisa kennenlernt, projiziert er dieses idealisierte Bild auf sie und "verliebt" sich. Er nimmt jedoch nicht die reale Lisa wahr, sondern ein Bild, das er selbst erschaffen hat. Diese Projektion trägt den Keim der späteren Enttäuschung in sich, wenn die reale Lisa unweigerlich von diesem idealisierten Bild abweicht.

Objektivität in der Liebe: Die Realität des Anderen

Trotz dieser subjektiven Dimension und der Gefahr der Projektion kann die Liebe auch als ein Weg zu einer besonderen Form der Objektivität verstanden werden – einer Objektivität, die nicht in Distanz, sondern in intensiver Verbundenheit gründet.

Der Philosoph Max Scheler argumentiert, dass die Liebe uns befähigt, den anderen in seiner eigenen Realität, seinem eigenen Wert und Potenzial zu sehen. Sie ist für ihn eine "intentionale Bewegung", die den Wert des Geliebten enthüllt, nicht erschafft. In der Liebe erkennen wir den anderen nicht als Projektion unserer Wünsche, sondern in seiner eigenständigen, transzendenten Realität.

Diese Form der Objektivität zeigt sich in der Fähigkeit liebender Menschen, den anderen sowohl in seinen

Stärken als auch in seinen Schwächen wahrzunehmen und anzunehmen. Eine reife Liebe ist nicht blind für die Fehler und Grenzen des Geliebten, sondern sieht sie im Kontext seiner gesamten Persönlichkeit und Geschichte.

Gabriel Marcel, ein Vertreter des christlichen Existenzialismus, spricht von der Liebe als einer Form der "Verfügbarkeit" oder "Präsenz", in der wir uns vollständig dem anderen öffnen und ihn in seiner Andersartigkeit wahrnehmen und bestätigen. Diese Präsenz erlaubt eine Form des Erkennens, die weder den anderen zum Objekt reduziert noch ihn in subjektive Projektionen auflöst.

Ein Beispiel für diese objektive Dimension: Annas Liebe zu David hat sich über Jahre vertieft. Sie kennt seine Ungeduld und seinen Hang zur Selbstkritik, aber auch seine Großzügigkeit, Kreativität und emotionale Tiefe. Ihre Liebe ist keine blinde Idealisierung, sondern eine umfassende Wahrnehmung seiner ganzen Person mit all ihren Facetten. In diesem Sinne "sieht" sie ihn objektiver als ein distanzierter Beobachter, der nur fragmentarische Aspekte seines Wesens erfassen würde.

Die Dialektik von Subjektivität und Objektivität in der Liebe

Statt Subjektivität und Objektivität als Gegensätze zu betrachten, können wir sie als Pole einer dialektischen Bewegung verstehen, die in der Liebe stattfindet. Die Liebe ist weder rein subjektiv (eine bloße Projektion) noch rein objektiv (eine distanzierte Beobachtung), sondern eine komplexe Verbindung beider Dimensionen.

Der Philosoph G.W.F. Hegel beschreibt in seiner "Phänomenologie des Geistes" eine dialektische Bewegung, in der das Bewusstsein zunächst ganz bei sich selbst ist (Subjektivität), dann sich im Anderen verliert

(Objektivität) und schließlich durch diese Entäußerung zu sich selbst zurückkehrt, aber nun bereichert durch die Erfahrung des Anderen. Diese Bewegung kann als Modell für die erkenntnistheoretische Dynamik der Liebe dienen.

In der Liebe beginnen wir oft mit einer stark subjektiven, projizierenden Phase (Verliebtheit), bewegen uns dann zu einer objektiveren Wahrnehmung des anderen in seiner eigenständigen Realität und erreichen idealerweise eine Integration, in der wir den anderen sowohl in seiner Objektivität als auch in seiner besonderen Beziehung zu uns selbst wahrnehmen können.

Diese Integration kann als "relationale Objektivität" bezeichnet werden – eine Form des Erkennens, die die Beziehung selbst als konstitutiv für die Erkenntnis betrachtet. Der Andere wird weder zum Objekt reduziert noch in Subjektivität aufgelöst, sondern als ein Du erfahren, mit dem wir in Beziehung stehen.

Martin Buber hat diese relationale Perspektive in seinem Werk "Ich und Du" entwickelt. Für ihn ist die Ich-Du-Beziehung, im Gegensatz zur Ich-Es-Beziehung, nicht durch Distanz und Objektivierung gekennzeichnet, sondern durch Gegenseitigkeit und Präsenz. In der Ich-Du-Begegnung erkennen wir den anderen nicht als Objekt mit bestimmten Eigenschaften, sondern als Präsenz, die uns anspricht und zu einer Antwort auffordert.

Liebe als Balance zwischen Nähe und Distanz

Aus dieser dialektischen Perspektive erfordert die Liebe als Erkenntnisform eine Balance zwischen Nähe und Distanz, zwischen Engagement und Respekt, zwischen Verbundenheit und Autonomie.

Die richtige Nähe ermöglicht tiefe Einsicht in das Wesen des anderen, während die richtige Distanz verhindert, dass wir ihn in unsere Projektionen einschließen. Diese Balance zu finden und aufrechtzuerhalten ist eine der größten Herausforderungen liebender Erkenntnis.

Der Paartherapeut David Schnarch spricht von "Differenzierung" als dem Prozess, ein klares Gefühl für das eigene Selbst zu bewahren, während man in tiefer Verbindung mit einem anderen Menschen steht. Diese Differenzierung ermöglicht eine Form der Liebe, die weder in Verschmelzung noch in Distanzierung erstarrt, sondern eine dynamische Balance zwischen beiden Polen hält.

Ein Beispiel für diese Balance: Nach mehreren gescheiterten Beziehungen, in denen sie sich entweder verloren oder distanziert hatte, findet Maria in ihrer Beziehung zu Stefan eine neue Balance. Sie ist tief verbunden und emotional engagiert, behält aber gleichzeitig ein klares Gefühl für ihre eigene Identität und Grenzen. Diese Balance ermöglicht ihr, Stefan sowohl in seiner Beziehung zu ihr als auch in seiner eigenständigen Realität wahrzunehmen und zu respektieren.

Kulturelle und historische Perspektiven

Die Balance zwischen subjektiver Involviertheit und objektiver Erkenntnis in der Liebe wird in verschiedenen kulturellen und historischen Kontexten unterschiedlich konzipiert:

- Die höfische Liebestradition des europäischen Mittelalters betonte die Distanz und Unerreichbarkeit der geliebten Dame als Voraussetzung für die verehrende Liebe des Ritters. Diese Distanz sollte eine Idealisierung fördern, die den Liebenden zu höheren Tugenden motiviert.

- Im Gegensatz dazu betont die romantische Liebesvorstellung seit dem 19. Jahrhundert die intensive emotionale Verschmelzung als Ideal der Liebe – ein Ideal, das die Grenzen zwischen Selbst und Anderem tendenziell aufhebt.

- Ostasiatische Traditionen wie der Buddhismus und Taoismus betonen oft die Notwendigkeit von Nicht-Anhaftung und Loslassen in der Liebe – eine Haltung, die Raum für die Autonomie und Andersartigkeit des Geliebten schafft.

Diese unterschiedlichen Konzeptionen spiegeln verschiedene erkenntnistheoretische Annahmen über das Verhältnis von Subjekt und Objekt, Selbst und Anderem in der Liebe wider.

Praktische Implikationen

Die dialektische Perspektive auf Subjektivität und Objektivität in der Liebe hat praktische Implikationen für die Gestaltung liebevoller Beziehungen:

1. **Selbstreflexion**: Die Fähigkeit, die eigenen Projektionen, Erwartungen und Bedürfnisse zu erkennen und von der Realität des anderen zu unterscheiden, ist entscheidend für eine erkenntnistheoretisch reife Liebe.

2. **Aktives Zuhören und Empathie**: Diese Praktiken fördern die Fähigkeit, die subjektive Welt des anderen zu verstehen und anzuerkennen, ohne sie in die eigene zu absorbieren.

3. **Bewusstsein für Verzerrungen**: Das Erkennen typischer Verzerrungen in der liebenden Wahrnehmung – wie Idealisierung, selektive Wahrnehmung oder Attributionsfehler – hilft, eine ausgewogenere Perspektive zu entwickeln.

4. **Offenheit für Überraschung**: Die Bereitschaft, sich vom anderen überraschen zu lassen und eigene Annahmen zu revidieren, ist ein Zeichen epistemischer Demut und Offenheit in der Liebe.

5. **Respekt für Grenzen**: Die Anerkennung, dass der andere nie vollständig erkannt oder besessen werden kann, schafft Raum für Autonomie und Andersartigkeit in der Liebe.

Die Dialektik von Subjektivität und Objektivität in der Liebe erinnert uns daran, dass liebende Erkenntnis weder reine Konstruktion noch passive Rezeption ist, sondern ein aktiver, engagierter Prozess, in dem wir sowohl geben als auch empfangen, sowohl gestalten als auch entdecken. In diesem Prozess liegt die besondere erkenntnistheoretische Qualität der Liebe – ihre Fähigkeit, uns mit der Welt und dem Anderen in einer Weise zu verbinden, die sowohl persönlich bedeutsam als auch wahrheitsorientiert ist.

Wahrheit und Illusion in der Liebe

Die Frage nach Wahrheit und Illusion in der Liebe gehört zu den faszinierendsten erkenntnistheoretischen Problemen. Ist die Liebe eine Quelle tiefer Einsicht oder eine Form der Selbsttäuschung? Offenbart sie verborgene Wahrheiten oder erzeugt sie schöne Illusionen? Diese Fragen haben Philosophen, Dichter und Psychologen gleichermaßen beschäftigt.

Die These der notwendigen Illusion

Eine prominente Perspektive, die von Denkern wie Arthur Schopenhauer, Friedrich Nietzsche und teilweise auch Sigmund Freud vertreten wurde, betrachtet die Liebe als eine Form der notwendigen Illusion oder des "schönen Scheins".

Schopenhauer argumentiert in "Die Welt als Wille und Vorstellung", dass die romantische Liebe ein "Trick der Natur" sei, um uns zur Fortpflanzung zu bewegen. Die Intensität und Schönheit des Verliebens dient demnach einem biologischen Zweck, der nichts mit der tatsächlichen Qualität der Beziehung oder der Persönlichkeit des Geliebten zu tun hat. Die Liebe ist in dieser Sicht eine Illusion, die uns über ihre wahren Motive täuscht.

Nietzsche greift diesen Gedanken auf eine subtilere Weise auf. In "Menschliches, Allzumenschliches" schreibt er: "Es gibt bei jedem Kauf eine Illusion, sofern nun erst das Erworbene den Wert zu zeigen scheint. [...] Die Liebe erwirbt die Eigenschaften der Person erst, welche sie begehrt, und ist darin eine große Illusion." Für Nietzsche ist die Liebe ein kreativer Akt der Wertzuschreibung, der die Welt verschönert, aber eben auch verfälscht.

In dieser Tradition steht auch Oscar Wildes berühmtes Diktum: "Wenn man verliebt ist, beginnt man damit, sich selbst zu täuschen, und endet damit, andere zu täuschen." Die Liebe erscheint hier als eine doppelte Illusion – eine Selbsttäuschung, die wir dann auf andere projizieren.

Ein Beispiel für diese Perspektive: Der junge Dichter Julian verliebt sich in die geheimnisvolle Elena. In seiner Verliebtheit interpretiert er jede ihrer Gesten, jeden Blick, jedes Wort als Zeichen einer tieferen Bedeutung. Er sieht in ihr die Verkörperung all seiner ästhetischen und romantischen Ideale. Später erkennt er, dass er mehr in die Idee von Elena verliebt war als in die reale Person – dass seine Liebe zu einem großen Teil eine kreative Illusion war, die mehr über seine eigenen Sehnsüchte als über Elena aussagte.

Die Kritik der Illusion: Liebe als Enthüllung der Wahrheit

Im Gegensatz zur These der notwendigen Illusion steht die Auffassung, dass echte Liebe eine Form der Wahrheitsenthüllung ist, die uns befähigt, den anderen und die Welt klarer zu sehen.

Die Philosophin Iris Murdoch argumentiert in "The Sovereignty of Good", dass Liebe eine Form der "aufmerksamen Vision" ist, die uns hilft, die Realität klarer zu sehen, indem sie unsere egozentrischen Verzerrungen reduziert. Sie schreibt: "Liebe ist die schwierige Erkenntnis, dass etwas anderes als man selbst real ist."

Ähnlich argumentiert Max Scheler, dass die Liebe ein "intentionaler Akt" ist, der Werte enthüllt, nicht erschafft. Die Liebe "sieht" Qualitäten und Potenziale im Geliebten, die für andere vielleicht verborgen sind – nicht weil sie sie projiziert, sondern weil sie für sie besonders empfänglich ist.

In dieser Tradition steht auch Simone Weils Verständnis der Aufmerksamkeit als einer Form der Liebe, die die Realität des anderen in ihrer vollen Komplexität wahrnimmt. Sie schreibt: "Aufmerksamkeit ist die seltenste und reinste Form der Großzügigkeit."

Ein Beispiel für diese Perspektive: Nach Jahren der Oberflächlichkeit und emotionalen Distanz erlebt Marcus in seiner Liebe zu Sophie eine tiefgreifende Veränderung. Ihre Liebe weckt in ihm die Fähigkeit, andere Menschen nicht als Mittel zum Zweck, sondern als Zweck an sich zu sehen. Er entwickelt eine neue Aufmerksamkeit für die Verletzlichkeit, Schönheit und Komplexität menschlicher Existenz. Diese Liebe ist keine Illusion, sondern eine Enthüllung von Wahrheiten, die ihm zuvor nicht zugänglich waren.

Die Dialektik von Wahrheit und Illusion

Vielleicht ist die Gegenüberstellung von Wahrheit und Illusion in der Liebe selbst eine falsche Dichotomie. Eine nuanciertere Perspektive könnte eine Dialektik zwischen beiden Polen erkennen, in der illusionäre und wahrheitsenthüllende Aspekte koexistieren und sich gegenseitig bedingen.

Der Psychoanalytiker Donald Winnicott entwickelte das Konzept des "potenziellen Raums" oder "Übergangsraums", der weder reine Fantasie noch reine Realität ist, sondern ein kreativer Zwischenbereich. Die Liebe könnte als ein solcher potenzieller Raum verstanden werden – ein Raum, in dem Fantasie und Realität, Subjektivität und Objektivität, Illusion und Wahrheit in ein produktives Wechselspiel treten.

In dieser Perspektive sind bestimmte "Illusionen" in der Liebe nicht einfach Täuschungen, sondern kreative Akte der Imagination, die reale Potenziale enthüllen und verwirklichen können. Wenn wir im Geliebten seine besten Möglichkeiten "sehen", schaffen wir einen Raum, in dem diese Potenziale tatsächlich realisiert werden können.

Der Philosoph Hans-Georg Gadamer beschreibt in "Wahrheit und Methode" Verstehen als einen Prozess der "Horizontverschmelzung", in dem unsere eigene Perspektive und die des Textes (oder der anderen Person) in einen produktiven Dialog treten. Diese Verschmelzung ist weder reine Projektion noch passive Rezeption, sondern ein kreativer Prozess der gemeinsamen Sinnschöpfung. Die Liebe könnte als eine besonders intensive Form dieser Horizontverschmelzung verstanden werden.

Ein Beispiel für diese Dialektik: Als Clara Thomas kennenlernt, "sieht" sie in ihm einen sensiblen, kreativen Menschen, obwohl er sich selbst als pragmatisch und unkreativ betrachtet. Ihre Liebe zu ihm enthält ein Element der Idealisierung, aber diese "Illusion" enthüllt auch ein reales Potenzial in Thomas. Durch ihre Wahrnehmung ermutigt, beginnt er, Aspekte seiner Persönlichkeit zu entfalten, die lange unterdrückt waren.

Die "Illusion" wird so zur sich selbst erfüllenden Wahrheit – nicht durch magisches Denken, sondern durch die reale transformative Kraft der liebenden Wahrnehmung.

Die zeitliche Dimension: Von der Illusion zur Wahrheit?

Die Beziehung zwischen Wahrheit und Illusion in der Liebe hat auch eine zeitliche Dimension. Viele Denker haben einen Entwicklungsprozess beschrieben, in dem die anfängliche Illusion der Verliebtheit idealerweise in eine wahrheitsorientierte, reife Liebe übergeht.

C.S. Lewis unterscheidet in "The Four Loves" zwischen "Eros" (der romantischen, leidenschaftlichen Liebe) und "Agape" (der selbstlosen, gebenden Liebe). Während Eros von Natur aus zu Projektionen und Idealisierungen neigt, ist Agape stärker auf die Realität des anderen und sein wahres Wohlbefinden ausgerichtet. Die Reifung der Liebe besteht demnach in einer graduellen Transformation von Eros zu Agape.

Erich Fromm beschreibt in "Die Kunst des Liebens" einen ähnlichen Prozess, bei dem die anfängliche "Verliebtheit" – oft geprägt von Projektionen und idealisierten Vorstellungen – idealerweise in eine reife "Liebe" übergeht, die den anderen realistischer sieht und aktiv und bewusst bejaht.

Der Dichter Rainer Maria Rilke deutet in seinen "Briefen an einen jungen Dichter" auf eine solche Entwicklung hin, wenn er schreibt: "Die Liebe besteht darin, dass zwei Einsamkeiten sich schützen, grenzen und grüßen." Diese reife Liebe respektiert die Andersartigkeit und

Unerkennbarkeit des anderen, statt sie in Projektionen aufzulösen.

Ein Beispiel für diese zeitliche Entwicklung: In der frühen Phase ihrer Beziehung sieht David in Sophia hauptsächlich die Eigenschaften, die seine eigenen Bedürfnisse erfüllen – ihre Fürsorge, ihre Bewunderung für ihn, ihre scheinbare Übereinstimmung mit seinen Werten. Mit der Zeit lernt er, Sophia in ihrer Komplexität, Ambivalenz und Andersartigkeit wahrzunehmen und zu schätzen. Seine Liebe verliert an Intensität, gewinnt aber an Tiefe und Authentizität. Die anfängliche Illusion weicht einer differenzierteren Wahrheit, die sowohl herausfordernder als auch befriedigender ist.

Die erkenntnistheoretische Rolle der Enttäuschung

Eine besondere Bedeutung in der Dialektik von Wahrheit und Illusion kommt der Erfahrung der Enttäuschung zu. Wenn unsere Projektionen und Idealisierungen auf die Realität des anderen treffen, entsteht oft ein Gefühl der Ernüchterung oder Enttäuschung.

Diese Enttäuschung kann als erkenntnistheoretischer Moment verstanden werden – als ein Zusammenbruch unserer Illusionen, der die Möglichkeit einer wahreren, wenn auch komplexeren Beziehung zum anderen eröffnet. In diesem Sinne ist die Enttäuschung nicht das Ende der Liebe, sondern ein potenzieller Wendepunkt in ihrer Entwicklung.

Der Psychoanalytiker Adam Phillips argumentiert in "Monogamy", dass wir in der Liebe nicht nur den Partner, sondern auch unsere Fantasien über ihn lieben. Die Herausforderung besteht darin, die Spannung zwischen beiden auszuhalten – zwischen der realen Person mit all ihren Ambivalenzen und Unvollkommenheiten und unseren Fantasien und Wünschen.

Die Philosophin Martha Nussbaum beschreibt in "Upheavals of Thought", wie Liebe uns mit unserer eigenen Verletzlichkeit und Bedürftigkeit konfrontiert. Die Erkenntnis, dass der andere weder perfekt ist noch all unsere Bedürfnisse erfüllen kann, ist schmerzhaft, aber auch befreiend – sie öffnet den Weg zu einer Liebe, die die Unvollkommenheit akzeptiert, ohne sie zu idealisieren.

Ein Beispiel für die erkenntnistheoretische Rolle der Enttäuschung: Nach Monaten intensiver Verliebtheit erlebt Hannah einen Moment der Ernüchterung, als Jonas in einer schwierigen Situation sein Temperament verliert und eine Seite von sich zeigt, die sie noch nicht kannte. Ihre anfängliche Reaktion ist Enttäuschung – Jonas entspricht nicht dem idealisierten Bild, das sie von ihm hatte. Doch während sie diese Enttäuschung verarbeitet, erkennt sie, dass ihre Idealisierung eine Form der Distanz war – eine Weigerung, Jonas in seiner vollen, widersprüchlichen Menschlichkeit zu begegnen. Diese Erkenntnis eröffnet die Möglichkeit einer tieferen, authentischeren Verbindung.

Praktische Weisheit in der Liebe

Angesichts der komplexen Dialektik von Wahrheit und Illusion in der Liebe stellt sich die Frage nach einer praktischen Weisheit – einer Haltung, die weder in zynischen Realismus noch in naive Idealisierung verfällt, sondern einen Weg zwischen diesen Extremen findet.

Aristoteles' Konzept der Phronesis oder praktischen Weisheit kann hier hilfreich sein. Phronesis ist die

Fähigkeit, in konkreten Situationen angemessen zu urteilen und zu handeln, basierend auf Erfahrung, Reflexion und moralischer Einsicht. Eine phronetische Haltung in der Liebe würde bedeuten:

1. **Bewusstsein für eigene Projektionen und Idealisierungen**, ohne ihnen völlig zu misstrauen oder sie vollständig zu verwerfen. Die eigenen Fantasien und Wünsche als Teil der Liebeserfahrung anzuerkennen, ohne sie mit der Realität des anderen zu verwechseln.

2. **Offenheit für die kontinuierliche Enthüllung des anderen** in seiner Komplexität und Andersartigkeit. Den anderen als ein sich entfaltendes Geheimnis zu betrachten, das nie vollständig erkannt werden kann, statt als eine feste Sammlung bekannter Eigenschaften.

3. **Balance zwischen Akzeptanz und Transformation**. Den anderen sowohl in seiner gegebenen Realität zu akzeptieren als auch die Möglichkeit der Veränderung und des Wachstums zu sehen – ohne Akzeptanz in Resignation oder Hoffnung in Illusion zu verwandeln.

4. **Integration von Emotion und Reflexion**. Die eigenen emotionalen Reaktionen ernst zu nehmen, ohne ihnen blind zu folgen, und die rationale Reflexion zu üben, ohne die emotionale Dimension zu unterdrücken.

5. **Bewusstsein für die narrative Dimension der Liebe**. Die Geschichte, die wir über unsere Liebe erzählen, weder als pure Fiktion noch als objektive Wahrheit zu betrachten, sondern als eine

bedeutungsvolle Interpretation, die sowohl gestaltet als auch entdeckt wird.

Ein Beispiel für diese praktische Weisheit: Nach Jahren in verschiedenen Beziehungen hat Sofia gelernt, ihre Tendenz zur Idealisierung neuer Partner zu erkennen, ohne diese romantische Offenheit völlig zu unterdrücken. In ihrer Beziehung mit Alexander gelingt es ihr, sowohl die Begeisterung für seine besonderen Qualitäten zu bewahren als auch seine Schwächen und Grenzen zu sehen, ohne in Zynismus oder Enttäuschung zu verfallen. Sie erkennt, dass ihre Liebe zu ihm sowohl enthüllend als auch gestaltend ist – sie sieht Wahrheiten in ihm, die andere vielleicht übersehen, und ihre Art, ihn zu sehen, schafft einen Raum, in dem bestimmte Potenziale in ihm sich entfalten können. Diese balancierte Haltung ermöglicht eine Liebe, die weder in Illusion noch in desillusioniertem Realismus erstarrt, sondern lebendig und entwicklungsfähig bleibt.

Kulturelle und persönliche Variationen

Die Balance zwischen Wahrheit und Illusion in der Liebe variiert nicht nur im Laufe der Zeit, sondern auch zwischen verschiedenen Kulturen und Individuen.

Manche Kulturen betonen stärker die illusorischen, romantischen Aspekte der Liebe, während andere einen nüchterneren, pragmatischeren Ansatz fördern. Die westliche Tradition seit der Romantik hat die transformative, idealisierende Kraft der Liebe oft gefeiert, während konfuzianische oder buddhistische Traditionen eher die Gefahren der Illusion und die Tugenden der klaren Sicht betonen.

Auf individueller Ebene beeinflussen Persönlichkeit, Bindungsstil und Lebenserfahrung, wie wir mit der

Spannung zwischen Wahrheit und Illusion in der Liebe umgehen:

- Menschen mit einem ängstlich-ambivalenten Bindungsstil neigen möglicherweise stärker zu Idealisierungen und Enttäuschungen.

- Vermeidend gebundene Personen könnten zu einem schützenden Zynismus tendieren, der Illusionen vorschnell entlarvt, aber auch die transformative Kraft der Liebe unterschätzt.

- Sicher gebundene Individuen können oft eine ausgewogenere Haltung einnehmen, die weder in Idealisierung noch in Desillusionierung erstarrt.

Die Frage nach Wahrheit und Illusion in der Liebe hat keine universelle Antwort. Sie erfordert eine fortlaufende, reflektierte Auseinandersetzung mit der eigenen Liebeserfahrung, den eigenen Wünschen und Ängsten, der eigenen Geschichte und Kultur.

Der Philosoph Friedrich Nietzsche, der so scharf die illusorischen Aspekte der Liebe kritisierte, schrieb auch: "Die Liebe verzeiht dem Geliebten sogar die Begierde." Diese paradoxe Formulierung deutet auf eine differenzierte Sicht hin, die anerkennt, dass in der Liebe Wahrheit und Schein, Erkenntnis und Schöpfung, Hellsicht und kreative Blindheit in einer komplexen, nicht auflösbaren Beziehung stehen.

Vielleicht liegt die tiefste Wahrheit der Liebe gerade in ihrer Fähigkeit, sowohl zu enthüllen als auch zu erschaffen, sowohl zu sehen als auch zu gestalten. In dieser schöpferischen Spannung liegt möglicherweise ihr einzigartiger erkenntnistheoretischer Status: Nicht als reine Wahrheit oder reine Illusion, sondern als ein privilegierter Ort der Begegnung zwischen Realität und Möglichkeit, zwischen dem, was ist, und dem, was sein könnte.

Selbsterkenntnis durch Liebe

Die Liebe bietet nicht nur einen Zugang zur Erkenntnis des anderen, sondern auch einen einzigartigen Weg zur Selbsterkenntnis. In der Begegnung mit dem Geliebten werden Aspekte unseres Selbst enthüllt, herausgefordert und transformiert, die uns sonst vielleicht verborgen blieben.

Die Liebe als Spiegel

Eine klassische Metapher für die selbsterkennende Funktion der Liebe ist die des Spiegels. In der liebenden Begegnung wird uns ein Bild unserer selbst zurückgeworfen, das sowohl enthüllend als auch formend sein kann.

Platon beschreibt im Dialog "Phaidros" die Liebe als einen Prozess, in dem der Liebende im Geliebten wie in einem Spiegel sein eigenes ideales Selbst erblickt. Diese Spiegelung ist keine simple Reflexion, sondern eine Offenbarung der eigenen höheren Natur und Potenzialität.

Der Neuplatoniker Plotin entwickelt diesen Gedanken weiter: Im Anderen sehen wir nicht nur unser empirisches, sondern unser ideales Selbst – das Selbst, das wir werden könnten. Die Liebe zeigt uns nicht nur, wer wir sind, sondern auch, wer wir sein könnten.

Diese Spiegelung ist jedoch nicht immer schmeichelhaft oder angenehm. Die intensiven Gefühle und die besondere Verletzlichkeit der Liebe können auch Schatten und Abgründe in uns offenbaren, die wir lieber verborgen hätten.

Der Psychoanalytiker Carl Gustav Jung spricht von der Projektion des "Schattens" – der verleugneten, unterdrückten Aspekte unseres Selbst – in Liebesbeziehungen. Was uns am Partner am meisten stört oder fasziniert, kann oft ein Hinweis auf unsere eigenen unbewussten Inhalte sein.

Ein Beispiel: Michael reagiert besonders sensibel auf jede Form von Kontrolle oder Einengung durch seine Partnerin Sarah. Im Verlauf ihrer Beziehung erkennt er, dass diese intensive Reaktion mit seinem eigenen unterdrückten Kontrollbedürfnis zusammenhängt. Er projiziert auf Sarah, was er in sich selbst nicht anerkennen kann. Diese Erkenntnis, so schmerzhaft sie zunächst ist, eröffnet ihm einen Weg zu größerer Selbstakzeptanz und authentischerer Verbindung.

Die Liebe als Herausforderung der Selbstbilder

Neben ihrer Funktion als Spiegel kann die Liebe auch als eine Herausforderung unserer bestehenden Selbstbilder und Identitätskonstruktionen wirken. In der Begegnung mit dem Geliebten werden unsere gewohnten Selbstdefinitionen und -narrative in Frage gestellt, erweitert und manchmal transformiert.

Der französische Philosoph Emmanuel Levinas beschreibt, wie die Begegnung mit dem "Antlitz des Anderen" unsere Selbstgenügsamkeit fundamental in Frage stellt. Der Andere in seiner Andersheit entzieht sich unseren Kategorien und Konzepten und fordert uns heraus, über uns selbst hinauszudenken und zu fühlen.

Für Levinas ist diese ethische Herausforderung durch den Anderen konstitutiv für unser Menschsein. Sie unterbricht unsere natürliche Selbstbezogenheit und öffnet uns für eine Dimension der Wirklichkeit, die jenseits unseres egozentrischen Horizonts liegt.

In der Liebe wird diese allgemeine ethische Struktur besonders intensiv erfahrbar. Der Geliebte fordert uns heraus, aus gewohnten Selbstbildern und Verhaltensmustern herauszutreten und uns auf neue Weise zu erfahren und zu definieren.

Ein Beispiel: Die erfolgreiche Managerin Julia hat ein stabiles Selbstbild als unabhängige, rationale und kontrollierende Persönlichkeit entwickelt. In ihrer Liebe zu Marco erlebt sie Gefühle von Verletzlichkeit, Sehnsucht und Hingabebedürfnis, die mit diesem Selbstbild nicht vereinbar sind. Diese Diskrepanz führt zunächst zu Abwehr und Rückzug, aber allmählich zu einer Revision und Erweiterung ihres Selbstverständnisses. Sie beginnt, ihre Verletzlichkeit als Teil ihrer Stärke zu sehen und entwickelt ein komplexeres, integrativeres Selbstbild.

Die Dialektik von Selbstverlust und Selbstfindung

Ein zentrales Paradoxon der Liebe liegt in der dialektischen Beziehung zwischen Selbstverlust und Selbstfindung. Einerseits erfordert die Liebe eine Form der Selbsttranszendenz oder Selbstaufgabe – das Überschreiten der Grenzen des eigenen Ego. Andererseits kann gerade in dieser Selbsttranszendenz eine tiefere Form der Selbstfindung liegen.

Der jüdische Religionsphilosoph Martin Buber beschreibt in "Ich und Du", wie das wahre Selbst erst in der Begegnung mit dem Du konstituiert wird. Das Selbst ist für ihn keine isolierte Entität, sondern existiert wesentlich in Beziehung. Die authentischste Form der Selbsterfahrung findet demnach nicht in der Selbstreflexion, sondern in der Begegnung statt.

Ähnlich argumentiert der christliche Existenzialist Gabriel Marcel, dass wir uns selbst am tiefsten in der Hingabe an den anderen finden. Für ihn ist Selbsttranszendenz nicht Selbstverlust, sondern der Weg zu einer tieferen Form des Selbstseins.

Auch in der buddhistischen Tradition findet sich eine ähnliche Dialektik. Das Konzept des "Nicht-Selbst" (Anatta) kann als eine Aufforderung verstanden werden, das Festhalten am Ego aufzugeben, um eine tiefere Form der Selbsterfahrung zu ermöglichen. Die Liebe, besonders in ihrer mitfühlenden Form (Karuna), kann ein Weg zu dieser Erfahrung des erweiterten Selbst sein.

Ein Beispiel: Thomas hat stets ein starkes Bedürfnis nach Kontrolle und Autonomie. In seiner Liebe zu Sophia erlebt er Momente der Hingabe und des Kontrollverlusts, die zunächst beängstigend sind. Doch in dieser Erfahrung des "Selbstverlusts" entdeckt er paradoxerweise eine neue Form der Freiheit und des Selbstseins. Er erkennt, dass wahre Autonomie nicht in der Abgrenzung, sondern in der bewussten, freiwilligen Verbindung liegt. Diese Erkenntnis transformiert nicht nur seine Beziehung zu Sophia, sondern sein gesamtes Selbstverständnis.

Die Liebe als Weg zur Integration

Ein besonders wichtiger Aspekt der Selbsterkenntnis durch Liebe liegt in ihrem Potenzial für psychische Integration. Die Liebe kann helfen, gespaltene, verdrängte oder abgespaltene Teile unseres Selbst anzuerkennen und in ein kohärenteres Selbstbild zu integrieren.

In der Tradition der analytischen Psychologie spricht Jung von der "Individuation" – dem lebenslangen Prozess der Integration verschiedener Aspekte der Psyche zu einem ganzheitlicheren Selbst. Liebesbeziehungen können in diesem Prozess eine katalytische Rolle spielen, indem sie verdrängte Anteile ins Bewusstsein bringen und zur Auseinandersetzung mit ihnen zwingen.

Die Psychoanalytikerin Jessica Benjamin beschreibt in "Die Fesseln der Liebe", wie Liebe uns mit der Spannung zwischen Autonomie und Verbundenheit, zwischen Selbstbehauptung und Anerkennung konfrontiert. Diese Spannung zu halten, ohne in eines der Extreme zu verfallen, ist für sie ein Schlüssel zur psychischen Reifung.

Auch die humanistische Psychologie betont das integrative Potenzial der Liebe. Carl Rogers spricht von "bedingungsloser positiver Wertschätzung" als einem förderlichen Klima für persönliches Wachstum. In einer liebevollen Beziehung, die uns in unserer Ganzheit akzeptiert, können wir Aspekte unseres Selbst anerkennen und integrieren, die wir sonst abwehren oder verdrängen würden.

Ein Beispiel: Clara hat aufgrund früher Erfahrungen gelernt, ihre Wut und Aggression zu unterdrücken und präsentiert sich als stets sanft und nachgiebig. In ihrer Beziehung zu Daniel erlebt sie zum ersten Mal, dass ihre gelegentlichen Wutausbrüche nicht zum Verlust der Liebe führen. Daniels akzeptierende Haltung ermöglicht es ihr, ihre aggressiven Impulse als legitimen Teil ihrer Persönlichkeit anzuerkennen und konstruktiver mit ihnen umzugehen. Diese Integration führt zu größerer Authentizität und emotionaler Freiheit.

Die biographische Dimension: Wiederholung und Heilung

Eine besonders bedeutsame Form der Selbsterkenntnis durch Liebe liegt in der Aufdeckung biographischer Muster und der Möglichkeit ihrer Transformation. Liebesbeziehungen aktivieren oft frühe Beziehungserfahrungen und bieten die Chance, diese zu verstehen und potenziell zu heilen.

Der Psychoanalytiker Sigmund Freud sprach von "Übertragung" – der unbewussten Projektion früherer Beziehungserfahrungen auf gegenwärtige Beziehungen. In der Liebe werden oft unbewusst Partner gewählt und Beziehungsdynamiken inszeniert, die ungelöste Konflikte aus der frühen Kindheit wiederholen.

Diese Wiederholung kann zunächst schmerzhaft sein, birgt aber auch die Chance zur Heilung. Indem wir uns der unbewussten Muster bewusst werden, können wir neue, heilsamere Erfahrungen machen und alte Wunden schließen.

Der Psychoanalytiker Heinz Kohut entwickelte die Selbstpsychologie, die beschreibt, wie bestimmte Selbstobjekt-Bedürfnisse aus der Kindheit in erwachsenen Beziehungen wieder aktiviert werden. Die Liebe bietet die Möglichkeit, diese Bedürfnisse nun in einer reiferen, flexibleren Weise zu erfüllen.

Die Bindungstheorie bietet ein weiteres Rahmenwerk, um zu verstehen, wie frühe Bindungserfahrungen unsere späteren Liebesbeziehungen prägen. Die Art, wie wir uns binden, trennen und wiederverbinden, spiegelt oft die frühesten Muster der Beziehung zu unseren primären Bezugspersonen wider.

Ein Beispiel: Daniel hat eine Mutter erlebt, die emotional unbeständig war – manchmal überfürsorglich, manchmal emotional abwesend. In seinen Liebesbeziehungen sucht er unbewusst nach Partnerinnen, die ein ähnliches Muster zeigen, und reagiert auf emotionale Distanz mit intensiver Angst und Klammern. Als er sich in Sophie verliebt, die emotional stabiler ist, werden diese Muster zunächst aktiviert – er interpretiert ihre normale Autonomie als Ablehnung. Doch durch die Beständigkeit ihrer Liebe und durch seine eigene Reflexionsarbeit beginnt er, neue Erfahrungen zu machen und alte Wunden zu heilen. Er erkennt sein Muster der "Verlassenheitsangst" und kann es allmählich durch ein sichereres Bindungsgefühl ersetzen.

Geschlechtsspezifische Aspekte der Selbsterkenntnis durch Liebe

Die Erfahrung der Selbsterkenntnis durch Liebe kann auch geschlechtsspezifische Dimensionen haben, die mit gesellschaftlichen Geschlechterrollen und -erwartungen zusammenhängen.

Die feministische Philosophin Simone de Beauvoir analysierte in "Das andere Geschlecht", wie Frauen in traditionellen Gesellschaften dazu sozialisiert werden, ihre Identität primär durch Beziehungen zu definieren. Diese relationale Identitätskonstruktion kann eine tiefere

Selbsterkenntnis erschweren, wenn die Grenzen zwischen Selbst und Anderem unscharf werden.

Der Psychologe Sam Keen beschreibt in "Feuer im Bauch", wie Männer in vielen Kulturen dazu sozialisiert werden, ihre Verletzlichkeit und emotionale Bedürftigkeit zu verleugnen. Die Liebe kann für Männer eine besondere Form der Selbsterkenntnis bieten, indem sie diese verdrängten Aspekte zugänglich macht.

Die Psychologin Carol Gilligan argumentiert in "Die andere Stimme", dass Frauen und Männer unterschiedliche moralische Orientierungen entwickeln – Frauen eher eine Ethik der Fürsorge und Verbundenheit, Männer eher eine Ethik der Gerechtigkeit und Autonomie. Die Liebe kann für beide Geschlechter eine Möglichkeit bieten, komplementäre Aspekte zu entwickeln und zu integrieren.

Diese geschlechtsspezifischen Muster sind natürlich kulturell geprägt und nicht universell oder essentiell. In einer sich wandelnden Gesellschaft verändern sich auch die Geschlechterrollen und damit die spezifischen Herausforderungen und Chancen der Selbsterkenntnis durch Liebe.

Ein Beispiel: Mark wurde in einer traditionellen Familie sozialisiert, in der Männer nicht über Gefühle sprechen oder Schwäche zeigen. In seiner Liebe zu Julia erlebt er Momente tiefer Verletzlichkeit und emotionaler Offenheit, die sein bisheriges Selbstbild als "starker Mann" herausfordern. Diese Erfahrung ist zunächst beängstigend, eröffnet ihm aber Zugang zu unterdrückten Teilen seiner Persönlichkeit und ermöglicht ein vollständigeres, integrativeres Selbstverständnis.

Praktische Implikationen: Liebe als reflexive Praxis

Die Selbsterkenntnis durch Liebe ist kein automatischer Prozess. Sie erfordert eine reflexive Haltung – die Bereitschaft, die eigenen Reaktionen, Projektionen und Muster zu beobachten und zu hinterfragen.

Praktiken, die diese reflexive Dimension der Liebe fördern können, umfassen:

1. **Gemeinsame Reflexion**: Der Dialog mit dem Partner über Beziehungsdynamiken, Trigger und Muster kann tiefe Einsichten fördern.

2. **Journaling**: Das schriftliche Reflektieren über die eigenen Gefühle, Reaktionen und Muster in der Beziehung kann verborgene Zusammenhänge sichtbar machen.

3. **Achtsamkeitspraxis**: Die nicht-wertende Beobachtung der eigenen emotionalen und körperlichen Reaktionen in der Beziehung schafft Raum zwischen Reiz und Reaktion und ermöglicht neue Einsichten.

4. **Therapeutische Unterstützung**: Professionelle Begleitung – sei es in Einzel-, Paar- oder Gruppentherapie – kann den Prozess der Selbsterkenntnis vertiefen und strukturieren.

5. **Kreative Ausdrucksformen**: Kunst, Poesie, Musik oder Tanz können unbewusste Aspekte der Liebeserfahrung zugänglich machen, die durch rein verbale Reflexion vielleicht nicht erreicht werden.

Die Kultivierung dieser reflexiven Dimension unterscheidet eine selbsterkennende Liebe von einer, die lediglich unbewusste Muster wiederholt oder in Projektion und Idealisierung verharrt.

Ein Beispiel: Sophia und Thomas integrieren regelmäßige "Beziehungsgespräche" in ihren Alltag, in denen sie nicht nur praktische Fragen besprechen, sondern auch über ihre emotionalen Reaktionen, Triggermuster und Wachstumsprozesse reflektieren. Diese Praxis hat ihnen geholfen, sowohl individuell als auch als Paar zu wachsen und ein tieferes Verständnis füreinander und für sich selbst zu entwickeln.

Die transformative Dimension: Von der Selbsterkenntnis zur Selbsttransformation

Die tiefste Dimension der Selbsterkenntnis durch Liebe liegt vielleicht in ihrem transformativen Potenzial. Die Liebe enthüllt nicht nur, wer wir sind, sondern kann uns auch helfen zu werden, wer wir sein könnten.

Der Philosoph Friedrich Nietzsche schreibt in "Also sprach Zarathustra": "Und dies Geheimnis redete das Leben selber zu mir: 'Siehe', sprach es, 'ich bin das, was sich immer selber überwinden muss.'" Die Liebe kann ein privilegierter Ort für diese Selbstüberwindung sein – ein Raum, in dem wir über unsere gewohnten Grenzen hinauswachsen können.

Der Psychologe Abraham Maslow beschreibt in seiner Theorie der Selbstverwirklichung, wie "Gipfelerfahrungen" – zu denen auch tiefe Liebeserfahrungen gehören können – transformative Potenziale freisetzen und uns helfen, unser volles menschliches Potenzial zu entfalten.

Verschiedene spirituelle Traditionen betonen ebenfalls die transformative Kraft der Liebe. In der christlichen Mystik wird die Liebe als Weg zur "Theosis" oder Vergöttlichung verstanden – als Transformation des Selbst durch Teilhabe an der göttlichen Liebe. In der buddhistischen Tradition öffnet die liebende Güte (Metta) den Weg zur Befreiung vom leidhaften Verhaftetsein am Ego.

Ein Beispiel für diese transformative Dimension: Nach einer traumatischen Kindheit hat Markus Schwierigkeiten, anderen zu vertrauen und tiefe Verbindungen einzugehen. Seine Liebe zu Anna konfrontiert ihn mit seiner Angst vor Nähe und Verletzlichkeit. In einem langsamen, oft schmerzhaften Prozess lernt er, sich zu öffnen und zu vertrauen. Diese Transformation betrifft nicht nur seine Beziehung zu Anna, sondern sein gesamtes Sein-in-der-Welt. Er entwickelt eine neue Offenheit für Verbindung, für Schönheit, für das Leben selbst. Die Selbsterkenntnis durch Liebe führt hier zu einer tiefgreifenden Selbsttransformation.

Die Selbsterkenntnis durch Liebe führt uns so an die Grenzen des klassischen erkenntnistheoretischen Paradigmas, das auf der Trennung von erkennendem Subjekt und erkanntem Objekt basiert. In der liebenden Selbsterkenntnis sind wir gleichzeitig Erkennende und Erkannte, Subjekt und Objekt, Gestaltende und Gestaltete. Diese paradoxe Struktur macht die Liebe zu einer einzigartigen Form der Erkenntnis – einer Erkenntnis, die nicht nur informiert, sondern potenziell transformiert.

Kapitel 8: Liebe und ethische Dimensionen

Liebe als moralisches Prinzip: Altruismus, Egoismus und das Gute

Die Frage nach dem Verhältnis von Liebe und Moral gehört zu den grundlegendsten ethischen Problemen. Ist Liebe ein wesentliches moralisches Prinzip oder eher ein emotionaler Zustand jenseits moralischer Kategorien? Welche Rolle spielt sie in verschiedenen ethischen Systemen? Und wie verhält sie sich zu Begriffen wie Altruismus, Egoismus und dem Guten?

Liebe in verschiedenen ethischen Traditionen

Verschiedene ethische Traditionen haben der Liebe unterschiedliche Rollen und Bedeutungen zugeschrieben:

Die agapische Tradition: Im christlichen Denken steht die Agape – die selbstlose, gebende Liebe – im Zentrum der Ethik. Das Doppelgebot der Liebe – "Du sollst den Herrn, deinen Gott, lieben mit ganzem Herzen [...] und deinen Nächsten wie dich selbst" (Markus 12,30-31) – bildet die Grundlage der christlichen Moralvorstellung.

Für Theologen wie Augustinus und Thomas von Aquin ist die Liebe (Caritas) die zentrale Tugend, aus der alle anderen Tugenden hervorgehen. Augustinus berühmter Satz "Liebe, und tue, was du willst" drückt die Idee aus, dass eine von Liebe geprägte Haltung notwendigerweise zu moralisch richtigem Handeln führt.

Der Philosoph Søren Kierkegaard entwickelt in "Werke der Liebe" eine agapische Ethik, die die selbstlose, verpflichtende christliche Nächstenliebe gegen eine gefühlsbasierte, selektive romantische Liebe abgrenzt. Für ihn ist die wahre moralische Liebe eine Pflicht gegenüber allen Menschen, nicht eine Präferenz für bestimmte.

Die aristotelische Tradition: In der aristotelischen Ethik spielt die Philia – die freundschaftliche Liebe – eine zentrale Rolle. Für Aristoteles ist die höchste Form der Freundschaft die, die auf Tugend basiert – eine gegenseitige Wertschätzung des Charakters. Diese Form der Liebe ist eng mit seinem Konzept des guten Lebens (Eudaimonia) verbunden.

Interessanterweise sieht Aristoteles die höchste Form der Liebe nicht als selbstlos, sondern als eine Form der erweiterten Selbstliebe. In der wahren Freundschaft lieben wir im Anderen das, was auch in uns selbst gut ist – die tugendhaften Qualitäten, die wir teilen und gegenseitig fördern.

Die kantische Tradition: Immanuel Kant steht der Liebe als moralischem Prinzip skeptischer gegenüber. Für ihn ist Moral in der Pflicht und nicht im Gefühl begründet. In seiner "Grundlegung zur Metaphysik der Sitten" argumentiert er, dass eine Handlung nur dann moralischen Wert hat, wenn sie aus Pflicht und nicht aus Neigung (wie Liebe) erfolgt.

Dennoch räumt Kant der praktischen Liebe – der tätigen Sorge für das Wohl anderer – einen Platz in seiner Ethik ein. Er unterscheidet zwischen "pathologischer Liebe" (dem Gefühl) und "praktischer Liebe" (dem Handeln), wobei nur letztere moralisch relevant ist.

Utilitaristische Perspektiven: In utilitaristischen Ethiken steht das Prinzip der Nutzenmaximierung im Zentrum. Liebe kann hier als ein Mittel zur Förderung des Gesamtnutzens betrachtet werden. Der Utilitarist John Stuart Mill argumentiert, dass die Liebe zu anderen und zum Gemeinwohl eine zentrale Rolle in der moralischen Entwicklung spielt.

Für Peter Singer, einen zeitgenössischen Vertreter des Präferenzutilitarismus, sollte unser moralisches Anliegen (moral concern) idealerweise alle empfindungsfähigen Wesen einschließen, nicht nur die uns nahestehenden. Diese universelle Sorge kann als eine erweiterte Form der Liebe verstanden werden.

Die Sorgeethik: Die vor allem von feministischen Denkerinnen wie Carol Gilligan und Nel Noddings entwickelte Sorgeethik (Ethics of Care) stellt die fürsorgliche Beziehung ins Zentrum der Moral. Für Noddings ist Sorge (Care) eine Form der Liebe, die sich in konkreten Beziehungen ausdrückt und die Grundlage moralischer Entscheidungen bildet.

Diese Tradition kritisiert abstrakte, universalistische Ethiken und betont stattdessen die moralische Bedeutung partikularer, konkreter Beziehungen und der in ihnen praktizierten Fürsorge.

Die buddhistische Perspektive: In der buddhistischen Tradition spielen Metta (liebende Güte) und Karuna (Mitgefühl) zentrale Rollen. Sie werden nicht primär als Gefühle, sondern als kultivierbare Geisteshaltungen verstanden, die systematisch erweitert werden können – von nahestehenden Personen über neutrale bis hin zu schwierigen Menschen und schließlich allen fühlenden Wesen.

Diese universelle Liebe wird als Weg zur Überwindung des leidhaften Verhaftetseins am Selbst verstanden. Paradoxerweise führt die selbstlose Liebe hier zum höchsten Selbstwohl – ein Gedanke, der die scheinbare Dichotomie von Altruismus und Egoismus überwindet.

Altruismus und Egoismus: Eine falsche Dichotomie?

Die Gegenüberstellung von Altruismus (Selbstlosigkeit) und Egoismus (Selbstbezogenheit) prägt viele Diskussionen über Liebe und Moral. Bei näherer Betrachtung zeigt sich jedoch, dass diese Dichotomie möglicherweise zu simplifizierend ist.

Der Philosoph Friedrich Nietzsche kritisierte den christlichen Altruismus als eine Form der "Sklavenmoral", die natürliche Selbstbejahung unterdrückt. Gleichzeitig kritisierte er einen engstirnigen Egoismus, der in Ressentiment und Schwäche wurzelt. Für ihn liegt das Ideal in einer großherzigen Selbstliebe, die aus Stärke und Fülle gibt, nicht aus Pflicht oder Selbstverleugnung.

Die Philosophin Ayn Rand vertrat einen "rationalen Egoismus", der die Selbstaufopferung als unethisch betrachtet. Für Rand ist echte Liebe nicht selbstlos, sondern Ausdruck höchster Wertschätzung, die dem eigenen rationalen Selbstinteresse entspringt. Die Verehrung von Altruismus führt für sie zu einer ungesunden Kultur des Opfers und der Schuld.

Gegen diese polarisierten Positionen stehen Denker, die eine Integration von Selbst- und Fremdwohl anstreben:

Erich Fromm argumentiert in "Die Kunst des Liebens", dass wahre Selbstliebe und Nächstenliebe nicht im Widerspruch stehen, sondern sich gegenseitig bedingen. Wer sich selbst nicht liebt, kann auch andere nicht wirklich lieben.

Die Philosophin Martha Nussbaum entwickelt in "Upheavals of Thought" eine neo-aristotelische Perspektive, die die Liebe weder als rein selbstlos noch als rein selbstbezogen betrachtet. Für sie ist Liebe eine komplexe Emotion, die unsere Vorstellung vom eigenen Wohl mit dem Wohl des Geliebten verbindet.

Ein Beispiel für diese Integration von Selbst- und Fremdwohl: Nach Jahren einer aufopfernden, aber ungesunden Beziehung, in der sie ihre eigenen Bedürfnisse völlig vernachlässigte, lernt Maria, dass wahre Liebe nicht Selbstauslöschung bedeutet. Als sie eine neue Beziehung mit Thomas beginnt, praktiziert sie eine Form der Liebe, die sowohl für ihn als auch für sie selbst sorgt. Sie gibt großzügig, aber nicht auf Kosten ihrer eigenen Integrität. Diese integrierte Haltung führt zu einer gesünderen, nachhaltigeren Verbindung für beide.

Liebe und das Gute: Intrinsischer oder instrumenteller Wert?

Eine zentrale ethische Frage ist, ob Liebe einen intrinsischen Wert hat – ob sie an sich gut ist – oder einen instrumentellen Wert – ob sie gut ist, weil sie zu anderen Gütern führt.

Für viele Denker in der platonischen Tradition hat die Liebe (Eros) einen instrumentellen Wert – sie ist ein Weg zur Erkenntnis des Schönen und Guten selbst. In Platons "Symposion" wird der Eros als eine aufsteigende

Bewegung beschrieben, die von der Liebe zu einem schönen Körper zur Schau des Schönen selbst führt. Die Liebe ist hier ein Weg, nicht das Ziel.

Im Gegensatz dazu betrachten viele zeitgenössische Philosophen die Liebe als ein intrinsisches Gut – als etwas, das um seiner selbst willen wertvoll ist, nicht nur als Mittel zu einem anderen Zweck.

Der Philosoph Harry Frankfurt argumentiert in "The Reasons of Love", dass Liebe uns Gründe zum Handeln gibt, die nicht auf andere Werte reduzierbar sind. Für ihn ist die Liebe eine fundamentale Quelle von Wert, die unsere Identität konstituiert und unserem Leben Bedeutung verleiht.

Der Existenzialist Jean-Paul Sartre sieht die Liebe ambivalenter. In "Das Sein und das Nichts" beschreibt er sie als einen konfliktreichen Versuch, Freiheit und Objektivierung zu vereinbaren. Für ihn hat die Liebe sowohl befreiende als auch potenziell unterdrückende Aspekte.

Ein nuancierter Ansatz könnte die Liebe sowohl als intrinsisch wertvoll als auch als förderlich für andere Güter betrachten. Sie ist ein Gut an sich, das gleichzeitig andere Güter wie Wohlbefinden, Wachstum und Gemeinschaft fördert.

Ein Beispiel für diese doppelte Wertdimension: Die tiefe Freundschaft zwischen Anna und Sofia ist sowohl ein Wert an sich – eine Quelle von Freude, Verbundenheit und Bedeutung – als auch eine Quelle anderer Güter wie gegenseitige Unterstützung, persönliches Wachstum und gemeinsames Engagement für soziale Ziele. Der intrinsische und der instrumentelle Wert ihrer Liebe sind keine konkurrierenden Alternativen, sondern komplementäre Dimensionen derselben Beziehung.

Liebe als Quelle moralischer Erkenntnis und Motivation

Neben der Frage, ob Liebe an sich ein moralisches Prinzip ist, stellt sich die Frage nach ihrer Rolle in der moralischen Erkenntnis und Motivation. Kann Liebe uns helfen, moralische Wahrheiten zu erkennen? Kann sie uns motivieren, moralisch zu handeln?

Iris Murdoch argumentiert in "The Sovereignty of Good", dass Liebe als eine Form der aufmerksamen Vision uns hilft, die Realität klarer zu sehen und somit bessere moralische Urteile zu fällen. Für sie ist Liebe nicht primär ein Gefühl, sondern eine Art des Sehens, die unsere egozentrischen Verzerrungen reduziert.

Aus einer anderen Perspektive betont der Utilitarist Peter Singer die motivationale Kraft der Empathie und des Mitgefühls – Emotionen, die mit Liebe verwandt sind. Er argumentiert, dass rationale Argumente allein oft nicht ausreichen, um Menschen zu moralischem Handeln zu motivieren; emotionale Verbindung ist ebenfalls notwendig.

Die Philosophin Martha Nussbaum entwickelt in "Love's Knowledge" die Idee, dass bestimmte moralische Wahrheiten nur durch Liebe und andere komplexe Emotionen erkannt werden können. Für sie sind Emotionen nicht irrational, sondern enthalten kognitive Urteile über Wert und Bedeutung.

Ein Beispiel: Als Michael einen Obdachlosen auf der Straße sieht, hat er zunächst eine distanzierte, stereotype Wahrnehmung. Doch als er sich erlaubt, eine empathische

Verbindung herzustellen – eine Form der Nächstenliebe –,
beginnt er, den Mann in seiner vollen Menschlichkeit
wahrzunehmen. Diese veränderte Wahrnehmung führt zu
einem veränderten moralischen Urteil und zu einer
größeren Bereitschaft, zu helfen. Die Liebe hat hier
sowohl seine moralische Erkenntnis als auch seine
moralische Motivation erweitert.

Grenzen und Gefahren der Liebe als moralisches Prinzip

Trotz ihrer positiven moralischen Potenziale hat die Liebe
als moralisches Prinzip auch Grenzen und Gefahren, die
von verschiedenen Denkern thematisiert wurden:

- **Partikularität**: Liebe ist typischerweise auf
  bestimmte Individuen gerichtet, während Moral
  oft universelle Prinzipien erfordert. Diese
  Spannung zwischen partikularer Zuneigung und
  universellen moralischen Anforderungen wird von
  Denkern wie Kierkegaard und Kant thematisiert.

- **Emotionale Abhängigkeit**: Eine auf Liebe
  basierende Moral könnte zu emotionaler
  Abhängigkeit führen und die rationale Autonomie
  untergraben, die von vielen ethischen Traditionen
  als wichtig erachtet wird.

- **Idealisierende Tendenz**: Die Liebe neigt dazu,
  den Geliebten zu idealisieren, was moralische
  Urteile verzerren kann. Der Philosoph Bernard
  Williams problematisiert in "Moral Luck", wie
  persönliche Bindungen unsere moralischen Urteile
  beeinflussen.

- **Potenzial für Selbsttäuschung**: Unter dem
  Banner der "Liebe" können auch problematische

oder schädliche Verhaltensweisen rationalisiert werden. Die Psychoanalytikerin Jessica Benjamin zeigt in "Die Fesseln der Liebe", wie liebevolle Beziehungen von Machtverhältnissen durchdrungen sein können.

Ein Beispiel für diese Problematik: Thomas rechtfertigt sein kontrollierendes Verhalten gegenüber seiner Partnerin Maria mit seiner "Liebe" und "Sorge" um sie. Er überwacht ihre Kontakte, kritisiert ihre Kleidung und isoliert sie zunehmend von ihren Freunden – alles im Namen der Liebe. Dieses Beispiel zeigt, wie ein vermeintlich moralisches Prinzip (Liebe) zur Rationalisierung unmoralischen Verhaltens verwendet werden kann.

Integration: Liebe als zentrales, aber nicht einziges moralisches Prinzip

Eine nuancierte Position würde die Liebe weder als das einzige moralische Prinzip verabsolutieren noch ihre moralische Bedeutung leugnen. Stattdessen könnte sie als ein zentrales, aber komplementäres Element in einem umfassenderen moralischen Rahmen betrachtet werden.

Die Liebe könnte als eine Tugend verstanden werden, die mit anderen Tugenden wie Gerechtigkeit, Respekt, Mut und Mäßigung in ein balanciertes Verhältnis gebracht werden muss. Paul Tillich beschreibt in "Liebe, Macht, Gerechtigkeit", wie diese Prinzipien sich gegenseitig ergänzen und korrigieren können.

Oder sie könnte als eine fundamentale Haltung betrachtet werden, die andere moralische Prinzipien wie Autonomie, Nichtschädigung oder Gerechtigkeit informiert und beseelt. Martin Luther King Jr. sprach von der "Kraft der

Liebe" als Grundlage sozialer Gerechtigkeit und gewaltfreien Widerstands.

Die Philosophin Nel Noddings entwickelt in "Caring" ein Modell, das die Sorge (eine Form der Liebe) als Basis der Moral betrachtet, aber anerkennt, dass diese Sorge durch rationale Prinzipien und Reflexion ergänzt werden muss.

Ein Beispiel für diese Integration: Als Leiterin einer humanitären Organisation muss Sophia komplexe Entscheidungen über die Verteilung begrenzter Ressourcen treffen. Ihre grundlegende Motivation ist die Liebe zu den Menschen, denen sie dient. Doch diese Liebe wird durch Prinzipien der Gerechtigkeit und Fairness, durch rationale Analyse und durch den Respekt für die Autonomie der Betroffenen ergänzt und konkretisiert. Ihre moralischen Entscheidungen integrieren liebevolle Sorge mit anderen ethischen Prinzipien zu einer kohärenten, verantwortungsvollen Praxis.

In einer solchen integrativen Perspektive ist die Liebe weder ein romantisches Ideal jenseits moralischer Kategorien noch ein alleinstehendes moralisches Prinzip, sondern ein wesentlicher Bestandteil einer umfassenderen ethischen Vision. Sie erinnert uns daran, dass Moral nicht nur eine Sache abstrakter Prinzipien ist, sondern in konkreten Beziehungen und Praktiken der Sorge, des Respekts und der Verbundenheit verkörpert wird.

Verantwortung und Freiheit in der Liebe

Die Spannung zwischen Verantwortung und Freiheit gehört zu den grundlegenden ethischen Problemen der Liebe. Inwiefern sind wir für unsere Liebe und ihr Handeln verantwortlich? Wie verhält sich die Freiheit zur

Bindung, die die Liebe mit sich bringt? Diese Fragen berühren das Wesen der Liebe als ethische Beziehung.

Ist Liebe eine Wahl? Die Frage der Willentlichkeit

Eine Grundfrage lautet: Inwiefern ist Liebe eine Sache des Willens, eine bewusste Entscheidung, für die wir verantwortlich sind? Oder ist sie vielmehr ein unwillkürliches Gefühl, das uns "zustößt" und für das wir keine oder nur begrenzte Verantwortung tragen?

Die romantische Tradition betont oft die Unwillkürlichkeit der Liebe – die Vorstellung, dass wir vom "Pfeil Amors" getroffen werden, ohne Wahl oder Kontrolle. In dieser Sichtweise ist die Liebe eine Leidenschaft (von lateinisch "passio" – etwas, das einem widerfährt), keine Handlung.

Der französische Philosoph Jean-Paul Sartre kritisiert diese Sichtweise als eine Form der "Unaufrichtigkeit" (mauvaise foi) – einen Versuch, der Verantwortung für unsere Gefühle und Entscheidungen zu entfliehen. Für Sartre ist die Liebe, wie alle menschlichen Beziehungen, von Freiheit und Wahl geprägt. In "Das Sein und das Nichts" analysiert er, wie wir unsere Freiheit leugnen, indem wir uns als "Opfer" unserer Gefühle darstellen.

Simone de Beauvoir entwickelt diese existenzialistische Perspektive weiter. Für sie ist die authentische Liebe eine Beziehung zwischen zwei Freiheiten, die sich gegenseitig anerkennen und wählen. In "Das andere Geschlecht" kritisiert sie die kulturelle Tendenz, besonders Frauen als passive Objekte der Liebe darzustellen, statt als aktive Subjekte.

Eine differenziertere Position würde verschiedene Aspekte der Liebe unterschiedlich bewerten. Die anfängliche Anziehung und das Verliebtsein mögen weitgehend unwillkürlich sein – geprägt von unbewussten Faktoren wie frühen Bindungserfahrungen, biologischen Reaktionen und kulturellen Prägungen. Doch die Entwicklung und Pflege einer liebenden Beziehung über Zeit erfordert bewusste Entscheidungen und Engagement.

Der Philosoph Harry Frankfurt unterscheidet zwischen "erster Ordnung" Wünschen (was wir unmittelbar begehren) und "zweiter Ordnung" Wünschen (was wir uns wünschen zu begehren). Für ihn definiert die Liebe unsere "zweiter Ordnung" Wünsche – sie bestimmt, was uns wichtig ist, was wir wertschätzen wollen. In diesem Sinne ist die Liebe konstitutiv für unsere Identität und unsere Werte, nicht einfach ein äußeres Ereignis, das uns widerfährt.

Ein Beispiel für diese Spannung: Maria fühlt sich stark zu David hingezogen, obwohl er verheiratet ist und Kinder hat. Einerseits erlebt sie diese Anziehung als unwillkürlich – ein intensives Gefühl, das sie nicht gewählt hat. Andererseits steht sie vor der bewussten Entscheidung, wie sie mit diesem Gefühl umgeht: Ob sie es pflegt oder distanziert, ob sie es in Handlung umsetzt oder nicht. Ihre Verantwortung liegt vielleicht nicht primär im anfänglichen Gefühl, wohl aber in ihrer Reaktion darauf.

Verpflichtungen in der Liebe: Versprechen, Erwartungen, Verantwortungen

Liebesbeziehungen bringen spezifische Verpflichtungen mit sich – explizite oder implizite Versprechen, gegenseitige Erwartungen und besondere Verantwortungen. Die ethische Dimension dieser Verpflichtungen ist komplex und vielschichtig.

In traditionellen Konzeptionen, besonders im Kontext der Ehe, werden diese Verpflichtungen oft formalisiert und institutionalisiert. Das Eheversprechen – "in guten wie in schlechten Zeiten" – drückt eine lebenslange Verpflichtung aus, die über wechselnde Gefühle hinausgeht.

Der Philosoph Immanuel Kant betrachtet Versprechen als bindend, unabhängig von wechselnden Gefühlen oder Umständen. Für ihn wäre ein Liebesversprechen zu brechen – etwa durch Untreue oder Verlassen – ein Verstoß gegen das moralische Gesetz, selbst wenn die Gefühle erloschen sind.

Im Gegensatz dazu betonen liberalere und individualistische Perspektiven die Bedeutung von Authentizität und persönlichem Wachstum. In dieser Sichtweise können Verpflichtungen, die das eigene Wohlbefinden oder die persönliche Entwicklung beeinträchtigen, möglicherweise revidiert werden.

Die Philosophin Carole Pateman hat die geschlechtsspezifischen Dimensionen von Beziehungsverpflichtungen kritisch analysiert. In "The Sexual Contract" argumentiert sie, dass traditionelle Eheversprechen historisch mit der Unterordnung der Frau verbunden waren und kritisch hinterfragt werden müssen.

Eine nuanciertere Position könnte anerkennen, dass Liebesverpflichtungen weder absolut bindend noch völlig optional sind. Sie haben ein ethisches Gewicht, das sorgfältige Reflexion erfordert, wenn sie in Frage gestellt werden.

Der Philosoph Alasdair MacIntyre argumentiert in "After Virtue" für eine Ethik der Tugend und der narrativen Identität. Aus dieser Perspektive sind Versprechen und Verpflichtungen Teil der Geschichte, die wir über uns selbst erzählen, und konstitutiv für unsere Identität. Sie zu brechen bedeutet nicht nur, anderen zu schaden, sondern auch die eigene narrative Integrität zu verletzen.

Ein Beispiel für diese ethische Komplexität: Nach zehn Jahren Ehe erkennt Thomas, dass er und seine Frau Sophia sich in unterschiedliche Richtungen entwickelt haben. Er fühlt sich emotional entfremdet und unglücklich. Die Frage, ob er verpflichtet ist, in der Ehe zu bleiben, ist ethisch vielschichtig. Einerseits hat er ein Versprechen gegeben, das ein gewisses moralisches Gewicht hat. Andererseits stellt sich die Frage, ob dieses Versprechen ein authentisches und erfüllendes Leben für beide unmöglich macht. Seine Entscheidung erfordert eine sorgfältige Abwägung verschiedener ethischer Gesichtspunkte – der Verpflichtung gegenüber seiner Frau, der Verantwortung für gemeinsame Kinder, aber auch der Verantwortung für sein eigenes Wohlbefinden und seine Authentizität.

Freiheit in und durch Bindung: Das Paradoxon der Liebe

Eine zentrale Spannung in der Ethik der Liebe liegt im scheinbaren Paradoxon, dass wahre Freiheit manchmal durch freiwillige Bindung entsteht. Die Liebe scheint gleichzeitig zu binden und zu befreien, Autonomie zu begrenzen und zu erweitern.

Der Existenzialist Jean-Paul Sartre betonte die fundamentale Spannung zwischen Freiheit und Bindung in der Liebe. Für ihn ist die Liebe ein problematischer Versuch, die eigene Freiheit zu bewahren, während man gleichzeitig die Freiheit des anderen objektifiziert oder assimiliert.

Eine positivere Sicht auf dieses Paradoxon findet sich bei Martin Buber. In "Ich und Du" beschreibt er die echte Begegnung als eine, in der beide Partner in ihrer vollen Subjektivität und Freiheit anerkannt werden. Die Bindung beruht nicht auf Kontrolle oder Besitz, sondern auf gegenseitiger Bestätigung der Freiheit des anderen.

Der Psychoanalytiker Erich Fromm entwickelt in "Die Kunst des Liebens" eine ähnliche Perspektive. Für ihn ist wahre Liebe nicht Besitz oder Verschmelzung, sondern aktive Sorge für das Wachstum und die Entfaltung des anderen. Die Bindung der Liebe ist paradoxerweise die Bedingung für die Freiheit beider Partner, ihr volles menschliches Potenzial zu entfalten.

Diese Gedanken finden sich auch in der Hegelianischen Tradition. Für Hegel ist die Liebe, besonders in der Form der Familie, ein Ort, an dem das Individuum eine "konkrete Freiheit" erfährt – eine Freiheit, die nicht in der Abwesenheit von Bindungen besteht, sondern in der Verwirklichung des eigenen Wesens in und durch diese Bindungen.

Ein Beispiel für dieses Paradoxon: Julia, eine talentierte Musikerin, entscheidet sich, eine langfristige Beziehung mit Marco einzugehen, obwohl sie Angst hat, ihre Unabhängigkeit zu verlieren. Im Laufe ihrer Beziehung entdeckt sie, dass Marcos Unterstützung und die emotionale Sicherheit, die ihre Bindung bietet, ihr paradoxerweise mehr künstlerische Freiheit geben. Die Verpflichtungen ihrer Beziehung begrenzen ihre absolute Freiheit in mancher Hinsicht, schaffen aber einen Raum, in dem eine tiefere Form der Freiheit – die Freiheit zu wachsen, zu erschaffen, zu sein – gedeihen kann.

Verantwortung für den Anderen: Fürsorge, Macht und Grenzen

Die Liebe bringt eine besondere Verantwortung für das Wohlbefinden des Anderen mit sich. Diese Verantwortung ist ethisch komplex und umfasst Fragen der Fürsorge, der Macht und der angemessenen Grenzen.

Emmanuel Levinas, ein Philosoph der jüdischen Tradition, betont die fundamentale ethische Verantwortung, die aus der Begegnung mit dem "Antlitz des Anderen" entsteht. Für ihn geht diese Verantwortung jeder Wahl oder Entscheidung voraus – sie ist eine primordiale ethische Tatsache, die aus der Begegnung selbst entspringt.

Aus feministischer Perspektive hat die Philosophin Nel Noddings eine "Ethik der Sorge" entwickelt, die die konkrete, kontextbezogene Fürsorge in den Mittelpunkt stellt. Für sie ist die Sorge eine Form der Liebe, die Aufmerksamkeit, Empathie und praktische Unterstützung umfasst.

Die Verantwortung in der Liebe wirft jedoch auch schwierige Fragen auf:

- Wie balancieren wir die Sorge für den anderen mit dem Respekt für seine Autonomie?

- Wie vermeiden wir, dass Fürsorge zu Kontrolle oder Bevormundung wird?

- Wie setzen wir angemessene Grenzen, die sowohl den anderen als auch uns selbst schützen?

Die Philosophin Martha Nussbaum argumentiert in "Upheavals of Thought", dass die Liebe immer eine gewisse Verletzlichkeit und Abhängigkeit mit sich bringt, die moralisch bedeutsam ist. Für sie erfordert eine ethisch reife Liebe die Anerkennung sowohl der Bedürftigkeit des anderen als auch seiner Autonomie und Andersartigkeit.

Ein Beispiel für dieses ethische Dilemma: David sieht, dass seine Partnerin Anna zunehmend Alkohol konsumiert, um mit Stress umzugehen. Er ist besorgt um ihre Gesundheit und ihr Wohlbefinden. Seine Verantwortung in der Liebe umfasst einerseits die Fürsorge – den Wunsch, ihr zu helfen und Schaden abzuwenden. Andererseits muss er ihre Autonomie respektieren – ihre Fähigkeit und ihr Recht, eigene Entscheidungen zu treffen. Die ethische Herausforderung besteht darin, einen Weg zu finden, der beides berücksichtigt – vielleicht indem er seine Sorge ausdrückt, ohne zu kontrollieren, Unterstützung anbietet, ohne zu bevormunden, und klare eigene Grenzen setzt, ohne zu drohen oder zu manipulieren.

Selbstverantwortung in der Liebe: Authentizität, Integrität und Selbstfürsorge

Eine oft übersehene Dimension der Ethik der Liebe ist die Verantwortung gegenüber sich selbst – die Verpflichtung zur Authentizität, zur Wahrung der eigenen Integrität und zur angemessenen Selbstfürsorge.

Simone de Beauvoir betont in "Das andere Geschlecht" die Bedeutung der Selbstbestimmung und Authentizität in Liebesbeziehungen, besonders für Frauen, die historisch oft ihre Identität und Autonomie in der Liebe aufgegeben haben.

Der Psychoanalytiker und Philosoph Erich Fromm argumentiert in "Die Kunst des Liebens", dass die Fähigkeit, andere zu lieben, die Fähigkeit zur Selbstliebe voraussetzt – nicht im Sinne von Narzissmus, sondern im Sinne einer gesunden Sorge für das eigene Wohlbefinden und Wachstum.

Die Verantwortung für sich selbst in der Liebe umfasst:

- Die Pflege des eigenen physischen, emotionalen und spirituellen Wohlbefindens

- Die Wahrung persönlicher Grenzen und der eigenen Integrität

- Die Entwicklung und Kultivierung eigener Interessen, Talente und Beziehungen

- Die Authentizität in der Kommunikation eigener Bedürfnisse, Wünsche und Grenzen

Diese Selbstverantwortung steht nicht im Gegensatz zur liebenden Sorge für den anderen, sondern ist vielmehr ihre notwendige Ergänzung. Nur wer in gesunder Weise für sich selbst sorgt, kann langfristig auch authentisch für andere da sein.

Ein Beispiel für die Balance von Selbst- und Fremdverantwortung: Nach Jahren in einer Beziehung, in der sie ihre eigenen Bedürfnisse völlig vernachlässigt hat, erkennt Elena, dass ihre Erschöpfung und Unzufriedenheit auch ihrer Partnerin Thomas schadet. Sie beginnt, bewusst Zeit für ihre eigenen Interessen zu nehmen, persönliche Grenzen zu setzen und ihre Bedürfnisse klar zu kommunizieren. Paradoxerweise führt diese stärkere Selbstverantwortung nicht zu mehr Distanz, sondern zu einer authentischeren, lebendigeren Beziehung, in der beide Partner mehr sie selbst sein können.

Verantwortung und Freiheit im Abschied: Ethik des Endes

Eine besonders herausfordernde Dimension der Verantwortung in der Liebe zeigt sich, wenn Beziehungen enden oder sich wesentlich verändern. Die "Ethik des Abschieds" umfasst Fragen der Verantwortung für vergangene Versprechen, für das Wohlbefinden des ehemaligen Partners und für die Art des Endes.

Der Philosoph Alain Badiou argumentiert in "Lob der Liebe", dass auch das Ende einer Liebe ethisch gestaltet werden kann und sollte. Für ihn gehört es zur Würde der Liebe, dass sie, wenn sie endet, mit Respekt und Anerkennung ihrer Bedeutung beendet wird.

Die Psychologin Esther Perel betont, dass die Art, wie wir Beziehungen beenden, viel über unsere Werte und unseren Charakter aussagt. Ein ethischer Abschied würde Ehrlichkeit, Mitgefühl und Respekt für die gemeinsame Geschichte umfassen.

Gleichzeitig wirft das Ende von Liebesbeziehungen komplexe ethische Fragen auf:

- Welche Verpflichtungen bleiben bestehen, nachdem eine Beziehung endet?

- Wie balancieren wir die Freiheit, weiterzugehen, mit der Verantwortung für die Auswirkungen unserer Entscheidungen?

- Wie gestalten wir einen Abschied, der die Würde und das Wohlbefinden aller Beteiligten respektiert?

Diese Fragen werden besonders komplex, wenn Kinder, gemeinsame Verpflichtungen oder ungleiche Machtverhältnisse involviert sind.

Ein Beispiel für die ethische Komplexität des Endes: Nach 15 Jahren Ehe entscheidet sich Michael, die Beziehung zu seiner Frau Sofia zu beenden. Er trägt Verantwortung für die Art, wie er diese Entscheidung mitteilt und umsetzt – mit Ehrlichkeit, Respekt und Anerkennung ihrer gemeinsamen Geschichte. Er trägt Verantwortung für die materiellen und praktischen Aspekte der Trennung, besonders in Bezug auf ihre gemeinsamen Kinder. Und er trägt eine gewisse Verantwortung für Sofias emotionales Wohlbefinden, ohne jedoch für ihre gesamte Zukunft verantwortlich zu sein oder seine eigene Freiheit völlig aufzugeben. Diese Balance ist ethisch anspruchsvoll und erfordert sowohl Mitgefühl als auch Klarheit.

Integration: Die lebendige Spannung von Verantwortung und Freiheit

Die Spannung zwischen Verantwortung und Freiheit in der Liebe lässt sich nicht endgültig auflösen, sondern muss als eine lebendige, dynamische Balance verstanden werden, die kontinuierliche Reflexion und Anpassung erfordert.

Der Theologe Paul Tillich beschreibt in "Liebe, Macht, Gerechtigkeit" die Liebe als eine dynamische Synthese verschiedener Elemente, die in ständiger Spannung stehen. Für ihn ist die wahre Liebe weder reine Freiheit ohne Verantwortung noch reine Verpflichtung ohne Freiheit, sondern eine lebendige Integration beider Pole.

Der Psychologe und Philosoph William James sprach von einem "pluralistischen Universum", in dem verschiedene Werte und Prinzipien koexistieren, ohne auf einen einzigen reduzierbar zu sein. In diesem Sinne schen Realismus noch in naive Idealisierung verfällt, sondern einen Weg zwischen diesen Extremen findet.

Aristoteles' Konzept der Phronesis oder praktischen Weisheit kann hier hilfreich sein. Phronesis ist die Fähigkeit, in konkreten Situationen angemessen zu urteilen und zu handeln, basierend auf Erfahrung, Reflexion und moralischer Einsicht. Eine phronetische Haltung in der Liebe würde bedeuten:

1. **Bewusstsein für eigene Projektionen und Idealisierungen**, ohne ihnen völlig zu misstrauen oder sie vollständig zu verwerfen. Die eigenen Fantasien und Wünsche als Teil der Liebeserfahrung anzuerkennen, ohne sie mit der Realität des anderen zu verwechseln.

2. **Offenheit für die kontinuierliche Enthüllung des anderen** in seiner Komplexität und Andersartigkeit. Den anderen als ein sich entfaltendes Geheimnis zu betrachten, das nie vollständig erkannt werden kann, statt als eine feste Sammlung bekannter Eigenschaften.

3. **Balance zwischen Akzeptanz und Transformation**. Den anderen sowohl in seiner gegebenen Realität zu akzeptieren als auch die Möglichkeit der Veränderung und des Wachstums

zu sehen – ohne Akzeptanz in Resignation oder Hoffnung in Illusion zu verwandeln.

4. **Integration von Emotion und Reflexion**. Die eigenen emotionalen Reaktionen ernst zu nehmen, ohne ihnen blind zu folgen, und die rationale Reflexion zu üben, ohne die emotionale Dimension zu unterdrücken.

5. **Bewusstsein für die narrative Dimension der Liebe**. Die Geschichte, die wir über unsere Liebe erzählen, weder als pure Fiktion noch als objektive Wahrheit zu betrachten, sondern als eine bedeutungsvolle Interpretation, die sowohl gestaltet als auch entdeckt wird.

Ein Beispiel für diese praktische Weisheit: Nach Jahren in verschiedenen Beziehungen hat Sofia gelernt, ihre Tendenz zur Idealisierung neuer Partner zu erkennen, ohne diese romantische Offenheit völlig zu unterdrücken. In ihrer Beziehung mit Alexander gelingt es ihr, sowohl die Begeisterung für seine besonderen Qualitäten zu bewahren als auch seine Schwächen und Grenzen zu sehen, ohne in Zynismus oder Enttäuschung zu verfallen. Sie erkennt, dass ihre Liebe zu ihm sowohl enthüllend als auch gestaltend ist – sie sieht Wahrheiten in ihm, die andere vielleicht übersehen, und ihre Art, ihn zu sehen, schafft einen Raum, in dem bestimmte Potenziale in ihm sich entfalten können. Diese balancierte Haltung ermöglicht eine Liebe, die weder in Illusion noch in desillusioniertem Realismus erstarrt, sondern lebendig und entwicklungsfähig bleibt.

Kulturelle und persönliche Variationen

Die Balance zwischen Wahrheit und Illusion in der Liebe variiert nicht nur im Laufe der Zeit, sondern auch zwischen verschiedenen Kulturen und Individuen.

Manche Kulturen betonen stärker die illusorischen, romantischen Aspekte der Liebe, während andere einen nüchterneren, pragmatischeren Ansatz fördern. Die westliche Tradition seit der Romantik hat die transformative, idealisierende Kraft der Liebe oft gefeiert, während konfuzianische oder buddhistische Traditionen eher die Gefahren der Illusion und die Tugenden der klaren Sicht betonen.

Auf individueller Ebene beeinflussen Persönlichkeit, Bindungsstil und Lebenserfahrung, wie wir mit der Spannung zwischen Wahrheit und Illusion in der Liebe umgehen:

- Menschen mit einem ängstlich-ambivalenten Bindungsstil neigen möglicherweise stärker zu Idealisierungen und Enttäuschungen.

- Vermeidend gebundene Personen könnten zu einem schützenden Zynismus tendieren, der Illusionen vorschnell entlarvt, aber auch die transformative Kraft der Liebe unterschätzt.

- Sicher gebundene Individuen können oft eine ausgewogenere Haltung einnehmen, die weder in Idealisierung noch in Desillusionierung erstarrt.

Die Frage nach Wahrheit und Illusion in der Liebe hat keine universelle Antwort. Sie erfordert eine fortlaufende, reflektierte Auseinandersetzung mit der eigenen Liebeserfahrung, den eigenen Wünschen und Ängsten, der eigenen Geschichte und Kultur.

Der Philosoph Friedrich Nietzsche, der so scharf die illusorischen Aspekte der Liebe kritisierte, schrieb auch: "Die Liebe verzeiht dem Geliebten sogar die Begierde." Diese paradoxe Formulierung deutet auf eine differenzierte Sicht hin, die anerkennt, dass in der Liebe Wahrheit und Schein, Erkenntnis und Schöpfung, Hellsicht und kreative Blindheit in einer komplexen, nicht auflösbaren Beziehung stehen.

Vielleicht liegt die tiefste Wahrheit der Liebe gerade in ihrer Fähigkeit, sowohl zu enthüllen als auch zu erschaffen, sowohl zu sehen als auch zu gestalten. In dieser schöpferischen Spannung liegt möglicherweise ihr einzigartiger erkenntnistheoretischer Status: Nicht als reine Wahrheit oder reine Illusion, sondern als ein privilegierter Ort der Begegnung zwischen Realität und Möglichkeit, zwischen dem, was ist, und dem, was sein könnte.

Selbsterkenntnis durch Liebe

Die Liebe bietet nicht nur einen Zugang zur Erkenntnis des anderen, sondern auch einen einzigartigen Weg zur Selbsterkenntnis. In der Begegnung mit dem Geliebten werden Aspekte unseres Selbst enthüllt, herausgefordert und transformiert, die uns sonst vielleicht verborgen blieben.

Die Liebe als Spiegel

Eine klassische Metapher für die selbsterkennende Funktion der Liebe ist die des Spiegels. In der liebenden Begegnung wird uns ein Bild unserer selbst zurückgeworfen, das sowohl enthüllend als auch formend sein kann.

Platon beschreibt im Dialog "Phaidros" die Liebe als einen Prozess, in dem der Liebende im Geliebten wie in einem Spiegel sein eigenes ideales Selbst erblickt. Diese Spiegelung ist keine simple Reflexion, sondern eine Offenbarung der eigenen höheren Natur und Potenzialität.

Der Neuplatoniker Plotin entwickelt diesen Gedanken weiter: Im Anderen sehen wir nicht nur unser empirisches, sondern unser ideales Selbst – das Selbst, das wir werden könnten. Die Liebe zeigt uns nicht nur, wer wir sind, sondern auch, wer wir sein könnten.

Diese Spiegelung ist jedoch nicht immer schmeichelhaft oder angenehm. Die intensiven Gefühle und die besondere Verletzlichkeit der Liebe können auch Schatten und Abgründe in uns offenbaren, die wir lieber verborgen hätten.

Der Psychoanalytiker Carl Gustav Jung spricht von der Projektion des "Schattens" – der verleugneten, unterdrückten Aspekte unseres Selbst – in Liebesbeziehungen. Was uns am Partner am meisten stört oder fasziniert, kann oft ein Hinweis auf unsere eigenen unbewussten Inhalte sein.

Ein Beispiel: Michael reagiert besonders sensibel auf jede Form von Kontrolle oder Einengung durch seine Partnerin Sarah. Im Verlauf ihrer Beziehung erkennt er, dass diese intensive Reaktion mit seinem eigenen unterdrückten Kontrollbedürfnis zusammenhängt. Er projiziert auf Sarah, was er in sich selbst nicht anerkennen kann. Diese Erkenntnis, so schmerzhaft sie zunächst ist, eröffnet ihm einen Weg zu größerer Selbstakzeptanz und authentischerer Verbindung.

Die Liebe als Herausforderung der Selbstbilder

Neben ihrer Funktion als Spiegel kann die Liebe auch als eine Herausforderung unserer bestehenden Selbstbilder und Identitätskonstruktionen wirken. In der Begegnung mit dem Geliebten werden unsere gewohnten Selbstdefinitionen und -narrative in Frage gestellt, erweitert und manchmal transformiert.

Der französische Philosoph Emmanuel Levinas beschreibt, wie die Begegnung mit dem "Antlitz des Anderen" unsere Selbstgenügsamkeit fundamental in Frage stellt. Der Andere in seiner Andersheit entzieht sich unseren Kategorien und Konzepten und fordert uns heraus, über uns selbst hinauszudenken und zu fühlen.

Für Levinas ist diese ethische Herausforderung durch den Anderen konstitutiv für unser Menschsein. Sie unterbricht unsere natürliche Selbstbezogenheit und öffnet uns für eine Dimension der Wirklichkeit, die jenseits unseres egozentrischen Horizonts liegt.

In der Liebe wird diese allgemeine ethische Struktur besonders intensiv erfahrbar. Der Geliebte fordert uns heraus, aus gewohnten Selbstbildern und Verhaltensmustern herauszutreten und uns auf neue Weise zu erfahren und zu definieren.

Ein Beispiel: Die erfolgreiche Managerin Julia hat ein stabiles Selbstbild als unabhängige, rationale und kontrollierende Persönlichkeit entwickelt. In ihrer Liebe zu Marco erlebt sie Gefühle von Verletzlichkeit, Sehnsucht und Hingabebedürfnis, die mit diesem Selbstbild nicht vereinbar sind. Diese Diskrepanz führt zunächst zu Abwehr und Rückzug, aber allmählich zu einer Revision und Erweiterung ihres Selbstverständnisses. Sie beginnt, ihre Verletzlichkeit als

Teil ihrer Stärke zu sehen und entwickelt ein komplexeres, integrativeres Selbstbild.

Die Dialektik von Selbstverlust und Selbstfindung

Ein zentrales Paradoxon der Liebe liegt in der dialektischen Beziehung zwischen Selbstverlust und Selbstfindung. Einerseits erfordert die Liebe eine Form der Selbsttranszendenz oder Selbstaufgabe – das Überschreiten der Grenzen des eigenen Ego. Andererseits kann gerade in dieser Selbsttranszendenz eine tiefere Form der Selbstfindung liegen.

Der jüdische Religionsphilosoph Martin Buber beschreibt in "Ich und Du", wie das wahre Selbst erst in der Begegnung mit dem Du konstituiert wird. Das Selbst ist für ihn keine isolierte Entität, sondern existiert wesentlich in Beziehung. Die authentischste Form der Selbsterfahrung findet demnach nicht in der Selbstreflexion, sondern in der Begegnung statt.

Ähnlich argumentiert der christliche Existenzialist Gabriel Marcel, dass wir uns selbst am tiefsten in der Hingabe an den anderen finden. Für ihn ist Selbsttranszendenz nicht Selbstverlust, sondern der Weg zu einer tieferen Form des Selbstseins.

Auch in der buddhistischen Tradition findet sich eine ähnliche Dialektik. Das Konzept des "Nicht-Selbst" (Anatta) kann als eine Aufforderung verstanden werden, das Festhalten am Ego aufzugeben, um eine tiefere Form der Selbsterfahrung zu ermöglichen. Die Liebe, besonders in ihrer mitfühlenden Form (Karuna), kann ein Weg zu dieser Erfahrung des erweiterten Selbst sein.

Ein Beispiel: Thomas hat stets ein starkes Bedürfnis nach Kontrolle und Autonomie. In seiner Liebe zu Sophia erlebt er Momente der Hingabe und des Kontrollverlusts, die zunächst beängstigend sind. Doch in dieser Erfahrung des "Selbstverlusts" entdeckt er paradoxerweise eine neue Form der Freiheit und des Selbstseins. Er erkennt, dass wahre Autonomie nicht in der Abgrenzung, sondern in der bewussten, freiwilligen Verbindung liegt. Diese Erkenntnis transformiert nicht nur seine Beziehung zu Sophia, sondern sein gesamtes Selbstverständnis.

Die Liebe als Weg zur Integration

Ein besonders wichtiger Aspekt der Selbsterkenntnis durch Liebe liegt in ihrem Potenzial für psychische Integration. Die Liebe kann helfen, gespaltene, verdrängte oder abgespaltene Teile unseres Selbst anzuerkennen und in ein kohärenteres Selbstbild zu integrieren.

In der Tradition der analytischen Psychologie spricht Jung von der "Individuation" – dem lebenslangen Prozess der Integration verschiedener Aspekte der Psyche zu einem ganzheitlicheren Selbst. Liebesbeziehungen können in diesem Prozess eine katalytische Rolle spielen, indem sie verdrängte Anteile ins Bewusstsein bringen und zur Auseinandersetzung mit ihnen zwingen.

Die Psychoanalytikerin Jessica Benjamin beschreibt in "Die Fesseln der Liebe", wie Liebe uns mit der Spannung zwischen Autonomie und Verbundenheit, zwischen Selbstbehauptung und Anerkennung konfrontiert. Diese Spannung zu halten, ohne in eines der Extreme zu verfallen, ist für sie ein Schlüssel zur psychischen Reifung.

Auch die humanistische Psychologie betont das integrative Potenzial der Liebe. Carl Rogers spricht von "bedingungsloser positiver Wertschätzung" als einem förderlichen Klima für persönliches Wachstum. In einer liebevollen Beziehung, die uns in unserer Ganzheit akzeptiert, können wir Aspekte unseres Selbst anerkennen und integrieren, die wir sonst abwehren oder verdrängen würden.

Ein Beispiel: Clara hat aufgrund früher Erfahrungen gelernt, ihre Wut und Aggression zu unterdrücken und präsentiert sich als stets sanft und nachgiebig. In ihrer Beziehung zu Daniel erlebt sie zum ersten Mal, dass ihre gelegentlichen Wutausbrüche nicht zum Verlust der Liebe führen. Daniels akzeptierende Haltung ermöglicht es ihr, ihre aggressiven Impulse als legitimen Teil ihrer Persönlichkeit anzuerkennen und konstruktiver mit ihnen umzugehen. Diese Integration führt zu größerer Authentizität und emotionaler Freiheit.

Die biographische Dimension: Wiederholung und Heilung

Eine besonders bedeutsame Form der Selbsterkenntnis durch Liebe liegt in der Aufdeckung biographischer Muster und der Möglichkeit ihrer Transformation. Liebesbeziehungen aktivieren oft frühe Beziehungserfahrungen und bieten die Chance, diese zu verstehen und potenziell zu heilen.

Der Psychoanalytiker Sigmund Freud sprach von "Übertragung" – der unbewussten Projektion früherer Beziehungserfahrungen auf gegenwärtige Beziehungen. In der Liebe werden oft unbewusst Partner gewählt und Beziehungsdynamiken inszeniert, die ungelöste Konflikte aus der frühen Kindheit wiederholen.

Diese Wiederholung kann zunächst schmerzhaft sein, birgt aber auch die Chance zur Heilung. Indem wir uns der unbewussten Muster bewusst werden, können wir neue, heilsamere Erfahrungen machen und alte Wunden schließen.

Der Psychoanalytiker Heinz Kohut entwickelte die Selbstpsychologie, die beschreibt, wie bestimmte Selbstobjekt-Bedürfnisse aus der Kindheit in erwachsenen Beziehungen wieder aktiviert werden. Die Liebe bietet die Möglichkeit, diese Bedürfnisse nun in einer reiferen, flexibleren Weise zu erfüllen.

Die Bindungstheorie bietet ein weiteres Rahmenwerk, um zu verstehen, wie frühe Bindungserfahrungen unsere späteren Liebesbeziehungen prägen. Die Art, wie wir uns binden, trennen und wiederverbinden, spiegelt oft die frühesten Muster der Beziehung zu unseren primären Bezugspersonen wider.

Ein Beispiel: Daniel hat eine Mutter erlebt, die emotional unbeständig war – manchmal überfürsorglich, manchmal emotional abwesend. In seinen Liebesbeziehungen sucht er unbewusst nach Partnerinnen, die ein ähnliches Muster zeigen, und reagiert auf emotionale Distanz mit intensiver Angst und Klammern. Als er sich in Sophie verliebt, die emotional stabiler ist, werden diese Muster zunächst aktiviert – er interpretiert ihre normale Autonomie als Ablehnung. Doch durch die Beständigkeit ihrer Liebe und durch seine eigene Reflexionsarbeit beginnt er, neue Erfahrungen zu machen und alte Wunden zu heilen. Er erkennt sein Muster der "Verlassenheitsangst" und kann es allmählich durch ein sichereres Bindungsgefühl ersetzen.

Geschlechtsspezifische Aspekte der Selbsterkenntnis durch Liebe

Die Erfahrung der Selbsterkenntnis durch Liebe kann auch geschlechtsspezifische Dimensionen haben, die mit gesellschaftlichen Geschlechterrollen und -erwartungen zusammenhängen.

Die feministische Philosophin Simone de Beauvoir analysierte in "Das andere Geschlecht", wie Frauen in traditionellen Gesellschaften dazu sozialisiert werden, ihre Identität primär durch Beziehungen zu definieren. Diese relationale Identitätskonstruktion kann eine tiefere Selbsterkenntnis erschweren, wenn die Grenzen zwischen Selbst und Anderem unscharf werden.

Der Psychologe Sam Keen beschreibt in "Feuer im Bauch", wie Männer in vielen Kulturen dazu sozialisiert werden, ihre Verletzlichkeit und emotionale Bedürftigkeit zu verleugnen. Die Liebe kann für Männer eine besondere Form der Selbsterkenntnis bieten, indem sie diese verdrängten Aspekte zugänglich macht.

Die Psychologin Carol Gilligan argumentiert in "Die andere Stimme", dass Frauen und Männer unterschiedliche moralische Orientierungen entwickeln – Frauen eher eine Ethik der Fürsorge und Verbundenheit, Männer eher eine Ethik der Gerechtigkeit und Autonomie. Die Liebe kann für beide Geschlechter eine Möglichkeit bieten, komplementäre Aspekte zu entwickeln und zu integrieren.

Diese geschlechtsspezifischen Muster sind natürlich kulturell geprägt und nicht universell oder essentiell. In einer sich wandelnden Gesellschaft verändern sich auch die Geschlechterrollen und damit die spezifischen Herausforderungen und Chancen der Selbsterkenntnis durch Liebe.

Ein Beispiel: Mark wurde in einer traditionellen Familie sozialisiert, in der Männer nicht über Gefühle sprechen oder Schwäche zeigen. In seiner Liebe zu Julia erlebt er

Momente tiefer Verletzlichkeit und emotionaler Offenheit, die sein bisheriges Selbstbild als "starker Mann" herausfordern. Diese Erfahrung ist zunächst beängstigend, eröffnet ihm aber Zugang zu unterdrückten Teilen seiner Persönlichkeit und ermöglicht ein vollständigeres, integrativeres Selbstverständnis.

Praktische Implikationen: Liebe als reflexive Praxis

Die Selbsterkenntnis durch Liebe ist kein automatischer Prozess. Sie erfordert eine reflexive Haltung – die Bereitschaft, die eigenen Reaktionen, Projektionen und Muster zu beobachten und zu hinterfragen.

Praktiken, die diese reflexive Dimension der Liebe fördern können, umfassen:

1. **Gemeinsame Reflexion**: Der Dialog mit dem Partner über Beziehungsdynamiken, Trigger und Muster kann tiefe Einsichten fördern.

2. **Journaling**: Das schriftliche Reflektieren über die eigenen Gefühle, Reaktionen und Muster in der Beziehung kann verborgene Zusammenhänge sichtbar machen.

3. **Achtsamkeitspraxis**: Die nicht-wertende Beobachtung der eigenen emotionalen und körperlichen Reaktionen in der Beziehung schafft Raum zwischen Reiz und Reaktion und ermöglicht neue Einsichten.

4. **Therapeutische Unterstützung**: Professionelle Begleitung – sei es in Einzel-, Paar- oder Gruppentherapie – kann den Prozess der Selbsterkenntnis vertiefen und strukturieren.

5. **Kreative Ausdrucksformen**: Kunst, Poesie, Musik oder Tanz können unbewusste Aspekte der Liebeserfahrung zugänglich machen, die durch rein verbale Reflexion vielleicht nicht erreicht werden.

Die Kultivierung dieser reflexiven Dimension unterscheidet eine selbsterkennende Liebe von einer, die lediglich unbewusste Muster wiederholt oder in Projektion und Idealisierung verharrt.

Ein Beispiel: Sophia und Thomas integrieren regelmäßige "Beziehungsgespräche" in ihren Alltag, in denen sie nicht nur praktische Fragen besprechen, sondern auch über ihre emotionalen Reaktionen, Triggermuster und Wachstumsprozesse reflektieren. Diese Praxis hat ihnen geholfen, sowohl individuell als auch als Paar zu wachsen und ein tieferes Verständnis füreinander und für sich selbst zu entwickeln.

Die transformative Dimension: Von der Selbsterkenntnis zur Selbsttransformation

Die tiefste Dimension der Selbsterkenntnis durch Liebe liegt vielleicht in ihrem transformativen Potenzial. Die Liebe enthüllt nicht nur, wer wir sind, sondern kann uns auch helfen zu werden, wer wir sein könnten.

Der Philosoph Friedrich Nietzsche schreibt in "Also sprach Zarathustra": "Und dies Geheimnis redete das Leben selber zu mir: 'Siehe', sprach es, 'ich bin das, was sich immer selber überwinden muss.'" Die Liebe kann ein privilegierter Ort für diese Selbstüberwindung sein – ein Raum, in dem wir über unsere gewohnten Grenzen hinauswachsen können.

Der Psychologe Abraham Maslow beschreibt in seiner Theorie der Selbstverwirklichung, wie "Gipfelerfahrungen" – zu denen auch tiefe Liebeserfahrungen gehören können – transformative Potenziale freisetzen und uns helfen, unser volles menschliches Potenzial zu entfalten.

Verschiedene spirituelle Traditionen betonen ebenfalls die transformative Kraft der Liebe. In der christlichen Mystik wird die Liebe als Weg zur "Theosis" oder Vergöttlichung verstanden – als Transformation des Selbst durch Teilhabe an der göttlichen Liebe. In der buddhistischen Tradition öffnet die liebende Güte (Metta) den Weg zur Befreiung vom leidhaften Verhaftetsein am Ego.

Ein Beispiel für diese transformative Dimension: Nach einer traumatischen Kindheit hat Markus Schwierigkeiten, anderen zu vertrauen und tiefe Verbindungen einzugehen. Seine Liebe zu Anna konfrontiert ihn mit seiner Angst vor Nähe und Verletzlichkeit. In einem langsamen, oft schmerzhaften Prozess lernt er, sich zu öffnen und zu vertrauen. Diese Transformation betrifft nicht nur seine Beziehung zu Anna, sondern sein gesamtes Sein-in-der-Welt. Er entwickelt eine neue Offenheit für Verbindung, für Schönheit, für das Leben selbst. Die Selbsterkenntnis durch Liebe führt hier zu einer tiefgreifenden Selbsttransformation.

Die Selbsterkenntnis durch Liebe führt uns so an die Grenzen des klassischen erkenntnistheoretischen Paradigmas, das auf der Trennung von erkennendem Subjekt und erkanntem Objekt basiert. In der liebenden Selbsterkenntnis sind wir gleichzeitig Erkennende und Erkannte, Subjekt und Objekt, Gestaltende und Gestaltete. Diese paradoxe Struktur macht die Liebe zu einer einzigartigen Form der Erkenntnis – einer Erkenntnis, die nicht nur informiert, sondern potenziell transformiert.

Kapitel 9: Liebe und ethische Dimensionen

Liebe als moralisches Prinzip: Altruismus, Egoismus und das Gute

Die Frage nach dem Verhältnis von Liebe und Moral gehört zu den grundlegendsten ethischen Problemen. Ist Liebe ein wesentliches moralisches Prinzip oder eher ein emotionaler Zustand jenseits moralischer Kategorien? Welche Rolle spielt sie in verschiedenen ethischen Systemen? Und wie verhält sie sich zu Begriffen wie Altruismus, Egoismus und dem Guten?

Liebe in verschiedenen ethischen Traditionen

Verschiedene ethische Traditionen haben der Liebe unterschiedliche Rollen und Bedeutungen zugeschrieben:

Die agapische Tradition: Im christlichen Denken steht die Agape – die selbstlose, gebende Liebe – im Zentrum der Ethik. Das Doppelgebot der Liebe – "Du sollst den Herrn, deinen Gott, lieben mit ganzem Herzen [...] und deinen Nächsten wie dich selbst" (Markus 12,30-31) – bildet die Grundlage der christlichen Moralvorstellung.

Für Theologen wie Augustinus und Thomas von Aquin ist die Liebe (Caritas) die zentrale Tugend, aus der alle anderen Tugenden hervorgehen. Augustinus berühmter Satz "Liebe, und tue, was du willst" drückt die Idee aus, dass eine von Liebe geprägte Haltung notwendigerweise zu moralisch richtigem Handeln führt.

Der Philosoph Søren Kierkegaard entwickelt in "Werke der Liebe" eine agapische Ethik, die die selbstlose, verpflichtende christliche Nächstenliebe gegen eine gefühlsbasierte, selektive romantische Liebe abgrenzt. Für ihn ist die wahre moralische Liebe eine Pflicht gegenüber allen Menschen, nicht eine Präferenz für bestimmte.

Die aristotelische Tradition: In der aristotelischen Ethik spielt die Philia – die freundschaftliche Liebe – eine zentrale Rolle. Für Aristoteles ist die höchste Form der Freundschaft die, die auf Tugend basiert – eine gegenseitige Wertschätzung des Charakters. Diese Form der Liebe ist eng mit seinem Konzept des guten Lebens (Eudaimonia) verbunden.

Interessanterweise sieht Aristoteles die höchste Form der Liebe nicht als selbstlos, sondern als eine Form der erweiterten Selbstliebe. In der wahren Freundschaft lieben wir im Anderen das, was auch in uns selbst gut ist – die tugendhaften Qualitäten, die wir teilen und gegenseitig fördern.

Die kantische Tradition: Immanuel Kant steht der Liebe als moralischem Prinzip skeptischer gegenüber. Für ihn ist Moral in der Pflicht und nicht im Gefühl begründet. In seiner "Grundlegung zur Metaphysik der Sitten" argumentiert er, dass eine Handlung nur dann moralischen Wert hat, wenn sie aus Pflicht und nicht aus Neigung (wie Liebe) erfolgt.

Dennoch räumt Kant der praktischen Liebe – der tätigen Sorge für das Wohl anderer – einen Platz in seiner Ethik ein. Er unterscheidet zwischen "pathologischer Liebe" (dem Gefühl) und "praktischer Liebe" (dem Handeln), wobei nur letztere moralisch relevant ist.

Utilitaristische Perspektiven: In utilitaristischen Ethiken steht das Prinzip der Nutzenmaximierung im Zentrum. Liebe kann hier als ein Mittel zur Förderung des Gesamtnutzens betrachtet werden. Der Utilitarist John Stuart Mill argumentiert, dass die Liebe zu anderen und zum Gemeinwohl eine zentrale Rolle in der moralischen Entwicklung spielt.

Für Peter Singer, einen zeitgenössischen Vertreter des Präferenzutilitarismus, sollte unser moralisches Anliegen (moral concern) idealerweise alle empfindungsfähigen Wesen einschließen, nicht nur die uns nahestehenden. Diese universelle Sorge kann als eine erweiterte Form der Liebe verstanden werden.

Die Sorgeethik: Die vor allem von feministischen Denkerinnen wie Carol Gilligan und Nel Noddings entwickelte Sorgeethik (Ethics of Care) stellt die fürsorgliche Beziehung ins Zentrum der Moral. Für Noddings ist Sorge (Care) eine Form der Liebe, die sich in konkreten Beziehungen ausdrückt und die Grundlage moralischer Entscheidungen bildet.

Diese Tradition kritisiert abstrakte, universalistische Ethiken und betont stattdessen die moralische Bedeutung partikularer, konkreter Beziehungen und der in ihnen praktizierten Fürsorge.

Die buddhistische Perspektive: In der buddhistischen Tradition spielen Metta (liebende Güte) und Karuna (Mitgefühl) zentrale Rollen. Sie werden nicht primär als Gefühle, sondern als kultivierbare Geisteshaltungen verstanden, die systematisch erweitert werden können – von nahestehenden Personen über neutrale bis hin zu schwierigen Menschen und schließlich allen fühlenden Wesen.

Diese universelle Liebe wird als Weg zur Überwindung des leidhaften Verhaftetseins am Selbst verstanden. Paradoxerweise führt die selbstlose Liebe hier zum höchsten Selbstwohl – ein Gedanke, der die scheinbare Dichotomie von Altruismus und Egoismus überwindet.

Altruismus und Egoismus: Eine falsche Dichotomie?

Die Gegenüberstellung von Altruismus (Selbstlosigkeit) und Egoismus (Selbstbezogenheit) prägt viele Diskussionen über Liebe und Moral. Bei näherer Betrachtung zeigt sich jedoch, dass diese Dichotomie möglicherweise zu simplifizierend ist.

Der Philosoph Friedrich Nietzsche kritisierte den christlichen Altruismus als eine Form der "Sklavenmoral", die natürliche Selbstbejahung unterdrückt. Gleichzeitig kritisierte er einen engstirnigen Egoismus, der in Ressentiment und Schwäche wurzelt. Für ihn liegt das Ideal in einer großherzigen Selbstliebe, die aus Stärke und Fülle gibt, nicht aus Pflicht oder Selbstverleugnung.

Die Philosophin Ayn Rand vertrat einen "rationalen Egoismus", der die Selbstaufopferung als unethisch betrachtet. Für Rand ist echte Liebe nicht selbstlos, sondern Ausdruck höchster Wertschätzung, die dem eigenen rationalen Selbstinteresse entspringt. Die Verehrung von Altruismus führt für sie zu einer ungesunden Kultur des Opfers und der Schuld.

Gegen diese polarisierten Positionen stehen Denker, die eine Integration von Selbst- und Fremdwohl anstreben:

Erich Fromm argumentiert in "Die Kunst des Liebens", dass wahre Selbstliebe und Nächstenliebe nicht im Widerspruch stehen, sondern sich gegenseitig bedingen. Wer sich selbst nicht liebt, kann auch andere nicht wirklich lieben.

Die Philosophin Martha Nussbaum entwickelt in "Upheavals of Thought" eine neo-aristotelische Perspektive, die die Liebe weder als rein selbstlos noch als rein selbstbezogen betrachtet. Für sie ist Liebe eine komplexe Emotion, die unsere Vorstellung vom eigenen Wohl mit dem Wohl des Geliebten verbindet.

Ein Beispiel für diese Integration von Selbst- und Fremdwohl: Nach Jahren einer aufopfernden, aber ungesunden Beziehung, in der sie ihre eigenen Bedürfnisse völlig vernachlässigte, lernt Maria, dass wahre Liebe nicht Selbstauslöschung bedeutet. Als sie eine neue Beziehung mit Thomas beginnt, praktiziert sie eine Form der Liebe, die sowohl für ihn als auch für sie selbst sorgt. Sie gibt großzügig, aber nicht auf Kosten ihrer eigenen Integrität. Diese integrierte Haltung führt zu einer gesünderen, nachhaltigeren Verbindung für beide.

Liebe und das Gute: Intrinsischer oder instrumenteller Wert?

Eine zentrale ethische Frage ist, ob Liebe einen intrinsischen Wert hat – ob sie an sich gut ist – oder einen instrumentellen Wert – ob sie gut ist, weil sie zu anderen Gütern führt.

Für viele Denker in der platonischen Tradition hat die Liebe (Eros) einen instrumentellen Wert – sie ist ein Weg zur Erkenntnis des Schönen und Guten selbst. In Platons "Symposion" wird der Eros als eine aufsteigende

Bewegung beschrieben, die von der Liebe zu einem schönen Körper zur Schau des Schönen selbst führt. Die Liebe ist hier ein Weg, nicht das Ziel.

Im Gegensatz dazu betrachten viele zeitgenössische Philosophen die Liebe als ein intrinsisches Gut – als etwas, das um seiner selbst willen wertvoll ist, nicht nur als Mittel zu einem anderen Zweck.

Der Philosoph Harry Frankfurt argumentiert in "The Reasons of Love", dass Liebe uns Gründe zum Handeln gibt, die nicht auf andere Werte reduzierbar sind. Für ihn ist die Liebe eine fundamentale Quelle von Wert, die unsere Identität konstituiert und unserem Leben Bedeutung verleiht.

Der Existenzialist Jean-Paul Sartre sieht die Liebe ambivalenter. In "Das Sein und das Nichts" beschreibt er sie als einen konfliktreichen Versuch, Freiheit und Objektivierung zu vereinbaren. Für ihn hat die Liebe sowohl befreiende als auch potenziell unterdrückende Aspekte.

Ein nuancierter Ansatz könnte die Liebe sowohl als intrinsisch wertvoll als auch als förderlich für andere Güter betrachten. Sie ist ein Gut an sich, das gleichzeitig andere Güter wie Wohlbefinden, Wachstum und Gemeinschaft fördert.

Ein Beispiel für diese doppelte Wertdimension: Die tiefe Freundschaft zwischen Anna und Sofia ist sowohl ein Wert an sich – eine Quelle von Freude, Verbundenheit und Bedeutung – als auch eine Quelle anderer Güter wie gegenseitige Unterstützung, persönliches Wachstum und gemeinsames Engagement für soziale Ziele. Der intrinsische und der instrumentelle Wert ihrer Liebe sind keine konkurrierenden Alternativen, sondern komplementäre Dimensionen derselben Beziehung.

Liebe als Quelle moralischer Erkenntnis und Motivation

Neben der Frage, ob Liebe an sich ein moralisches Prinzip ist, stellt sich die Frage nach ihrer Rolle in der moralischen Erkenntnis und Motivation. Kann Liebe uns helfen, moralische Wahrheiten zu erkennen? Kann sie uns motivieren, moralisch zu handeln?

Iris Murdoch argumentiert in "The Sovereignty of Good", dass Liebe als eine Form der aufmerksamen Vision uns hilft, die Realität klarer zu sehen und somit bessere moralische Urteile zu fällen. Für sie ist Liebe nicht primär ein Gefühl, sondern eine Art des Sehens, die unsere egozentrischen Verzerrungen reduziert.

Aus einer anderen Perspektive betont der Utilitarist Peter Singer die motivationale Kraft der Empathie und des Mitgefühls – Emotionen, die mit Liebe verwandt sind. Er argumentiert, dass rationale Argumente allein oft nicht ausreichen, um Menschen zu moralischem Handeln zu motivieren; emotionale Verbindung ist ebenfalls notwendig.

Die Philosophin Martha Nussbaum entwickelt in "Love's Knowledge" die Idee, dass bestimmte moralische Wahrheiten nur durch Liebe und andere komplexe Emotionen erkannt werden können. Für sie sind Emotionen nicht irrational, sondern enthalten kognitive Urteile über Wert und Bedeutung.

Ein Beispiel: Als Michael einen Obdachlosen auf der Straße sieht, hat er zunächst eine distanzierte, stereotype Wahrnehmung. Doch als er sich erlaubt, eine empathische

Verbindung herzustellen – eine Form der Nächstenliebe –, beginnt er, den Mann in seiner vollen Menschlichkeit wahrzunehmen. Diese veränderte Wahrnehmung führt zu einem veränderten moralischen Urteil und zu einer größeren Bereitschaft, zu helfen. Die Liebe hat hier sowohl seine moralische Erkenntnis als auch seine moralische Motivation erweitert.

Grenzen und Gefahren der Liebe als moralisches Prinzip

Trotz ihrer positiven moralischen Potenziale hat die Liebe als moralisches Prinzip auch Grenzen und Gefahren, die von verschiedenen Denkern thematisiert wurden:

- **Partikularität**: Liebe ist typischerweise auf bestimmte Individuen gerichtet, während Moral oft universelle Prinzipien erfordert. Diese Spannung zwischen partikularer Zuneigung und universellen moralischen Anforderungen wird von Denkern wie Kierkegaard und Kant thematisiert.

- **Emotionale Abhängigkeit**: Eine auf Liebe basierende Moral könnte zu emotionaler Abhängigkeit führen und die rationale Autonomie untergraben, die von vielen ethischen Traditionen als wichtig erachtet wird.

- **Idealisierende Tendenz**: Die Liebe neigt dazu, den Geliebten zu idealisieren, was moralische Urteile verzerren kann. Der Philosoph Bernard Williams problematisiert in "Moral Luck", wie persönliche Bindungen unsere moralischen Urteile beeinflussen.

- **Potenzial für Selbsttäuschung**: Unter dem Banner der "Liebe" können auch problematische oder schädliche Verhaltensweisen rationalisiert werden. Die Psychoanalytikerin Jessica Benjamin zeigt in "Die Fesseln der Liebe", wie liebevolle Beziehungen von Machtverhältnissen durchdrungen sein können.

Ein Beispiel für diese Problematik: Thomas rechtfertigt sein kontrollierendes Verhalten gegenüber seiner Partnerin Maria mit seiner "Liebe" und "Sorge" um sie. Er überwacht ihre Kontakte, kritisiert ihre Kleidung und isoliert sie zunehmend von ihren Freunden – alles im Namen der Liebe. Dieses Beispiel zeigt, wie ein vermeintlich moralisches Prinzip (Liebe) zur Rationalisierung unmoralischen Verhaltens verwendet werden kann.

Integration: Liebe als zentrales, aber nicht einziges moralisches Prinzip

Eine nuancierte Position würde die Liebe weder als das einzige moralische Prinzip verabsolutieren noch ihre moralische Bedeutung leugnen. Stattdessen könnte sie als ein zentrales, aber komplementäres Element in einem umfassenderen moralischen Rahmen betrachtet werden.

Die Liebe könnte als eine Tugend verstanden werden, die mit anderen Tugenden wie Gerechtigkeit, Respekt, Mut und Mäßigung in ein balanciertes Verhältnis gebracht werden muss. Paul Tillich beschreibt in "Liebe, Macht, Gerechtigkeit", wie diese Prinzipien sich gegenseitig ergänzen und korrigieren können.

Oder sie könnte als eine fundamentale Haltung betrachtet werden, die andere moralische Prinzipien wie Autonomie, Nichtschädigung oder Gerechtigkeit informiert und beseelt. Martin Luther King Jr. sprach von der "Kraft der

Liebe" als Grundlage sozialer Gerechtigkeit und gewaltfreien Widerstands.

Die Philosophin Nel Noddings entwickelt in "Caring" ein Modell, das die Sorge (eine Form der Liebe) als Basis der Moral betrachtet, aber anerkennt, dass diese Sorge durch rationale Prinzipien und Reflexion ergänzt werden muss.

Ein Beispiel für diese Integration: Als Leiterin einer humanitären Organisation muss Sophia komplexe Entscheidungen über die Verteilung begrenzter Ressourcen treffen. Ihre grundlegende Motivation ist die Liebe zu den Menschen, denen sie dient. Doch diese Liebe wird durch Prinzipien der Gerechtigkeit und Fairness, durch rationale Analyse und durch den Respekt für die Autonomie der Betroffenen ergänzt und konkretisiert. Ihre moralischen Entscheidungen integrieren liebevolle Sorge mit anderen ethischen Prinzipien zu einer kohärenten, verantwortungsvollen Praxis.

In einer solchen integrativen Perspektive ist die Liebe weder ein romantisches Ideal jenseits moralischer Kategorien noch ein alleinstehendes moralisches Prinzip, sondern ein wesentlicher Bestandteil einer umfassenderen ethischen Vision. Sie erinnert uns daran, dass Moral nicht nur eine Sache abstrakter Prinzipien ist, sondern in konkreten Beziehungen und Praktiken der Sorge, des Respekts und der Verbundenheit verkörpert wird.

Verantwortung und Freiheit in der Liebe

Die Spannung zwischen Verantwortung und Freiheit gehört zu den grundlegenden ethischen Problemen der Liebe. Inwiefern sind wir für unsere Liebe und ihr Handeln verantwortlich? Wie verhält sich die Freiheit zur

Bindung, die die Liebe mit sich bringt? Diese Fragen berühren das Wesen der Liebe als ethische Beziehung.

Ist Liebe eine Wahl? Die Frage der Willentlichkeit

Eine Grundfrage lautet: Inwiefern ist Liebe eine Sache des Willens, eine bewusste Entscheidung, für die wir verantwortlich sind? Oder ist sie vielmehr ein unwillkürliches Gefühl, das uns "zustößt" und für das wir keine oder nur begrenzte Verantwortung tragen?

Die romantische Tradition betont oft die Unwillkürlichkeit der Liebe – die Vorstellung, dass wir vom "Pfeil Amors" getroffen werden, ohne Wahl oder Kontrolle. In dieser Sichtweise ist die Liebe eine Leidenschaft (von lateinisch "passio" – etwas, das einem widerfährt), keine Handlung.

Der französische Philosoph Jean-Paul Sartre kritisiert diese Sichtweise als eine Form der "Unaufrichtigkeit" (mauvaise foi) – einen Versuch, der Verantwortung für unsere Gefühle und Entscheidungen zu entfliehen. Für Sartre ist die Liebe, wie alle menschlichen Beziehungen, von Freiheit und Wahl geprägt. In "Das Sein und das Nichts" analysiert er, wie wir unsere Freiheit leugnen, indem wir uns als "Opfer" unserer Gefühle darstellen.

Simone de Beauvoir entwickelt diese existenzialistische Perspektive weiter. Für sie ist die authentische Liebe eine Beziehung zwischen zwei Freiheiten, die sich gegenseitig anerkennen und wählen. In "Das andere Geschlecht" kritisiert sie die kulturelle Tendenz, besonders Frauen als passive Objekte der Liebe darzustellen, statt als aktive Subjekte.

Eine differenziertere Position würde verschiedene Aspekte der Liebe unterschiedlich bewerten. Die anfängliche Anziehung und das Verliebtsein mögen weitgehend unwillkürlich sein – geprägt von unbewussten Faktoren wie frühen Bindungserfahrungen, biologischen Reaktionen und kulturellen Prägungen. Doch die Entwicklung und Pflege einer liebenden Beziehung über Zeit erfordert bewusste Entscheidungen und Engagement.

Der Philosoph Harry Frankfurt unterscheidet zwischen "erster Ordnung" Wünschen (was wir unmittelbar begehren) und "zweiter Ordnung" Wünschen (was wir uns wünschen zu begehren). Für ihn definiert die Liebe unsere "zweiter Ordnung" Wünsche – sie bestimmt, was uns wichtig ist, was wir wertschätzen wollen. In diesem Sinne ist die Liebe konstitutiv für unsere Identität und unsere Werte, nicht einfach ein äußeres Ereignis, das uns widerfährt.

Ein Beispiel für diese Spannung: Maria fühlt sich stark zu David hingezogen, obwohl er verheiratet ist und Kinder hat. Einerseits erlebt sie diese Anziehung als unwillkürlich – ein intensives Gefühl, das sie nicht gewählt hat. Andererseits steht sie vor der bewussten Entscheidung, wie sie mit diesem Gefühl umgeht: Ob sie es pflegt oder distanziert, ob sie es in Handlung umsetzt oder nicht. Ihre Verantwortung liegt vielleicht nicht primär im anfänglichen Gefühl, wohl aber in ihrer Reaktion darauf.

Verpflichtungen in der Liebe: Versprechen, Erwartungen, Verantwortungen

Liebesbeziehungen bringen spezifische Verpflichtungen mit sich – explizite oder implizite Versprechen, gegenseitige Erwartungen und besondere Verantwortungen. Die ethische Dimension dieser Verpflichtungen ist komplex und vielschichtig.

In traditionellen Konzeptionen, besonders im Kontext der Ehe, werden diese Verpflichtungen oft formalisiert und institutionalisiert. Das Eheversprechen – "in guten wie in schlechten Zeiten" – drückt eine lebenslange Verpflichtung aus, die über wechselnde Gefühle hinausgeht.

Der Philosoph Immanuel Kant betrachtet Versprechen als bindend, unabhängig von wechselnden Gefühlen oder Umständen. Für ihn wäre ein Liebesversprechen zu brechen – etwa durch Untreue oder Verlassen – ein Verstoß gegen das moralische Gesetz, selbst wenn die Gefühle erloschen sind.

Im Gegensatz dazu betonen liberalere und individualistische Perspektiven die Bedeutung von Authentizität und persönlichem Wachstum. In dieser Sichtweise können Verpflichtungen, die das eigene Wohlbefinden oder die persönliche Entwicklung beeinträchtigen, möglicherweise revidiert werden.

Die Philosophin Carole Pateman hat die geschlechtsspezifischen Dimensionen von Beziehungsverpflichtungen kritisch analysiert. In "The Sexual Contract" argumentiert sie, dass traditionelle Eheversprechen historisch mit der Unterordnung der Frau verbunden waren und kritisch hinterfragt werden müssen.

Eine nuanciertere Position könnte anerkennen, dass Liebesverpflichtungen weder absolut bindend noch völlig optional sind. Sie haben ein ethisches Gewicht, das sorgfältige Reflexion erfordert, wenn sie in Frage gestellt werden.

Der Philosoph Alasdair MacIntyre argumentiert in "After Virtue" für eine Ethik der Tugend und der narrativen

Identität. Aus dieser Perspektive sind Versprechen und Verpflichtungen Teil der Geschichte, die wir über uns selbst erzählen, und konstitutiv für unsere Identität. Sie zu brechen bedeutet nicht nur, anderen zu schaden, sondern auch die eigene narrative Integrität zu verletzen.

Ein Beispiel für diese ethische Komplexität: Nach zehn Jahren Ehe erkennt Thomas, dass er und seine Frau Sophia sich in unterschiedliche Richtungen entwickelt haben. Er fühlt sich emotional entfremdet und unglücklich. Die Frage, ob er verpflichtet ist, in der Ehe zu bleiben, ist ethisch vielschichtig. Einerseits hat er ein Versprechen gegeben, das ein gewisses moralisches Gewicht hat. Andererseits stellt sich die Frage, ob dieses Versprechen ein authentisches und erfüllendes Leben für beide unmöglich macht. Seine Entscheidung erfordert eine sorgfältige Abwägung verschiedener ethischer Gesichtspunkte – der Verpflichtung gegenüber seiner Frau, der Verantwortung für gemeinsame Kinder, aber auch der Verantwortung für sein eigenes Wohlbefinden und seine Authentizität.

Freiheit in und durch Bindung: Das Paradoxon der Liebe

Eine zentrale Spannung in der Ethik der Liebe liegt im scheinbaren Paradoxon, dass wahre Freiheit manchmal durch freiwillige Bindung entsteht. Die Liebe scheint gleichzeitig zu binden und zu befreien, Autonomie zu begrenzen und zu erweitern.

Der Existenzialist Jean-Paul Sartre betonte die fundamentale Spannung zwischen Freiheit und Bindung in der Liebe. Für ihn ist die Liebe ein problematischer Versuch, die eigene Freiheit zu bewahren, während man gleichzeitig die Freiheit des anderen objektifiziert oder assimiliert.

Eine positivere Sicht auf dieses Paradoxon findet sich bei Martin Buber. In "Ich und Du" beschreibt er die echte Begegnung als eine, in der beide Partner in ihrer vollen Subjektivität und Freiheit anerkannt werden. Die Bindung beruht nicht auf Kontrolle oder Besitz, sondern auf gegenseitiger Bestätigung der Freiheit des anderen.

Der Psychoanalytiker Erich Fromm entwickelt in "Die Kunst des Liebens" eine ähnliche Perspektive. Für ihn ist wahre Liebe nicht Besitz oder Verschmelzung, sondern aktive Sorge für das Wachstum und die Entfaltung des anderen. Die Bindung der Liebe ist paradoxerweise die Bedingung für die Freiheit beider Partner, ihr volles menschliches Potenzial zu entfalten.

Diese Gedanken finden sich auch in der Hegelianischen Tradition. Für Hegel ist die Liebe, besonders in der Form der Familie, ein Ort, an dem das Individuum eine "konkrete Freiheit" erfährt – eine Freiheit, die nicht in der Abwesenheit von Bindungen besteht, sondern in der Verwirklichung des eigenen Wesens in und durch diese Bindungen.

Ein Beispiel für dieses Paradoxon: Julia, eine talentierte Musikerin, entscheidet sich, eine langfristige Beziehung mit Marco einzugehen, obwohl sie Angst hat, ihre Unabhängigkeit zu verlieren. Im Laufe ihrer Beziehung entdeckt sie, dass Marcos Unterstützung und die emotionale Sicherheit, die ihre Bindung bietet, ihr paradoxerweise mehr künstlerische Freiheit geben. Die Verpflichtungen ihrer Beziehung begrenzen ihre absolute Freiheit in mancher Hinsicht, schaffen aber einen Raum, in dem eine tiefere Form der Freiheit – die Freiheit zu wachsen, zu erschaffen, zu sein – gedeihen kann.

Verantwortung für den Anderen: Fürsorge, Macht und Grenzen

Die Liebe bringt eine besondere Verantwortung für das Wohlbefinden des Anderen mit sich. Diese Verantwortung ist ethisch komplex und umfasst Fragen der Fürsorge, der Macht und der angemessenen Grenzen.

Emmanuel Levinas, ein Philosoph der jüdischen Tradition, betont die fundamentale ethische Verantwortung, die aus der Begegnung mit dem "Antlitz des Anderen" entsteht. Für ihn geht diese Verantwortung jeder Wahl oder Entscheidung voraus – sie ist eine primordiale ethische Tatsache, die aus der Begegnung selbst entspringt.

Aus feministischer Perspektive hat die Philosophin Nel Noddings eine "Ethik der Sorge" entwickelt, die die konkrete, kontextbezogene Fürsorge in den Mittelpunkt stellt. Für sie ist die Sorge eine Form der Liebe, die Aufmerksamkeit, Empathie und praktische Unterstützung umfasst.

Die Verantwortung in der Liebe wirft jedoch auch schwierige Fragen auf:

- Wie balancieren wir die Sorge für den anderen mit dem Respekt für seine Autonomie?

- Wie vermeiden wir, dass Fürsorge zu Kontrolle oder Bevormundung wird?

- Wie setzen wir angemessene Grenzen, die sowohl den anderen als auch uns selbst schützen?

Die Philosophin Martha Nussbaum argumentiert in
"Upheavals of Thought", dass die Liebe immer eine
gewisse Verletzlichkeit und Abhängigkeit mit sich bringt,
die moralisch bedeutsam ist. Für sie erfordert eine ethisch
reife Liebe die Anerkennung sowohl der Bedürftigkeit des
anderen als auch seiner Autonomie und Andersartigkeit.

Ein Beispiel für dieses ethische Dilemma: David sieht,
dass seine Partnerin Anna zunehmend Alkohol
konsumiert, um mit Stress umzugehen. Er ist besorgt um
ihre Gesundheit und ihr Wohlbefinden. Seine
Verantwortung in der Liebe umfasst einerseits die
Fürsorge – den Wunsch, ihr zu helfen und Schaden
abzuwenden. Andererseits muss er ihre Autonomie
respektieren – ihre Fähigkeit und ihr Recht, eigene
Entscheidungen zu treffen. Die ethische Herausforderung
besteht darin, einen Weg zu finden, der beides
berücksichtigt – vielleicht indem er seine Sorge
ausdrückt, ohne zu kontrollieren, Unterstützung anbietet,
ohne zu bevormunden, und klare eigene Grenzen setzt,
ohne zu drohen oder zu manipulieren.

**Selbstverantwortung in der Liebe: Authentizität,
Integrität und Selbstfürsorge**

Eine oft übersehene Dimension der Ethik der Liebe ist die
Verantwortung gegenüber sich selbst – die Verpflichtung
zur Authentizität, zur Wahrung der eigenen Integrität und
zur angemessenen Selbstfürsorge.

Simone de Beauvoir betont in "Das andere Geschlecht"
die Bedeutung der Selbstbestimmung und Authentizität in
Liebesbeziehungen, besonders für Frauen, die historisch
oft ihre Identität und Autonomie in der Liebe aufgegeben
haben.

Der Psychoanalytiker und Philosoph Erich Fromm argumentiert in "Die Kunst des Liebens", dass die Fähigkeit, andere zu lieben, die Fähigkeit zur Selbstliebe voraussetzt – nicht im Sinne von Narzissmus, sondern im Sinne einer gesunden Sorge für das eigene Wohlbefinden und Wachstum.

Die Verantwortung für sich selbst in der Liebe umfasst:

- Die Pflege des eigenen physischen, emotionalen und spirituellen Wohlbefindens

- Die Wahrung persönlicher Grenzen und der eigenen Integrität

- Die Entwicklung und Kultivierung eigener Interessen, Talente und Beziehungen

- Die Authentizität in der Kommunikation eigener Bedürfnisse, Wünsche und Grenzen

Diese Selbstverantwortung steht nicht im Gegensatz zur liebenden Sorge für den anderen, sondern ist vielmehr ihre notwendige Ergänzung. Nur wer in gesunder Weise für sich selbst sorgt, kann langfristig auch authentisch für andere da sein.

Ein Beispiel für die Balance von Selbst- und Fremdverantwortung: Nach Jahren in einer Beziehung, in der sie ihre eigenen Bedürfnisse völlig vernachlässigt hat, erkennt Elena, dass ihre Erschöpfung und Unzufriedenheit auch ihrer Partnerin Thomas schadet. Sie beginnt, bewusst Zeit für ihre eigenen Interessen zu nehmen, persönliche Grenzen zu setzen und ihre Bedürfnisse klar zu kommunizieren. Paradoxerweise führt diese stärkere Selbstverantwortung nicht zu mehr Distanz, sondern zu einer authentischeren, lebendigeren

Beziehung, in der beide Partner mehr sie selbst sein können.

Verantwortung und Freiheit im Abschied: Ethik des Endes

Eine besonders herausfordernde Dimension der Verantwortung in der Liebe zeigt sich, wenn Beziehungen enden oder sich wesentlich verändern. Die "Ethik des Abschieds" umfasst Fragen der Verantwortung für vergangene Versprechen, für das Wohlbefinden des ehemaligen Partners und für die Art des Endes.

Der Philosoph Alain Badiou argumentiert in "Lob der Liebe", dass auch das Ende einer Liebe ethisch gestaltet werden kann und sollte. Für ihn gehört es zur Würde der Liebe, dass sie, wenn sie endet, mit Respekt und Anerkennung ihrer Bedeutung beendet wird.

Die Psychologin Esther Perel betont, dass die Art, wie wir Beziehungen beenden, viel über unsere Werte und unseren Charakter aussagt. Ein ethischer Abschied würde Ehrlichkeit, Mitgefühl und Respekt für die gemeinsame Geschichte umfassen.

Gleichzeitig wirft das Ende von Liebesbeziehungen komplexe ethische Fragen auf:

- Welche Verpflichtungen bleiben bestehen, nachdem eine Beziehung endet?

- Wie balancieren wir die Freiheit, weiterzugehen, mit der Verantwortung für die Auswirkungen unserer Entscheidungen?

- Wie gestalten wir einen Abschied, der die Würde und das Wohlbefinden aller Beteiligten respektiert?

Diese Fragen werden besonders komplex, wenn Kinder, gemeinsame Verpflichtungen oder ungleiche Machtverhältnisse involviert sind.

Ein Beispiel für die ethische Komplexität des Endes: Nach 15 Jahren Ehe entscheidet sich Michael, die Beziehung zu seiner Frau Sofia zu beenden. Er trägt Verantwortung für die Art, wie er diese Entscheidung mitteilt und umsetzt – mit Ehrlichkeit, Respekt und Anerkennung ihrer gemeinsamen Geschichte. Er trägt Verantwortung für die materiellen und praktischen Aspekte der Trennung, besonders in Bezug auf ihre gemeinsamen Kinder. Und er trägt eine gewisse Verantwortung für Sofias emotionales Wohlbefinden, ohne jedoch für ihre gesamte Zukunft verantwortlich zu sein oder seine eigene Freiheit völlig aufzugeben. Diese Balance ist ethisch anspruchsvoll und erfordert sowohl Mitgefühl als auch Klarheit.

Integration: Die lebendige Spannung von Verantwortung und Freiheit

Die Spannung zwischen Verantwortung und Freiheit in der Liebe lässt sich nicht endgültig auflösen, sondern muss als eine lebendige, dynamische Balance verstanden werden, die kontinuierliche Reflexion und Anpassung erfordert.

Der Theologe Paul Tillich beschreibt in "Liebe, Macht, Gerechtigkeit" die Liebe als eine dynamische Synthese verschiedener Elemente, die in ständiger Spannung stehen. Für ihn ist die wahre Liebe weder reine Freiheit ohne Verantwortung noch reine Verpflichtung ohne Freiheit, sondern eine lebendige Integration beider Pole.

Der Psychologe und Philosoph William James sprach von einem "pluralistischen Universum", in dem verschiedene Werte und Prinzipien koexistieren, ohne auf einen einzigen reduzierbar zu sein. In diesem Sinne könnten wir die Ethik der Liebe als ein Feld verstehen, in dem Freiheit und Verantwortung, Autonomie und Verbundenheit, Selbstsorge und Fürsorge in einer komplexen, dynamischen Balance stehen.

Diese Balance ist nicht statisch, sondern passt sich an veränderte Umstände, Lebensphasen und persönliche Entwicklungen an. Sie erfordert kontinuierliche Reflexion, offene Kommunikation und die Bereitschaft, sowohl eigene als auch gemeinsame Werte zu klären und zu entwickeln.

Ein Beispiel für diese dynamische Balance: In der langjährigen Beziehung von Anna und Paul verändert sich die Balance von Verantwortung und Freiheit im Laufe der Zeit. In frühen Phasen ihrer Beziehung betonten sie stärker die Freiheit – persönlichen Raum, individuelle Ziele, Unabhängigkeit. Als sie Kinder bekamen, verschob sich die Balance in Richtung größerer gegenseitiger Verantwortung und Verbindlichkeit. Als die Kinder älter wurden, fanden sie neue Wege, persönliche Freiheit zu integrieren, ohne ihre tiefe Verbundenheit aufzugeben. Jede Phase erforderte neue Gespräche, Aushandlungen und gemeinsame Reflexion über ihre Werte und Prioritäten.

Die lebendige Spannung von Verantwortung und Freiheit in der Liebe erinnert uns daran, dass die Ethik keine abstrakte Formel ist, sondern eine verkörperte Praxis –

eine Art zu leben und zu lieben, die Reflexion und Engagement, Prinzipien und Flexibilität, Tradition und Innovation vereint. In dieser lebendigen Praxis liegt vielleicht die tiefste ethische Bedeutung der Liebe – nicht als Lösung aller moralischen Dilemmata, sondern als privilegierter Raum, in dem wir lernen können, mit den grundlegenden ethischen Spannungen des Menschseins authentisch und kreativ umzugehen.

Bindung, Treue und ethische Fragen in Beziehungsformen

Bindung und Treue gehören zu den zentralen ethischen Dimensionen der Liebe. Doch ihre Bedeutung, ihr Wert und ihre angemessenen Ausdrucksformen sind kulturell und historisch variabel und Gegenstand philosophischer Kontroversen. Wie sind Bindung und Treue ethisch zu verstehen? Welche moralischen Ansprüche sind mit ihnen verbunden? Und wie verhalten sie sich zu verschiedenen Beziehungsformen und -modellen?

Philosophische Perspektiven auf Treue und Bindung

Verschiedene philosophische Traditionen haben unterschiedliche Perspektiven auf Treue und Bindung entwickelt:

In der kantischen Tradition liegt der Fokus auf Treue als Pflicht und Versprechen. Für Immanuel Kant ist das Versprechen der Treue – etwa in der Ehe – ein moralischer Vertrag, der unabhängig von wechselnden Gefühlen oder Umständen bindet. Die Tugend der Treue besteht in der standhaften Einhaltung dieses Versprechens.

Die aristotelische Tradition betont hingegen den Charakteraspekt der Treue. Für Aristoteles ist Treue keine isolierte Pflicht, sondern Teil einer tugendhaften Disposition – einer Haltung der Beständigkeit, Vertrauenswürdigkeit und Loyalität, die das gesamte Handeln und Sein einer Person prägt.

Existenzialistische Denker wie Jean-Paul Sartre und Simone de Beauvoir haben eine kritischere Perspektive auf traditionelle Treuekonzepte entwickelt. Für sie kann die Forderung nach absoluter Treue zur "Unaufrichtigkeit" (mauvaise foi) führen – einem Verleugnen der eigenen Freiheit und Verantwortung. Die Herausforderung besteht für sie darin, Bindung mit Authentizität und Freiheit zu vereinbaren.

Der Philosoph Robert Solomon argumentiert in "About Love", dass Treue keine bloße Verhaltensregel ist, sondern eine grundlegende Orientierung in der Liebe. Für ihn definiert Treue den Rahmen oder "Mythos", innerhalb dessen die Liebesbeziehung Bedeutung erhält.

Der Wert der Treue: Instrumental oder intrinsisch?

Eine zentrale ethische Frage betrifft den Wert der Treue: Ist sie primär instrumentell wertvoll – als Mittel zu anderen Gütern wie Vertrauen, Sicherheit oder Intimität? Oder hat sie einen intrinsischen Wert – ist sie an sich gut, unabhängig von ihren Folgen?

Aus einer konsequentialistischen Perspektive wäre Treue wertvoll aufgrund ihrer positiven Konsequenzen: Sie fördert Vertrauen und emotionale Sicherheit, reduziert Eifersucht und Konflikt, ermöglicht tiefere Intimität durch kontinuierliche Verbindung und bietet einen stabilen Rahmen für gemeinsame Projekte wie Kindererziehung.

Im Gegensatz dazu würde eine deontologische Perspektive den intrinsischen Wert der Treue betonen: Sie ist nicht nur gut wegen ihrer Konsequenzen, sondern drückt fundamentale moralische Prinzipien aus – Respekt für Versprechen, Integrität, Ehre des Commitments. Aus dieser Sicht wäre Treue auch dann wertvoll, wenn sie in einem bestimmten Fall nicht zu positiven Konsequenzen führt.

Eine tugendethische Perspektive würde Treue als Ausdruck eines guten Charakters betrachten – als eine Disposition zur Beständigkeit, Verbindlichkeit und Vertrauenswürdigkeit, die Teil eines guten, gelingenden Lebens ist.

Diese verschiedenen Perspektiven müssen sich nicht ausschließen. Eine integrative Sicht könnte Treue sowohl als intrinsisch wertvoll betrachten – als Ausdruck von Integrität und Verbindlichkeit – als auch als instrumentell wertvoll für die Güter, die sie ermöglicht und fördert.

Ein Beispiel für diese ethische Komplexität: Nach zwanzig Jahren Ehe entdeckt Maria, dass ihr Mann Thomas eine kurze Affäre hatte. Sie steht vor der Frage, wie sie mit diesem Treuebruch umgehen soll. Aus einer rein konsequentialistischen Perspektive könnte sie argumentieren, dass die Affäre keinen nachhaltigen Schaden angerichtet hat und die Ehe insgesamt positiv und bereichernd bleibt. Aus einer deontologischen Perspektive könnte sie den Treuebruch als fundamentale Verletzung eines Versprechens betrachten, unabhängig von seinen Konsequenzen. Aus einer tugendethischen Perspektive könnte sie fragen, was der Treuebruch über Thomas' Charakter aussagt und ob dieser Charakterzug mit ihren Werten vereinbar ist. Alle diese Perspektiven haben ethische Relevanz und fließen in ihre komplexe moralische Bewertung der Situation ein.

Sexuelle Exklusivität: Konvention oder ethisches Prinzip?

Ein besonders umstrittener Aspekt der Treue in Liebesbeziehungen ist die sexuelle Exklusivität. Ist die Erwartung sexueller Exklusivität eine bloße kulturelle Konvention, oder hat sie eine tiefere ethische Grundlage?

Traditionelle religiöse und kulturelle Perspektiven haben sexuelle Exklusivität oft als absolutes moralisches Gebot betrachtet, basierend auf religiösen Überzeugungen, Vorstellungen von Reinheit oder der Heiligkeit der Ehe.

Kritiker dieser Position argumentieren, dass sexuelle Exklusivität eine historisch und kulturell kontingente Norm ist, die mit bestimmten sozialen Strukturen und Machtverhältnissen zusammenhängt – etwa mit Vorstellungen von sexuellem Besitz, patriarchaler Kontrolle oder der Sicherstellung der Vaterschaft.

Eine nuanciertere Position würde anerkennen, dass sexuelle Exklusivität zwar kulturell geprägt ist, aber auch in grundlegenderen ethischen Prinzipien wurzeln kann: im Respekt für Vereinbarungen und Versprechen, in der besonderen Intimität und Verletzlichkeit sexueller Beziehungen, im Schutz vor Verletzung und Täuschung.

Der Philosoph Robert Nozick argumentiert in "The Examined Life", dass sexuelle Exklusivität eine Form der "Union" zwischen den Partnern ermöglicht – eine besondere Art der Verbundenheit, bei der bestimmte Erfahrungen exklusiv geteilt werden. Diese Exklusivität schafft einen einzigartigen Raum des "Wir", der eine besondere Art der Intimität ermöglicht.

Aus einer konsensualistischen Perspektive ist das zentrale ethische Prinzip nicht die sexuelle Exklusivität an sich, sondern die Einhaltung expliziter oder impliziter Vereinbarungen. Was moralisch problematisch ist, ist nicht Sex außerhalb der primären Beziehung per se, sondern Täuschung, Vertrauensbruch und mangelnder Respekt für gemeinsame Vereinbarungen.

Ein Beispiel für diese ethische Komplexität: In ihrer fünfjährigen Beziehung haben Anna und Michael nie explizit über sexuelle Exklusivität gesprochen, aber Michael hat angenommen, dass sie selbstverständlich Teil ihrer Beziehung ist. Als er entdeckt, dass Anna eine sexuelle Begegnung mit einem Kollegen hatte, fühlt er sich verletzt und betrogen. Anna hingegen argumentiert, dass sie keine explizite Vereinbarung gebrochen hat und dass ihre Handlung ihre Liebe zu Michael nicht beeinträchtigt. Dieses Beispiel illustriert, wie wichtig explizite Kommunikation und Vereinbarungen sind, aber auch wie tief verwurzelt implizite Erwartungen sein können. Die ethische Bewertung hängt davon ab, wie man das Gewicht expliziter versus impliziter Vereinbarungen beurteilt und welche Bedeutung man der sexuellen Exklusivität für die Beziehung beimisst.

Alternativen zur Monogamie: Ethische Perspektiven auf verschiedene Beziehungsmodelle

In den letzten Jahrzehnten sind verschiedene Alternativen zur traditionellen Monogamie sichtbarer geworden, die je eigene ethische Fragen und Perspektiven aufwerfen:

Die **Polyamorie** – die Praxis, gleichzeitig mehrere offene, ehrliche und konsensuale Liebesbeziehungen zu führen – basiert auf bestimmten ethischen Prinzipien: Ehrlichkeit und Transparenz, informierte Zustimmung aller Beteiligten, Respekt für die Autonomie und die Gefühle aller Partner, Verantwortung für die eigenen Handlungen und deren Auswirkungen auf andere.

Die Philosophin Elizabeth Brake hat den Begriff "Amatonormativität" geprägt, um die privilegierte Stellung zu kritisieren, die exklusive romantische Beziehungen in unserer Gesellschaft einnehmen. Für sie kann diese Norm andere wertvolle Beziehungsformen – Freundschaften, Gemeinschaften, Pflegebeziehungen – ungerechtfertigt abwerten.

Offene Beziehungen unterscheiden sich von Polyamorie, indem sie typischerweise eine primäre emotionale Bindung mit der Möglichkeit sexueller (aber nicht notwendigerweise emotionaler) Beziehungen außerhalb der Hauptpartnerschaft kombinieren. Sie werfen ethische Fragen nach der Trennung von Sex und emotionaler Intimität, nach Hierarchien in Beziehungen und nach verschiedenen Arten von Bindung auf.

Beziehungsanarchie lehnt vorgefertigte Regeln oder Hierarchien in Beziehungen ab und betont stattdessen, dass jede Beziehung frei nach den Bedürfnissen und Wünschen der Beteiligten gestaltet werden sollte, ohne sich an konventionelle Kategorien oder Erwartungen gebunden zu fühlen. Diese Position wirft Fragen nach dem Verhältnis von Freiheit und Verantwortung, nach der Rolle sozialer Strukturen und nach der Bedeutung von Bindung auf.

Aus einer pluralistischen ethischen Perspektive können verschiedene Beziehungsmodelle moralisch legitim sein, solange sie auf bestimmten Grundprinzipien basieren:

- Gegenseitige, informierte Zustimmung aller Beteiligten

- Ehrlichkeit, Transparenz und Vermeidung von Täuschung

- Respekt für die Autonomie, Würde und Gefühle aller Beteiligten

- Verantwortung für die Auswirkungen der eigenen Handlungen

- Sorge für das Wohlbefinden aller Beteiligten

Diese Prinzipien können in verschiedenen Beziehungsmodellen unterschiedlich ausgedrückt werden, aber sie bilden eine gemeinsame ethische Grundlage.

Ein Beispiel für ethische Polyamorie: Julia, Thomas und Sarah leben in einer polyamoren Beziehungskonstellation. Julia und Thomas sind verheiratet, Julia hat eine weitere Beziehung zu Sarah, und Sarah hat einen weiteren Partner, Michael. Alle Beteiligten haben ihre Beziehungen bewusst und konsensual gestaltet, mit klarer Kommunikation über Erwartungen, Grenzen und Bedürfnisse. Sie praktizieren regelmäßige "Check-ins", um sicherzustellen, dass alle sich respektiert und wertgeschätzt fühlen. Wenn Eifersucht oder Unsicherheit aufkommt, wird dies offen angesprochen und gemeinsam bearbeitet. Jeder Partner übernimmt Verantwortung für seine eigenen Gefühle und Handlungen, während er gleichzeitig fürsorglich auf die Bedürfnisse der anderen achtet. Diese Konstellation erfordert ein hohes Maß an Selbstreflexion, emotionaler Intelligenz und Kommunikationsfähigkeit, kann aber für die Beteiligten eine erfüllende und ethisch stimmige Form des Liebens darstellen.

Bindungsethik jenseits der Romantik: Freundschaft, Familie, Gemeinschaft

Die ethischen Fragen zu Bindung und Treue erstrecken sich über romantische Beziehungen hinaus auf andere Formen der Liebe und Verbundenheit:

Freundschaft hat eine lange philosophische Tradition als ethische Beziehung. Aristoteles unterschied verschiedene Arten der Freundschaft – basierend auf Nutzen, Vergnügen oder Tugend – wobei die höchste Form die Freundschaft zwischen Gleichen ist, die einander um ihrer selbst willen wertschätzen. In einer solchen Freundschaft ist Treue nicht primär eine Regel, sondern Ausdruck des gegenseitigen Wohlwollens und der gemeinsamen Werte.

Familiäre Bindungen – zwischen Eltern und Kindern, Geschwistern, erweiterten Familienangehörigen – werfen eigene ethische Fragen auf. Welche Verpflichtungen entstehen aus biologischer oder adoptiver Verwandtschaft? Wie verhält sich die Unbedingtheit elterlicher Liebe zu anderen ethischen Prinzipien? Wie balancieren wir familiäre Bindungen mit individueller Autonomie und Selbstverwirklichung?

Gemeinschaftliche Bindungen – zu Nachbarn, Mitbürgern, Glaubensgemeinschaften – haben ebenfalls eine ethische Dimension. Der Kommunitarist Alasdair MacIntyre argumentiert, dass unsere moralische Identität wesentlich durch unsere Zugehörigkeit zu Gemeinschaften geprägt ist und dass Tugenden wie Treue und Loyalität für ein gelingendes gemeinschaftliches Leben unerlässlich sind.

Diese verschiedenen Bindungsformen interagieren und können in Spannung zueinander stehen. Die ethische

Herausforderung besteht oft darin, die verschiedenen Bindungen in einer kohärenten, aber flexiblen Lebensweise zu integrieren.

Ein Beispiel für diese komplexe Integration: Nach dem Tod ihrer Mutter steht Sofia vor der Frage, ob sie ihren pflegebedürftigen Vater bei sich aufnehmen soll. Dies würde bedeuten, weniger Zeit für ihre Partnerschaft und ihre Freundschaften zu haben und berufliche Möglichkeiten einzuschränken. Ihre Entscheidung erfordert eine Abwägung verschiedener Bindungen und Verpflichtungen – gegenüber ihrem Vater, ihrem Partner, ihren Freunden, sich selbst. Keine einfache Formel kann diese Abwägung ersetzen; sie erfordert eine reflektierte Integration verschiedener ethischer Ansprüche in einer kohärenten Lebensweise.

Kulturelle und historische Perspektiven: Die Kontextualität von Bindungsnormen

Die ethischen Normen zu Bindung und Treue variieren erheblich zwischen verschiedenen Kulturen und historischen Epochen:

In vielen traditionellen Gesellschaften werden Bindungen primär als kollektive, familiäre oder gemeinschaftliche Angelegenheiten betrachtet, nicht als individuelle Entscheidungen. Eheschließungen werden oft von Familien arrangiert, und Treue bezieht sich mehr auf die Erfüllung sozialer Rollen und Pflichten als auf emotionale oder sexuelle Exklusivität.

In stark individualisierten modernen Gesellschaften hingegen werden Bindungen zunehmend als Ausdruck persönlicher Wahl und Selbstverwirklichung verstanden. Authentizität, emotionale Erfüllung und persönliches

Wachstum werden zu wichtigen ethischen Kriterien für die Bewertung von Beziehungen.

Historisch haben sich die Normen zu sexueller Treue oft entlang von Geschlechterlinien unterschieden. In vielen Gesellschaften wurden an Frauen strengere Anforderungen gestellt als an Männer – ein Doppelstandard, der mit Machtstrukturen, Besitzvorstellungen und der Kontrolle über Fortpflanzung zusammenhängt.

Diese kulturelle und historische Variabilität wirft die Frage auf, inwiefern ethische Normen zu Bindung und Treue universell oder relativ sind. Eine nuancierte Position könnte argumentieren, dass bestimmte grundlegende Prinzipien – wie Respekt für Vereinbarungen, Vermeidung von Täuschung, Sorge für das Wohlbefinden anderer – kulturübergreifend relevant sind, während ihre spezifischen Ausdrucksformen kulturell und historisch variieren.

Ein Beispiel für diese Kontextualität: In einer traditionellen, kollektivistisch orientierten Gesellschaft mag die Entscheidung von Aisha, eine arrangierte Ehe mit einem von ihrer Familie ausgewählten Partner einzugehen, als ethisch angemessen und respektvoll betrachtet werden. In einer stark individualisierten, westlichen Gesellschaft könnte dieselbe Entscheidung als Unterwerfung unter familiären Druck und Vernachlässigung der persönlichen Autonomie interpretiert werden. Diese unterschiedlichen Bewertungen spiegeln verschiedene kulturelle Werte und Vorstellungen vom guten Leben wider, ohne dass eine Perspektive notwendigerweise moralisch überlegen ist.

Praktische Ethik: Navigieren von Bindung und Treue im realen Leben

Jenseits theoretischer Perspektiven stellt sich die Frage, wie Menschen Bindung und Treue im realen Leben ethisch navigieren können. Einige praktische Prinzipien könnten dabei hilfreich sein:

Explizite Kommunikation und Vereinbarungen: Klare Gespräche über Erwartungen, Grenzen und Definitionen von Treue können Missverständnisse und unbeabsichtigte Verletzungen reduzieren. Diese Kommunikation sollte nicht einmalig, sondern ein fortlaufender Prozess sein, der sich an veränderte Umstände und Bedürfnisse anpasst.

Selbstreflexion und Selbstkenntnis: Ein ethischer Umgang mit Bindung und Treue erfordert ein Bewusstsein für die eigenen Werte, Bedürfnisse, Muster und Grenzen. Diese Selbstkenntnis ist keine statische Gegebenheit, sondern entwickelt sich durch kontinuierliche Reflexion und Erfahrung.

Balancierung verschiedener ethischer Prinzipien: In realen Situationen können verschiedene ethische Prinzipien in Spannung zueinander stehen – etwa die Einhaltung von Versprechen versus die Vermeidung von Leid, Ehrlichkeit versus Fürsorglichkeit, Loyalität versus persönliches Wachstum. Die ethische Herausforderung besteht darin, diese Prinzipien in konkreten Situationen abzuwägen und zu integrieren.

Anerkennung der Begrenztheit und Fehlbarkeit: Eine realistische Ethik der Bindung und Treue erkennt die menschliche Begrenztheit an – die Tatsache, dass wir manchmal scheitern, uns irren oder unbeabsichtigt verletzen. Diese Anerkennung führt nicht zu moralischem

Relativismus, sondern zu einer Ethik, die Raum für Vergebung, Wiedergutmachung und Wachstum lässt.

Ein Beispiel für diese praktische Navigation: Mark und Julia führen seit zehn Jahren eine monogame Beziehung. In letzter Zeit hat Mark ein wachsendes Interesse an Polyamorie entwickelt, während Julia sich weiterhin eine exklusive Beziehung wünscht. Sie beginnen einen offenen Dialog über ihre Bedürfnisse, Ängste und Grenzen. Mark reflektiert, ob sein Interesse an Polyamorie ein authentisches Bedürfnis ist oder eine Flucht vor Problemen in der bestehenden Beziehung. Julia hinterfragt ihre automatische Ablehnung und erforscht, welche Werte und Bedürfnisse hinter ihrem Wunsch nach Exklusivität stehen. Beide erkennen, dass es keine perfekte Lösung gibt, die alle Bedürfnisse erfüllt, und suchen nach einem Kompromiss, der ihre wichtigsten Werte respektiert – sei es durch eine Öffnung der Beziehung mit klaren Vereinbarungen, eine Entscheidung für fortgesetzte Monogamie oder eine bewusste Trennung. In diesem Prozess praktizieren sie eine reflexive, kommunikative Ethik, die sowohl Bindung als auch persönliche Authentizität respektiert.

Integration: Bindung und Treue als ethische Herausforderung und Möglichkeit

Die Ethik der Bindung und Treue lässt sich nicht auf einfache Regeln oder absolute Prinzipien reduzieren. Sie ist vielmehr eine fortlaufende Praxis der Reflexion, Kommunikation und Integration verschiedener Werte und Bedürfnisse.

In dieser Praxis geht es nicht nur um die Vermeidung von Schaden oder die Einhaltung von Regeln, sondern um eine positive Vision des guten Lebens und der gelingenden Beziehung. Bindung und Treue können in dieser Vision nicht als isolierte Tugenden verstanden werden, sondern als Teil eines umfassenderen ethischen Verständnisses von Liebe, das Fürsorge, Respekt, Authentizität, Freiheit und Verantwortung integriert.

Die Philosophin Martha Nussbaum spricht von der Liebe als einer "ethischen Emotion", die nicht auf moralische Regeln reduzierbar ist, sondern eine bestimmte Weise des Sehens, Fühlens und Handelns verkörpert. In ähnlicher Weise könnten wir Bindung und Treue als ethische Haltungen verstehen, die sich in verschiedenen Kontexten und Beziehungsformen unterschiedlich ausdrücken können, aber immer auf die grundlegende Anerkennung und Wertschätzung des anderen als eines eigenständigen Subjekts zielen.

In dieser Perspektive wird die Ethik der Bindung und Treue zu einer fortlaufenden Erkundung der Frage, wie wir in Beziehungen leben können, die sowohl die Würde und Autonomie aller Beteiligten respektieren als auch tiefe Verbundenheit, Verlässlichkeit und gemeinsames Wachstum ermöglichen. Diese Erkundung hat keine endgültige Antwort, sondern ist ein lebendiger Prozess, der Offenheit, Mut und kontinuierliche Reflexion erfordert.

Liebe, Gerechtigkeit und soziale Ethik

Die Beziehung zwischen Liebe und Gerechtigkeit gehört zu den grundlegendsten ethischen Fragen. Wie verhält sich die persönliche, oft partikulare Dimension der Liebe zu den universellen Ansprüchen der Gerechtigkeit? Kann Liebe ein Prinzip sozialer Organisation sein, oder bleibt sie auf den Bereich persönlicher Beziehungen beschränkt?

Diese Fragen berühren die sozialen und politischen Dimensionen der Liebe.

Liebe und Gerechtigkeit: Spannung oder Komplementarität?

Zwischen Liebe und Gerechtigkeit besteht eine prima facie Spannung. Liebe scheint partikular, emotional und an konkrete Personen gebunden zu sein, während Gerechtigkeit universell, rational und unparteiisch ist. Liebe bevorzugt die Geliebten, Gerechtigkeit verlangt Gleichbehandlung. Diese scheinbare Spannung hat verschiedene philosophische Reaktionen hervorgerufen:

Für Immanuel Kant stehen Liebe und Gerechtigkeit in einer gewissen Spannung. In seiner "Metaphysik der Sitten" unterscheidet er zwischen der "praktischen Liebe" – der Pflicht zum Wohlwollen gegenüber allen Menschen – und der "pathologischen Liebe" – der emotionalen Zuneigung zu bestimmten Personen. Nur erstere ist für ihn moralisch relevant, da sie universalisierbar ist und aus Pflicht, nicht aus Neigung erfolgt.

Der Theologe Paul Tillich entwickelt in "Liebe, Macht, Gerechtigkeit" eine komplexere Sicht. Für ihn sind Liebe und Gerechtigkeit nicht gegensätzlich, sondern komplementär. Die Liebe ist das "Prinzip" der Gerechtigkeit – ihr tiefster Grund und ihre Motivation. Die Gerechtigkeit ist die "Form" der Liebe – ihre strukturelle, objektive Verwirklichung. Ohne Liebe wird Gerechtigkeit kalt und formal, ohne Gerechtigkeit wird Liebe sentimental und willkürlich.

Der Philosoph und Theologe Reinhold Niebuhr argumentiert in "Moral Man and Immoral Society", dass die Liebe in persönlichen Beziehungen realisierbar ist, während in größeren sozialen Kontexten Gerechtigkeit das realistischere ethische Ideal darstellt. Dies bedeutet nicht, dass Liebe sozial irrelevant ist, sondern dass ihre direkte Anwendung auf komplexe soziale Strukturen begrenzt ist.

Martin Luther King Jr., beeinflusst von Tillich und Niebuhr, entwickelte das Konzept der "Agape" als Grundlage sozialer Gerechtigkeit. Für King ist die Agape – die selbstlose, universelle Liebe – nicht auf persönliche Beziehungen beschränkt, sondern kann und soll soziale Transformation inspirieren. In seiner berühmten Rede "I Have a Dream" appelliert er an eine Gesellschaft, in der Menschen "nicht nach der Farbe ihrer Haut, sondern nach dem Inhalt ihres Charakters" beurteilt werden – ein Ausdruck universeller Liebe, die in gerechten sozialen Strukturen verkörpert wird.

Diese verschiedenen Perspektiven deuten darauf hin, dass die Beziehung zwischen Liebe und Gerechtigkeit komplexer ist als ein einfacher Gegensatz. Sie können als komplementäre Prinzipien verstanden werden, die sich gegenseitig bereichern und korrigieren:

- Die Liebe erinnert die Gerechtigkeit daran, dass formale Regeln dem konkreten menschlichen Wohlergehen dienen sollen und dass jeder Mensch mehr ist als ein abstrakter Rechtsträger.

- Die Gerechtigkeit erinnert die Liebe daran, dass authentische Sorge für andere strukturelle und systematische Dimensionen hat und dass wahre Liebe nicht bei persönlichen Beziehungen haltmachen kann.

Ein Beispiel für diese Komplementarität: Als engagierte Richterin muss Sarah oft schwierige Entscheidungen treffen, die das Leben der Betroffenen tiefgreifend beeinflussen. Ihre Grundhaltung ist von Liebe und Mitgefühl für alle Beteiligten geprägt – sie sieht in jedem Angeklagten, jedem Opfer, jedem Zeugen eine vollwertige Person mit eigener Geschichte und Würde. Gleichzeitig ist sie der Gerechtigkeit verpflichtet – der unparteiischen Anwendung der Gesetze, der Wahrung der Rechte aller Beteiligten, der Berücksichtigung gesellschaftlicher Ansprüche. In ihrer Praxis sind Liebe und Gerechtigkeit keine Gegensätze, sondern komplementäre Haltungen, die sich gegenseitig informieren und bereichern.

Agape und soziale Ethik: Die Liebe als soziales Prinzip

Die Vorstellung der Agape – der universellen, selbstlosen Liebe – hat eine lange Tradition als Grundlage sozialer Ethik, besonders in religiösen Kontexten. Die Frage ist, ob und wie dieses Prinzip in einer pluralistischen, säkularen Gesellschaft relevant sein kann.

Der Theologe Reinhold Niebuhr betont in "The Nature and Destiny of Man" die Spannung zwischen dem christlichen Liebesideal und den Realitäten sozialer Organisation. Für ihn ist die Agape ein "unmögliches Ideal", das dennoch als kritischer Maßstab und als transformative Vision für soziale Strukturen dienen kann.

Die Philosophin Martha Nussbaum entwickelt in "Political Emotions" eine säkulare Version dieses Gedankens. Für sie benötigen liberale Demokratien eine "politische Liebe" – eine Form öffentlicher Emotion, die Bürger motiviert, für das Gemeinwohl einzutreten. Diese politische Liebe ist keine sentimentale Affirmation des Status quo, sondern eine kritische Liebe, die auf eine gerechtere Gesellschaft abzielt.

Der Befreiungstheologe Gustavo Gutiérrez versteht die Agape als "vorrangige Option für die Armen" – eine Solidarität, die sich besonders den Marginalisierten und Unterdrückten zuwendet. Diese parteiische Liebe ist für ihn nicht im Widerspruch zur universellen Liebe, sondern deren konkrete Verwirklichung in einer ungerechten Welt.

Auch säkulare Denktraditionen haben Konzepte entwickelt, die der Agape verwandt sind:

Der Philosoph John Rawls entwickelt in "Eine Theorie der Gerechtigkeit" das Gedankenexperiment des "Schleiers des Nichtwissens": Wie würden wir eine Gesellschaft gestalten, wenn wir nicht wüssten, welche Position wir in ihr einnehmen würden? Dieser hypothetische Perspektivwechsel hat Ähnlichkeiten mit der agapischen Forderung, jeden Menschen gleichermaßen wertzuschätzen.

Die Philosophin Iris Marion Young betont in "Justice and the Politics of Difference" die Bedeutung des Mitgefühls und der "moralischen Imagination" für die soziale Gerechtigkeit. Die Fähigkeit, sich in die Lage anderer zu versetzen und ihre Erfahrungen nachzuvollziehen, ist für sie ein wesentliches Element sozialer Ethik.

Ein Beispiel für Agape als soziales Prinzip: Nach einem verheerenden Hurrikan in seiner Heimatstadt engagiert sich Michael in einer Bürgerinitiative, die besonders vulnerable Gemeinschaften unterstützt – ältere Menschen, einkommensschwache Familien, Menschen mit Behinderungen. Seine Motivation ist nicht abstrakte Wohltätigkeit, sondern eine konkrete Liebe zu seiner Gemeinschaft, die alle ihre Mitglieder einschließt. Diese Liebe führt ihn dazu, nicht nur unmittelbare Hilfe zu leisten, sondern auch strukturelle Fragen anzugehen:

Warum sind manche Gemeinschaften besonders anfällig für Naturkatastrophen? Warum sind die Ressourcen für Katastrophenschutz und Wiederaufbau ungleich verteilt? So führt die konkrete Agape zu einer breiteren Vision sozialer Gerechtigkeit.

Liebe und soziale Kritik: Romantische versus kritische Liebe

Eine wichtige Unterscheidung in der sozialen Ethik der Liebe ist die zwischen romantischer und kritischer Liebe:

Die **romantische Liebe** (im Sinne einer gesellschaftlichen, nicht persönlichen Haltung) idealisiert ihren Gegenstand – sei es eine Person, eine Gemeinschaft oder eine Nation. Sie affirmiert, was ist, und kann daher zur Rechtfertigung des Status quo beitragen. Diese Form der Liebe kann problematisch sein, wenn sie Ungerechtigkeiten verschleiert oder legitimiert.

Die Philosophin bell hooks kritisiert in "All About Love" solche romantischen Konzeptionen und plädiert stattdessen für eine **kritische Liebe**, die den Geliebten nicht idealisiert, sondern in seiner Realität wahrnimmt und auf Veränderung und Wachstum abzielt. Für hooks ist wahre Liebe immer mit Gerechtigkeit verbunden und fordert sowohl persönliche als auch soziale Transformation.

Cornel West entwickelt in "Race Matters" den Begriff der "prophetischen Liebe" – eine Form der Liebe, die, ähnlich wie die alttestamentlichen Propheten, Ungerechtigkeiten beim Namen nennt und auf gesellschaftliche Umkehr drängt. Diese prophetische Liebe ist für West der Kern einer radikal-demokratischen Politik.

Martin Luther King Jr. verkörperte diese Verbindung von Liebe und sozialer Kritik in seinem Konzept des "gewaltfreien Widerstands". Für King bedeutet Liebe nicht, Unrecht zu akzeptieren, sondern es mit der "Kraft der Liebe" zu konfrontieren und zu überwinden. In seiner Rede "Beyond Vietnam" kritisiert er nicht nur Rassismus, sondern auch Militarismus und wirtschaftliche Ausbeutung – aus einer Haltung der Liebe, die sowohl die Unterdrückten als auch die Unterdrücker einschließt, aber das System der Unterdrückung selbst ablehnt.

Diese Perspektive erinnert uns daran, dass wahre Liebe – persönlich oder sozial – nicht mit blinder Akzeptanz oder unkritischer Affirmation gleichzusetzen ist. Sie kann und sollte eine kritische Dimension einschließen, die auf Veränderung und Überwindung von Unrecht abzielt.

Ein Beispiel für kritische versus romantische Liebe: Zwei Bürger empfinden tiefe Liebe zu ihrem Land. Der erste drückt diese Liebe durch unkritischen Patriotismus aus – "Mein Land, richtig oder falsch". Er lehnt jede Kritik an nationalen Politiken oder Traditionen als unpatriotisch ab. Der zweite drückt seine Liebe durch kritisches Engagement aus. Er setzt sich aktiv für positive Veränderungen ein, kritisiert Ungerechtigkeiten und arbeitet für eine Gesellschaft, die ihren eigenen Idealen besser gerecht wird. Beide lieben ihr Land, aber der zweite praktiziert eine kritische Liebe, die auf Transformation abzielt, nicht auf bloße Affirmation.

Globale Ethik: Kann Liebe universal sein?

Eine besonders herausfordernde Frage ist, ob und wie Liebe als ethisches Prinzip globale oder universelle Reichweite haben kann. Kann Liebe über enge persönliche Beziehungen und selbst über nationale Grenzen hinausreichen?

Die buddhistische Tradition hat mit den Konzepten von Metta (liebende Güte) und Karuna (Mitgefühl) eine Vision universeller Liebe entwickelt, die sich auf alle fühlenden Wesen erstreckt. Durch systematische Meditation und Praxis kann diese Liebe schrittweise von nahestehenden Personen auf alle Wesen ausgedehnt werden.

Der Theologe Hans Küng hat in seinem "Projekt Weltethos" versucht, universelle ethische Prinzipien zu identifizieren, die von verschiedenen religiösen und kulturellen Traditionen geteilt werden könnten. Die "Goldene Regel" – andere so zu behandeln, wie man selbst behandelt werden möchte – kann als ein solches universelles Prinzip verstanden werden, das eine Form der Liebe ausdrückt.

Die Philosophin Martha Nussbaum argumentiert in "Frontiers of Justice", dass eine adäquate Konzeption globaler Gerechtigkeit nicht nur auf abstrakten Prinzipien basieren kann, sondern auch auf der Kultivierung eines kosmopolitischen Mitgefühls – einer Form der Liebe, die nationale und kulturelle Grenzen transzendiert.

Kritiker universalistischer Liebeskonzepte weisen darauf hin, dass konkrete Liebe immer in partikularen Beziehungen und kulturellen Kontexten verankert ist. Der Philosoph Alasdair MacIntyre argumentiert in "After Virtue", dass moralische Verpflichtungen aus konkreten Gemeinschaften und Traditionen erwachsen, nicht aus abstrakter Universalität.

Eine nuancierte Position würde anerkennen, dass Liebe sowohl partikulare als auch universelle Dimensionen hat.

230

Sie beginnt typischerweise in konkreten Beziehungen und kann von dort aus erweitert werden, ohne jedoch ihre Verwurzelung im Konkreten zu verlieren.

Ein Beispiel für diese Spannung: Als Ärztin bei "Ärzte ohne Grenzen" arbeitet Sofia in einer Krisenregion, in der Menschen unterschiedlichster Herkunft und Überzeugungen leiden. Ihre Motivation ist eine Form universeller Liebe – die Überzeugung, dass jedes menschliche Leben gleichermaßen wertvoll ist und Fürsorge verdient. Gleichzeitig erkennt sie, dass diese universelle Liebe nicht abstrakt bleiben kann, sondern in konkreten Begegnungen mit einzelnen Patienten, in der Respektierung lokaler Kulturen und im Verständnis spezifischer Kontexte verwirklicht werden muss. Ihre globale Ethik verbindet universelle Prinzipien mit kontextueller Sensibilität.

Angewandte Dimensionen: Liebe in sozialen Bewegungen und Institutionen

Die Ethik der Liebe hat konkrete Anwendungen in sozialen Bewegungen und kann selbst Institutionen und Politiken informieren:

Die **Bürgerrechtsbewegung** in den USA, angeführt von Martin Luther King Jr., basierte explizit auf dem Prinzip der Agape als Grundlage gewaltfreien Widerstands. Kings "Kraft der Liebe" war nicht bloße Rhetorik, sondern ein konkretes Handlungsprinzip, das sowohl das Ziel (eine gerechte, inklusive Gesellschaft) als auch die Mittel (gewaltfreier Widerstand, Versöhnung, Gemeinschaftsbildung) bestimmte.

Die **Wahrheits- und Versöhnungskommission** in Südafrika, inspiriert von Desmond Tutus Konzept des "Ubuntu" (einer afrikanischen Philosophie gegenseitiger

Menschlichkeit), versuchte, nationale Heilung nach der Apartheid durch einen Prozess zu fördern, der Wahrheit, Gerechtigkeit, Vergebung und Wiederherstellung verband – Elemente einer sozialen Agape.

Die **restorative Justiz** als Alternative zur retributiven (vergeltenden) Gerechtigkeit basiert auf Prinzipien, die der Liebesethik nahestehen: Sie betont Heilung statt Bestrafung, Wiedergutmachung statt Vergeltung, die Wiederherstellung von Beziehungen statt der Isolation des Täters. In diesem Ansatz wird Gerechtigkeit nicht gegen Liebe ausgespielt, sondern als ihre strukturelle Verwirklichung verstanden.

Wirtschaftliche Systeme und Politiken können ebenfalls durch eine Ethik der Liebe informiert werden. Der Ökonom E. F. Schumacher argumentiert in "Small is Beautiful" für eine "Ökonomie der Liebe", die menschliche Bedürfnisse und ökologische Nachhaltigkeit über abstrakte Effizienz und Profitmaximierung stellt. Solche Ansätze finden sich heute in Konzepten wie der solidarischen Ökonomie, der Gemeinwohlökonomie oder der Donut-Ökonomie von Kate Raworth.

Diese Beispiele zeigen, dass Liebe nicht auf persönliche Beziehungen beschränkt bleiben muss, sondern soziale Strukturen, Institutionen und Politiken informieren kann – nicht als sentimentales Gefühl, sondern als ethisches Prinzip, das Gerechtigkeit, Würde und Gemeinwohl fördert.

Ein Beispiel für institutionalisierte Liebe: In einer von Gemeindemitgliedern geführten Zeitbank tauschen Menschen Dienste auf der Basis von Zeit statt Geld – eine Stunde Gartenarbeit ist so viel wert wie eine Stunde Rechtsberatung oder Kinderbetreuung. Diese Institution

verkörpert Prinzipien der Liebe in ihrer Struktur: Sie
würdigt den gleichen Wert jeder Person unabhängig von
Marktbewertungen, fördert gegenseitige Fürsorge und
Interdependenz und schafft Beziehungen, die über bloße
Transaktionen hinausgehen. Solche alternativen
Wirtschaftsmodelle zeigen, wie Liebe in soziale Praktiken
und Institutionen eingebettet werden kann, ohne auf
persönliche Gefühle reduziert zu werden.

Integration: Liebe als Grundlage transformativer Ethik

Die Verbindung von Liebe und sozialer Gerechtigkeit
erinnert uns daran, dass ethische Prinzipien nicht abstrakt
und losgelöst von menschlicher Erfahrung sein müssen,
sondern in konkreten Formen der Verbundenheit und
Sorge verwurzelt sein können.

Der Theologe und Philosoph Paul Tillich drückt dies aus,
wenn er schreibt: "Liebe ist nicht etwas, das wir 'tun' oder
'haben', sondern etwas, das wir 'sind'." Diese ontologische
Dimension der Liebe verbindet persönliche
Transformation mit sozialer Veränderung – die Art, wie
wir sind und in Beziehung stehen, ist untrennbar von den
sozialen Strukturen, die wir schaffen und erhalten.

In dieser integrativen Perspektive ist die Liebe weder ein
rein persönliches Gefühl noch ein abstraktes soziales
Prinzip, sondern eine Weise des In-der-Welt-Seins, die
sowohl intime Beziehungen als auch soziale Strukturen
prägt. Sie fordert uns auf, persönliche und soziale
Transformation als komplementäre Aspekte desselben

ethischen Projekts zu verstehen – der Schaffung einer Welt, in der Liebe und Gerechtigkeit nicht Gegensätze, sondern Ausdrücke derselben grundlegenden Wertschätzung menschlicher Würde und Verbundenheit sind.

Kapitel 10: Liebe und das gute Leben

Liebe, Glück und Erfüllung

Die Beziehung zwischen Liebe, Glück und Erfüllung gehört zu den grundlegendsten Fragen der Philosophie des guten Lebens. Ist Liebe notwendig für ein glückliches Leben? Welche Art von Glück oder Erfüllung kann Liebe bieten? Wie verhält sich die Liebe zu anderen Quellen menschlichen Gedeihens? Diese Fragen berühren den Kern dessen, was es bedeutet, ein gutes, gelingendes menschliches Leben zu führen.

Eudaimonistische Perspektiven: Liebe als Teil des gelingenden Lebens

Die eudaimonistische Tradition, beginnend mit Aristoteles, betrachtet das gute Leben nicht primär als einen Zustand des Vergnügens oder der Schmerzfreiheit, sondern als aktive Verwirklichung der menschlichen Natur und Exzellenz (aretç). In dieser Tradition spielt die Liebe – besonders in Form der Philia (Freundschaft) – eine zentrale Rolle im gelingenden Leben.

Für Aristoteles ist die Freundschaft eine wesentliche Komponente der Eudaimonia (des Gedeihens oder Wohlbefindens). In der "Nikomachischen Ethik" schreibt er: "Ohne Freunde würde niemand wählen zu leben, auch wenn er alle anderen Güter besäße." Besonders die "vollkommene Freundschaft" – basierend auf gegenseitiger Wertschätzung des Charakters – ist für ihn ein integraler Bestandteil des guten Lebens.

Die Stoiker entwickelten eine komplexere Haltung zur Liebe. Einerseits betonten sie die Bedeutung affektiver Bindungen für ein naturgemäßes Leben. Andererseits warnten sie vor übermäßiger emotionaler Anhänglichkeit, die zu Leid führen kann, wenn der Geliebte verloren geht. Ihre Lösung lag in einer Form der "disziplinierten Liebe", die tiefe Verbundenheit mit innerer Freiheit und Gelassenheit (ataraxia) verbindet.

In der zeitgenössischen Tugendethik hat Martha Nussbaum die eudaimonistische Perspektive wiederbelebt. In "The Fragility of Goodness" argumentiert sie, dass die Verletzlichkeit, die mit der Liebe einhergeht, nicht vermieden werden sollte, sondern ein wesentlicher Teil eines reichen menschlichen Lebens ist. Für sie schließt Eudaimonia das Eingehen bedeutsamer Bindungen ein, auch wenn diese uns verwundbar machen.

Ein Beispiel für diese eudaimonistische Perspektive: Nach dem Verlust seines langjährigen Partners trauert Michael tief und schmerzhaft. Ein Freund fragt ihn, ob er, wenn er die Wahl hätte, lieber nie geliebt hätte, um dieser Trauer zu entgehen. Michael antwortet: "Niemals. Der Schmerz, den ich jetzt fühle, ist der Preis für die Freude, die Tiefe und den Sinn, die unsere Liebe in mein Leben gebracht hat. Ich würde nichts davon missen wollen, selbst wenn ich die Trauer hätte vermeiden können." Diese Haltung spiegelt die eudaimonistische Ansicht wider, dass Liebe, mit all ihren Höhen und Tiefen, ein integraler Bestandteil eines reichen, voll gelebten menschlichen Lebens ist.

Hedonistische Perspektiven: Liebe als Quelle des Glücks

Im Gegensatz zur eudaimonistischen Tradition betrachtet die hedonistische Tradition das Glück primär als positive Gefühlszustände – Freude, Vergnügen, Zufriedenheit – und die Abwesenheit von Schmerz und Leid. In dieser Perspektive wird Liebe als potenzielle Quelle intensiver Freude, aber auch als mögliche Ursache von Schmerz betrachtet.

Epikur, oft missverstanden als bloßer Verfechter des Vergnügens, entwickelte eine nuancierte Sicht auf Freundschaft und Liebe. Für ihn waren tiefe Freundschaften eine der wichtigsten Quellen dauerhafter Freude und Sicherheit. Gleichzeitig warnte er vor den Risiken romantischer Leidenschaft, die er als potenziell destabilisierend für die Seelenruhe (ataraxia) betrachtete.

Utilitaristen wie John Stuart Mill verstehen Glück als das größtmögliche Wohlbefinden für die größtmögliche Zahl. In dieser Perspektive kann Liebe sowohl ein intrinsisches Gut sein – eine Quelle direkter Freude – als auch ein instrumentelles Gut, das das Glück und Wohlbefinden fördert. Mill selbst, in seiner tiefen Verbundenheit mit Harriet Taylor, erfuhr die Liebe als transformative Kraft, die sein eigenes Verständnis von Glück und Erfüllung vertieft hat.

Die zeitgenössische Positiven Psychologie hat den Zusammenhang zwischen liebevollen Beziehungen und subjektivem Wohlbefinden empirisch untersucht. Studien wie die Harvard-Studie zur Erwachsenenentwicklung zeigen, dass gute Beziehungen einer der stärksten Prädiktoren für Lebenszufriedenheit und Wohlbefinden sind. Der Psychologe Martin Seligman identifiziert "positive Beziehungen" als eine der fünf Kernkomponenten seines PERMA-Modells des Wohlbefindens.

Ein Beispiel für diese hedonistische Perspektive: Clara hat in ihrem Leben bewusst entschieden, tiefe, liebevolle Beziehungen zu priorisieren – zu ihrem Partner, ihrer Familie, ihren Freunden und ihrer Gemeinschaft. Obwohl sie beruflich weniger erreicht hat als manche ihrer Kollegen, die Karriere über persönliche Beziehungen stellten, berichtet sie über ein höheres subjektives Wohlbefinden und größere Lebenszufriedenheit. Ihre liebevollen Beziehungen bieten ihr tägliche Freude, emotionale Unterstützung in schwierigen Zeiten und ein Gefühl der Zugehörigkeit und des Sinns. Aus hedonistischer Perspektive hat sie „erfolgreicher" gelebt als karrierefokussiertere Zeitgenossen, die möglicherweise mehr Geld oder Status, aber weniger Glück erfahren haben.

Existenzialistische Perspektiven: Liebe als Sinnquelle

Jenseits von Eudaimonismus und Hedonismus bietet die existenzialistische Tradition eine weitere Perspektive auf die Beziehung zwischen Liebe und dem guten Leben. Hier wird die Liebe primär als Quelle von Sinn und Authentizität betrachtet, nicht nur von Glück oder Wohlbefinden.

Martin Buber beschreibt in "Ich und Du" die
"Ich-Du-Beziehung" als eine authentische Form der
Begegnung, die dem Leben Sinn und Bedeutung verleiht.
Im Gegensatz zur instrumentellen "Ich-Es-Beziehung"
ermöglicht die Ich-Du-Begegnung eine tiefere Form des
Seins und der Teilhabe an der Wirklichkeit.

Jean-Paul Sartre und Simone de Beauvoir entwickelten
komplexe Perspektiven auf die Liebe im Kontext ihrer
existenzialistischen Philosophie. Für Sartre birgt die
Liebe die Gefahr, die Freiheit des anderen zu
objektivieren oder die eigene aufzugeben, aber auch das
Potenzial für eine authentische Begegnung zwischen zwei
Freiheiten. Für de Beauvoir ist die authentische Liebe
eine, die die Freiheit und Autonomie beider Partner
respektiert und fördert.

Viktor Frankl, der Begründer der Logotherapie, betont in
"Der Mensch vor der Frage nach dem Sinn", dass die
Liebe eine der wichtigsten Quellen von Sinn im Leben ist.
Seine berühmte Aussage, dass Liebe es einem ermöglicht,
"die Melodie in einem anderen zu sehen" und ihm zu
helfen, sie zu verwirklichen, spiegelt seine Überzeugung
wider, dass Liebe eine tiefe Form der Sinnerfüllung bietet.

Ein Beispiel für diese existenzialistische Perspektive: Als
erfolgreicher Unternehmensberater hat David alles
erreicht, was konventionell als Erfolg gilt – Reichtum,
Status, berufliche Anerkennung. Dennoch erfährt er eine
tiefe existenzielle Leere, ein Gefühl der Sinnlosigkeit. Als
er sich in Sofia verliebt, entdeckt er eine neue Dimension
des Lebens – nicht nur Freude oder Vergnügen, sondern
ein tieferes Gefühl von Bedeutung und Authentizität. Ihre
Liebe eröffnet ihm neue Möglichkeiten des Seins und
konfrontiert ihn mit existenziellen Fragen nach Werten,
Prioritäten und der Art von Person, die er sein will. Die

Liebe wird hier nicht primär als Quelle des Glücks, sondern als Katalysator für authentisches Sein und existenzielle Tiefe erfahren.

Die Dialektik von Autonomie und Verbundenheit

Eine zentrale Spannung in der Beziehung zwischen Liebe und dem guten Leben betrifft das Verhältnis von Autonomie und Verbundenheit. Ist Selbstgenügsamkeit (autarkeia) oder tiefe Verbundenheit der Schlüssel zum guten Leben? Oder ist eine Integration beider Pole notwendig?

Die stoische Tradition betonte die Bedeutung der Selbstgenügsamkeit (autarkeia) für das gute Leben. Epiktet argumentierte, dass wahre Freiheit und Glück nur durch innere Unabhängigkeit von äußeren Umständen erreicht werden können – einschließlich der Liebe und Anerkennung anderer. Diese Position scheint Autonomie über Verbundenheit zu stellen.

Im Gegensatz dazu betonen Denker wie Martin Buber, Carol Gilligan und die Vertreter der Sorgeethik die fundamentale Bedeutung der Verbundenheit für menschliches Gedeihen. Aus dieser Perspektive ist der Mensch wesentlich relational, und ein gutes Leben kann nicht in Isolation, sondern nur in bedeutungsvollen Beziehungen verwirklicht werden.

Eine integrative Position würde die dialektische Beziehung zwischen Autonomie und Verbundenheit anerkennen. Der Psychologe Erik Erikson beschreibt in seiner Entwicklungstheorie die "Intimität versus Isolation" als eine zentrale Entwicklungsaufgabe des jungen Erwachsenenalters. Für ihn setzt wahre Intimität eine gewisse Entwicklung der eigenen Identität voraus, während gleichzeitig die Fähigkeit zur tiefen Verbindung ein Zeichen psychologischer Reife ist.

Erich Fromm entwickelt in "Die Kunst des Liebens" eine ähnliche Position. Für ihn ist wahre Liebe weder verschmelzende Abhängigkeit noch distanzierte Autonomie, sondern eine Verbindung, in der beide Partner ihre Integrität und Freiheit bewahren, während sie gleichzeitig eine tiefe Einheit erfahren. Diese "produktive Liebe" ist für ihn ein zentraler Aspekt des reifen, gelingenden Lebens.

Ein Beispiel für diese Dialektik: Nach einer Serie von abhängigen, "verschmelzenden" Beziehungen, die letztlich scheiterten, und einer Phase extremer Unabhängigkeit, die einsam und leer fühlte, findet Julia in ihrer Beziehung zu Marcus eine neue Balance. Ihre Verbindung ist tief und bedeutsam, aber keiner von beiden gibt seine Autonomie, seine eigenen Interessen oder seine Freundschaften auf. Julia erlebt, dass wahre Intimität nicht Selbstaufgabe erfordert, sondern durch die Begegnung zweier vollständiger, selbstständiger Personen entsteht. Diese Balance von Autonomie und Verbundenheit wird für sie zu einem Schlüsselaspekt ihres persönlichen Wachstums und Wohlbefindens.

Liebe und andere Komponenten des guten Lebens

Obwohl die Liebe in vielen Konzeptionen des guten Lebens eine zentrale Rolle spielt, ist sie selten die einzige relevante Komponente. Ein umfassendes Verständnis des

Verhältnisses von Liebe zum guten Leben muss ihre Beziehung zu anderen Aspekten menschlichen Gedeihens berücksichtigen.

Aristoteles unterschied verschiedene Arten von Gütern, die zum guten Leben beitragen: äußere Güter (wie Gesundheit und materielle Ressourcen), Güter der Seele (wie Tugend und Weisheit) und relationale Güter (wie Freundschaft und politische Teilhabe). Die Liebe als relationales Gut ist in dieser Perspektive ein wesentlicher, aber nicht der einzige Bestandteil der Eudaimonia.

In der Tradition der Capability-Theorie, entwickelt von Amartya Sen und Martha Nussbaum, wird menschliches Gedeihen als Verwirklichung verschiedener grundlegender Fähigkeiten oder Capabilities verstanden. Nussbaum listet zehn zentrale Capabilities auf, darunter "Zugehörigkeit" (die Fähigkeit, mit anderen zu leben und Beziehungen einzugehen) als eine wichtige, aber nicht die einzige Dimension menschlichen Gedeihens.

Der Psychologe Martin Seligman identifiziert in seinem PERMA-Modell fünf Elemente des Wohlbefindens: Positive Emotionen, Engagement, Beziehungen, Sinn und Zielerreichung (Positive emotions, Engagement, Relationships, Meaning, Achievement). Hier sind liebevolle Beziehungen eine Kernkomponente, stehen aber neben anderen wichtigen Dimensionen des Gedeihens.

Diese verschiedenen Rahmenwerke deuten darauf hin, dass die Liebe zwar eine zentrale, vielleicht sogar unersetzliche Komponente des guten Lebens ist, aber nicht die einzige. Ein gelingendes Leben integriert typischerweise Liebe mit anderen Dimensionen menschlichen Gedeihens – wie Kreativität, Sinnerfüllung,

Autonomie, Weisheit, Gemeinschaft und körperliches Wohlbefinden.

Ein Beispiel für diese integrative Perspektive: Thomas führt ein reiches, erfüllendes Leben, in dem verschiedene Dimensionen des Gedeihens ineinandergreifen. Seine tiefe, liebevolle Partnerschaft mit Maria und seine engen Freundschaften sind ein zentraler Bestandteil seines Wohlbefindens. Gleichzeitig findet er große Erfüllung in seiner kreativen Arbeit als Künstler, in seinem Engagement für soziale Gerechtigkeit, in seiner spirituellen Praxis und in der Pflege seiner körperlichen Gesundheit. Wenn eine dieser Dimensionen fehlen würde – auch die Liebe – wäre sein Leben unvollständig. Doch es ist gerade die Integration dieser verschiedenen Aspekte, die seinem Leben Tiefe, Balance und Erfüllung verleiht.

Die Paradoxien der Liebe im guten Leben

Die Beziehung zwischen Liebe und dem guten Leben ist von verschiedenen Paradoxien geprägt, die ihre Komplexität und Tiefe unterstreichen:

Das Paradoxon der Verletzlichkeit: Liebe macht uns verletzlich für Schmerz, Enttäuschung und Verlust, ist aber gleichzeitig eine der tiefsten Quellen von Freude, Sinn und Erfüllung. Die Öffnung für die Liebe ist eine Öffnung für beides – für potenzielle Verletzung und für tiefes Glück.

Die Philosophin Martha Nussbaum spricht in "The Fragility of Goodness" von der "Verletzlichkeit des Guten" – der Tatsache, dass viele der wertvollsten Elemente eines guten Lebens, einschließlich der Liebe, uns anfällig für Risiken und Verluste machen. Für sie ist diese Verletzlichkeit nicht zu vermeiden, sondern ein integraler Bestandteil eines reichen menschlichen Lebens.

Das Paradoxon der Nicht-Intentionalität: Liebe kann ein zentraler Bestandteil des guten Lebens sein, aber wir können sie nicht direkt oder instrumentell anstreben. Wie der Philosoph Jon Elster in "Sour Grapes" argumentiert, gehört die Liebe zu den "Zuständen, die wesentlich Nebenprodukte sind" – sie kann nicht direkt angestrebt werden, sondern entsteht als Nebenprodukt anderer Aktivitäten und Haltungen.

Das Paradoxon der Selbsttranszendenz: Die Liebe erfordert eine Form der Selbsttranszendenz – ein Hinausgehen über die Grenzen des eigenen Ego. Paradoxerweise ist es oft gerade in dieser Selbsttranszendenz, dass wir eine tiefere Form der Selbsterfüllung und des Wohlergehens erfahren. Viktor Frankl drückt dies aus, wenn er schreibt: "Je mehr er sich selbst vergisst – indem er sich hingibt einer Sache oder einem anderen Menschen –, desto mehr ist er Mensch und desto mehr verwirklicht er sich selbst."

Das Paradoxon der Kontrolle: Liebe entzieht sich unserer vollständigen Kontrolle – wir können nicht entscheiden, wen wir lieben oder wie lange. Gleichzeitig erfordert eine gelingende Liebe aktives Engagement, Pflege und Verantwortung. Die Balance zwischen Akzeptanz des Unkontrollierbaren und aktiver Gestaltung des Kontrollierbaren ist ein zentrales Spannungsfeld in der Beziehung zwischen Liebe und dem guten Leben.

Ein Beispiel für diese Paradoxien: Nach dem unerwarteten Tod ihrer Tochter steht Anna vor der Frage, ob sie es bereut, Mutter geworden zu sein, angesichts des überwältigenden Schmerzes, den sie nun erfährt. Nach tiefer Reflexion erkennt sie, dass die Liebe zu ihrer Tochter – mit all ihrer Freude und ihrem Schmerz – ihr Leben unermesslich bereichert hat. Der Schmerz, den sie fühlt, ist die Kehrseite der tiefen Liebe, die sie erfahren hat. Sie hätte den Schmerz nur vermeiden können, indem sie auch die Liebe vermieden hätte – ein Preis, den sie nie zu zahlen bereit gewesen wäre. In diesem tragischen Beispiel zeigt sich die tiefe Paradoxie der Liebe: Sie macht uns verwundbar für den tiefsten Schmerz und öffnet uns gleichzeitig für die tiefste Erfüllung.

Kulturelle und persönliche Variationen

Die Beziehung zwischen Liebe und dem guten Leben wird nicht in allen Kulturen oder von allen Individuen gleich verstanden oder erfahren:

In kollektivistischen Kulturen wird das gute Leben oft stärker in Begriffen von Harmonie, Erfüllung sozialer Rollen und Beitrag zur Gemeinschaft verstanden als in Begriffen individueller Erfüllung oder persönlichen Glücks. Die Liebe wird hier möglicherweise weniger als Quelle individueller Erfüllung und mehr als Grundlage sozialer Beziehungen und Verpflichtungen betrachtet.

Religiöse und spirituelle Traditionen bieten verschiedene Perspektiven auf die Beziehung zwischen menschlicher und göttlicher Liebe im guten Leben. Für viele mysische Traditionen ist die Liebe zu Gott oder zum Göttlichen die höchste Form der Erfüllung, während menschliche Liebe ein Weg oder ein Spiegel dieser göttlichen Liebe sein kann.

Auf individueller Ebene gibt es bedeutsame Unterschiede in der Gewichtung, die verschiedene Menschen der Liebe im guten Leben geben. Für manche ist tiefe Verbundenheit das Zentrum eines erfüllten Lebens, für andere sind kreative Arbeit, intellektuelle Erkenntnis, spirituelle Suche oder andere Werte zentral.

Der Respekt für diese kulturellen und individuellen Variationen ist wichtig für ein nuanciertes Verständnis der Beziehung zwischen Liebe und dem guten Leben. Er schützt vor einer vereinfachenden oder ethnozentrischen Universalisierung bestimmter Konzeptionen des guten Lebens und der Rolle der Liebe darin.

Ein Beispiel für diese kulturellen Unterschiede: In einer traditionellen ostasiatischen Familie wird das gute Leben weniger in Begriffen romantischer Liebe oder individuellen Glücks verstanden als in Begriffen der Harmonie zwischen den Generationen, der Erfüllung familiärer Pflichten und des Beitrags zum Gemeinwohl. Die Liebe zwischen den Familienmitgliedern drückt sich mehr in gegenseitiger Unterstützung, Respekt und Loyalität aus als in emotionaler Expressivität oder persönlicher Erfüllung. Diese kulturelle Variation zeigt, dass die Art und Weise, wie Liebe zum guten Leben beiträgt, kulturell geprägt ist und nicht auf westliche, individualistische Konzeptionen reduziert werden kann.

Praktische Implikationen: Kultivierung der Liebe für ein gutes Leben

Aus den verschiedenen philosophischen Perspektiven auf die Beziehung zwischen Liebe und dem guten Leben ergeben sich praktische Implikationen für die Kultivierung der Liebe als Teil eines gelingenden Lebens:

1. **Balance von Offenheit und Grenzen**: Die Kultivierung einer Haltung, die offen für tiefe Verbindung ist, ohne die eigene Integrität oder Autonomie aufzugeben. Dies beinhaltet das Erlernen gesunder Grenzen, die Unterscheidung

zwischen Liebe und Abhängigkeit und die Entwicklung der Fähigkeit, sowohl zu geben als auch zu empfangen.

2. **Integration von Liebe mit anderen Lebensbereichen**: Die Entwicklung eines Lebens, in dem liebevolle Beziehungen mit anderen bedeutsamen Aktivitäten und Werten – wie kreativer Arbeit, Lernen, Spiel, spiritueller Praxis, gesellschaftlichem Engagement – integriert sind. Diese Integration ermöglicht ein reicheres, vielschichtigeres gutes Leben als eines, das ausschließlich auf Liebe oder ausschließlich auf andere Werte fokussiert ist.

3. **Kultivierung von Aufmerksamkeit und Präsenz**: Die Praxis, in Beziehungen wirklich präsent und aufmerksam zu sein – eine Qualität, die von Denkern wie Simone Weil, Thich Nhat Hanh und Iris Murdoch als zentral für die Liebe betrachtet wird. Diese Aufmerksamkeit ermöglicht es, den anderen wirklich zu "sehen" und wertzuschätzen, jenseits von Projektionen und Idealisierungen.

4. **Entwicklung emotionaler Intelligenz**: Die Kultivierung der Fähigkeit, eigene und fremde Emotionen zu erkennen, zu verstehen und angemessen mit ihnen umzugehen. Diese Fähigkeit ist entscheidend für die Navigation der komplexen emotionalen Landschaft der Liebe und für die Schaffung und Erhaltung gesunder, erfüllender Beziehungen.

5. **Akzeptanz der Unvollkommenheit und des Wandels**: Die Entwicklung der Fähigkeit, die

Unvollkommenheit und Vergänglichkeit aller menschlichen Beziehungen anzunehmen, ohne in Zynismus oder Rückzug zu verfallen. Diese Akzeptanz ermöglicht eine reifere, widerstandsfähigere Form der Liebe, die weder idealisiert noch desillusioniert ist.

Ein Beispiel für diese praktische Kultivierung: Nach mehreren gescheiterten Beziehungen beginnt Michael einen bewussten Prozess der Selbstreflexion und des Wachstums. Er arbeitet an seiner Tendenz zur übermäßigen Abhängigkeit, entwickelt ein reicheres Leben jenseits romantischer Beziehungen, übt sich in Achtsamkeit und emotionaler Intelligenz und akzeptiert die Unvollkommenheit und Ungewissheit aller Beziehungen. Als er später eine neue Beziehung zu Julia beginnt, bringt er eine reifere, ausgewogenere Haltung mit – nicht die verzweifelte Suche nach Erfüllung durch den anderen, sondern die Bereitschaft, eine tiefe, aber nicht alles konsumierende Verbindung zu kultivieren, die sein Leben bereichert, ohne es zu definieren.

Integration: Liebe als konstitutives, aber nicht einziges Element des guten Lebens

Eine integrative Perspektive auf die Beziehung zwischen Liebe und dem guten Leben würde die Liebe als konstitutives, aber nicht einziges Element des gelingenden Lebens betrachten. Die Liebe in ihren verschiedenen Formen – romantisch, freundschaftlich, familiär, universell – bietet einzigartige Formen der Freude, des Sinns und der Erfüllung, die durch nichts anderes vollständig ersetzt werden können. Gleichzeitig ist ein umfassend gelingendes Leben typischerweise reicher und vielschichtiger als eines, das ausschließlich auf Liebe fokussiert ist.

In dieser integrativen Sicht ist die Liebe nicht einfach ein Mittel zum Glück oder zur Selbstverwirklichung, sondern eine fundamentale Dimension menschlicher Erfahrung und menschlichen Gedeihens. Sie ist sowohl eine Quelle tiefer Freude und Erfüllung als auch eine Quelle von Herausforderung und Wachstum. Ihre Paradoxien – dass sie uns verletzlich macht und gleichzeitig stärkt, dass sie Selbsttranszendenz erfordert und gleichzeitig Selbstverwirklichung ermöglicht, dass sie sich unserer Kontrolle entzieht und gleichzeitig unser aktives Engagement erfordert – machen sie zu einem besonders reichen und komplexen Element des guten Lebens.

Der Philosoph und Theologe Paul Tillich drückt diese integrative Sicht aus, wenn er schreibt: "Die erste Pflicht der Liebe ist, zuzuhören." Diese einfache Aussage deutet auf eine Konzeption der Liebe hin, die weder romantisierend noch reduktionistisch ist – eine Liebe, die Aufmerksamkeit, Respekt und Engagement für den anderen beinhaltet und gleichzeitig offen bleibt für das Geheimnis und die Andersartigkeit des Geliebten. Eine solche Liebe ist weder die einzige Quelle des guten Lebens noch ein bloßes Mittel zu anderen Zwecken, sondern ein fundamentaler Ausdruck unserer Menschlichkeit und ein wesentliches Element eines reichen, gelingenden Lebens.

Liebe, Sinn und Transzendenz

Die Verbindung zwischen Liebe, Sinn und Transzendenz gehört zu den tiefgründigsten Aspekten der menschlichen Erfahrung. Wie kann Liebe unserem Leben Sinn verleihen? Inwiefern ermöglicht sie Erfahrungen der Transzendenz oder des Überschreitens unserer gewöhnlichen Grenzen? Diese Fragen berühren die existenziellen und spirituellen Dimensionen der Liebe.

Liebe als Sinnquelle: Existenzialistische Perspektiven

Für viele existenzialistische Denker ist die Liebe eine zentrale, vielleicht sogar die wichtigste Quelle von Sinn in einem Universum, das an sich keinen inhärenten Sinn oder Zweck hat.

Viktor Frankl, der Begründer der Logotherapie, identifiziert in "Der Mensch vor der Frage nach dem Sinn" drei hauptsächliche Quellen von Sinn: kreative Werte (Schaffen), Erlebniswerte (Erfahrung und Begegnung) und Einstellungswerte (Haltung gegenüber unvermeidlichem Leid). Die Liebe gehört für ihn zu den zentralen Erlebniswerten, die unserem Leben Sinn verleihen können. Frankl schreibt: "Die Liebe ist die einzige Weise, ein anderes menschliches Wesen in seiner Einzigartigkeit und Unwiederholbarkeit zu erfassen."

Für Frankl transzendiert die Liebe die bloße Subjektivität und ermöglicht eine tiefere Form der Erkenntnis und Begegnung. In seiner Konzeption ist die Liebe nicht nur ein Gefühl, sondern eine existenzielle Haltung, die uns befähigt, das Potenzial und die Möglichkeiten im anderen zu sehen – seine "Werdendheit" jenseits seiner aktuellen Realität.

Martin Buber entwickelt in "Ich und Du" eine ähnliche Perspektive. Für ihn ist die "Ich-Du-Beziehung" – im Gegensatz zur instrumentellen "Ich-Es-Beziehung" – eine Form der authentischen Begegnung, die dem Leben Sinn und Bedeutung verleiht. In der Ich-Du-Begegnung wird der andere nicht als Objekt, sondern als Präsenz erfahren, nicht als Mittel zu einem Zweck, sondern als Zweck an sich.

Für Buber ist diese Form der Begegnung nicht auf menschliche Beziehungen beschränkt, sondern kann sich auch auf die Natur, auf Kunstwerke oder auf das "ewige Du" (Gott) erstrecken. In all diesen Formen ist die Ich-Du-Begegnung eine Quelle von Sinn und Transzendenz, eine Öffnung zu einer Dimension der Wirklichkeit, die über das bloß Faktische, Instrumentelle oder Objekthafte hinausgeht.

Albert Camus, oft mit dem existenzialistischen Absurdismus assoziiert, betont in "Der Mythos des Sisyphos" die Bedeutung der Liebe im Kontext der Absurdität des Lebens. Für ihn ist die Liebe, neben der Kunst und dem Kampf gegen Ungerechtigkeit, eine der Möglichkeiten, im Angesicht des Absurden zu einem "Ja zum Leben" zu finden – nicht durch die Flucht in metaphysische Tröstungen, sondern durch die Intensität der Erfahrung selbst.

Ein Beispiel für diese existenzialistische Perspektive: Nach dem Tod seiner Frau und dem Verlust seines Berufs durch eine Krankheit erlebt Michael eine tiefe existenzielle Krise. Er findet keinen Sinn mehr im Leben und zweifelt, ob weiterzuleben überhaupt einen Wert hat. In dieser dunklen Zeit beginnt er, sich um seine kleine Enkelin zu kümmern. Allmählich entdeckt er in der Liebe zu ihr eine neue Quelle von Sinn. Es ist nicht ein abstrakter "Sinn des Lebens", den er findet, sondern eine konkrete, lebendige Bedeutung, die in der Beziehung selbst entsteht – in den gemeinsamen Momenten des Spiels, des Lernens, der Fürsorge. Diese Liebe ermöglicht es ihm, sein Leben in einem neuen Licht zu sehen, nicht als sinnloses Leiden, sondern als Möglichkeit tiefer Verbindung und Hingabe.

Liebe und spirituelle Transzendenz

In vielen spirituellen und religiösen Traditionen wird die Liebe als Weg zur Transzendenz oder zur Verbindung mit dem Göttlichen verstanden.

In der christlichen Tradition, besonders in der mystischen Tradition, wird die Liebe als der primäre Weg zur Gotteserkenntnis und zur Einheit mit Gott betrachtet. Der mittelalterliche Mystiker Meister Eckhart schreibt: "Wer Gott in allen Dingen erkennt, erkennt Gott auf göttliche Weise. Ihm schmeckt Gott nach Göttlichem, und alle Dinge schmecken ihm nach Gott."

Diese Idee findet sich auch bei Augustinus, der die Liebe (Caritas) als den Weg zu Gott betrachtet, und bei Thomas von Aquin, für den die Liebe die Tugend ist, die den Menschen mit Gott vereint. Der heilige Johannes vom Kreuz und die heilige Teresa von Ávila beschreiben in ihren Werken die "dunkle Nacht der Seele" und den "inneren Weg" als Prozesse der Läuterung und Transformation durch die Liebe.

In der sufistischen Tradition des Islam wird die Liebe (Ishq) ebenfalls als Weg zur Einheit mit Gott verstanden. Dichter wie Rumi und Hafez verwenden oft die Sprache der menschlichen Liebe, um die göttliche Liebe zu beschreiben – ein Ausdruck der Überzeugung, dass die menschliche Liebe ein Spiegel oder ein Vorgeschmack der göttlichen Liebe sein kann.

In der buddhistischen Tradition spielen Metta (liebende Güte) und Karuna (Mitgefühl) zentrale Rollen auf dem Weg zur Befreiung. Durch die Praxis dieser Qualitäten wird das Selbst allmählich transzendiert und eine umfassendere, universellere Form des Bewusstseins entwickelt. In der Metta-Meditation wird die liebende Güte schrittweise von sich selbst über nahestehende Personen, neutrale Personen und schwierige Personen bis zu allen fühlenden Wesen ausgedehnt – ein Prozess der graduellen Erweiterung und Universalisierung der Liebe.

Ein Beispiel für diese spirituelle Dimension: Nach Jahren der spirituellen Suche und Meditation erlebt Anna einen Moment tiefer Durchbruchs, als sie ihrem schwierigen Nachbarn begegnet. In einem Augenblick unerwarteter Klarheit sieht sie nicht mehr nur seine irritierenden Eigenschaften, sondern sein ganzes Menschsein – seine Verletzlichkeit, seine Kämpfe, seine fundamentale Würde. Diese Erfahrung ist nicht nur eine psychologische Einsicht, sondern eine spirituelle Öffnung, die ihr Verhältnis zu allen Menschen verändert. Sie erlebt, was der buddhistische Lehrer Thich Nhat Hanh "Interbeing" nennt – ein tiefes Gefühl der Verbundenheit und gegenseitigen Abhängigkeit aller Wesen. Diese Erfahrung der Liebe als Verbundenheit transzendiert ihr gewöhnliches Selbstgefühl und öffnet sie für eine umfassendere Dimension des Seins.

Liebe als Erkenntnisweg und Öffnung zur Wirklichkeit

Neben ihren existenziellen und spirituellen Dimensionen kann die Liebe auch als ein besonderer Erkenntnisweg verstanden werden – als eine Form des Wissens oder der Einsicht, die andere Formen der Erkenntnis ergänzt oder transzendiert.

Max Scheler argumentiert in "Wesen und Formen der Sympathie", dass die Liebe eine Form der Erkenntnis ist, die uns das Wesen des Geliebten in einer Weise zugänglich macht, die rein intellektuelles Verstehen nicht erreichen kann. Für ihn ist die Liebe nicht blind, sondern sehend – sie enthüllt Werte und Potenziale im Geliebten, die für andere verborgen bleiben mögen.

Iris Murdoch entwickelt in "The Sovereignty of Good" die Idee der Liebe als eine Form der "aufmerksamen Vision", die uns hilft, die Realität klarer zu sehen, indem sie unsere egozentrischen Verzerrungen reduziert. Für sie ist die Liebe nicht primär ein Gefühl, sondern eine moralische und erkenntnistheoretische Haltung – eine Art des Sehens, die sowohl die Wirklichkeit des anderen als auch die eigenen Projektionen und Verzerrungen wahrnimmt.

Der französische Philosoph Gabriel Marcel beschreibt in "Sein und Haben" die Liebe als eine Form der "Verfügbarkeit" oder "Präsenz", die eine tiefere Form der Erkenntnis ermöglicht als die objektivierende Beobachtung. In der liebenden Begegnung wird der andere nicht als Objekt, sondern als Gegenwart erfahren, nicht als etwas, das man "hat", sondern als jemand, mit dem man "ist".

Diese Konzeptionen deuten auf eine erkenntnistheoretische Transzendenz hin, die durch die Liebe möglich wird – eine Überwindung der Subjekt-Objekt-Trennung, die typischerweise unser Erkennen prägt, und eine Öffnung zu einer unmittelbareren, partizipativeren Form der Erkenntnis.

Ein Beispiel für diese erkenntnistheoretische Dimension: Der Biologe und Naturphilosoph Andreas erlebt während seiner Feldforschung im Regenwald einen unerwarteten Moment der Verbundenheit mit der natürlichen Welt.

Jenseits seines analytischen, wissenschaftlichen
Verstehens öffnet sich plötzlich eine andere Form der
Erkenntnis – ein Gefühl tiefer Liebe und Verbundenheit
mit den Lebewesen um ihn herum. Diese Erfahrung
verändert nicht nur sein emotionales Verhältnis zur Natur,
sondern auch sein wissenschaftliches Verständnis. Er
beginnt, die untersuchten Organismen nicht nur als
isolierte Objekte, sondern als Teil eines größeren,
lebendigen Ganzen zu sehen, mit dem er selbst verbunden
ist. Diese liebende Erkenntnis ergänzt und bereichert sein
wissenschaftliches Wissen, ohne es zu ersetzen – eine
Integration verschiedener Erkenntnisweisen, die durch die
Erfahrung der Liebe ermöglicht wird.

Die Paradoxie der Selbsttranszendenz durch Liebe

Eine zentrale Paradoxie der Liebe liegt in ihrer Fähigkeit,
Selbsttranszendenz zu ermöglichen und gleichzeitig zur
Selbstverwirklichung beizutragen. Wie kann die
Überschreitung des Selbst gleichzeitig zu seiner tieferen
Verwirklichung führen?

Viktor Frankl drückt diese Paradoxie aus, wenn er
schreibt: "Je mehr er sich selbst vergisst – indem er sich
hingibt einer Sache oder einem anderen Menschen –,
desto mehr ist er Mensch und desto mehr verwirklicht er
sich selbst." Für Frankl ist die Selbsttranszendenz – die
Ausrichtung auf etwas oder jemanden jenseits des eigenen
Selbst – ein grundlegendes menschliches Bedürfnis und
ein Schlüsselaspekt eines sinnerfüllten Lebens.

Der Psychologe Abraham Maslow, bekannt für seine
Bedürfnishierarchie, integrierte in seinen späteren
Arbeiten "Transzendenz" als eine Dimension der
Selbstverwirklichung. Für ihn ist die reifste Form der
Selbstverwirklichung nicht selbstzentriert, sondern

schließt eine Dimension der Selbsttranszendenz ein – eine Öffnung zu etwas, das größer ist als das individuelle Selbst.

In der buddhistischen Tradition wird diese Paradoxie durch das Konzept des "Nicht-Selbst" (Anatta) ausgedrückt. Die Erkenntnis, dass das Selbst keine feste, unveränderliche Entität ist, sondern ein fließender Prozess der Interdependenz, führt nicht zur Negation des Selbst, sondern zu seiner Befreiung und Öffnung. Die Praxis der liebenden Güte (Metta) ist ein Weg zu dieser paradoxen Selbsttranszendenz, die zugleich eine tiefere Form des Selbstseins ermöglicht.

Ein Beispiel für diese Paradoxie: Als Thomas Vater wird, erlebt er eine tiefgreifende Veränderung seines Selbstgefühls. Die bedingungslose Liebe zu seinem Kind führt ihn über die Grenzen seines bisherigen Selbstverständnisses hinaus. Er erfährt eine neue Form der Selbsttranszendenz – die Bereitschaft, für jemand anderen da zu sein, eigene Bedürfnisse zurückzustellen, Verantwortung für ein anderes Leben zu übernehmen. Paradoxerweise fühlt er sich in dieser Selbsttranszendenz nicht verloren oder ausgelöscht, sondern tiefer verwirklicht als je zuvor. Die Liebe zu seinem Kind erweitert sein Selbst, statt es zu verkleinern, und eröffnet ihm Dimensionen seines Menschseins, die er vorher nicht kannte. Er entdeckt, dass er in der Hingabe an einen anderen zu sich selbst findet, in einem umfassenderen, integrierteren Sinne.

Sinnkrisen und die transformative Kraft der Liebe

Sinnkrisen – Phasen existenzieller Leere, Orientierungslosigkeit oder Verzweiflung – gehören zu den tiefgreifendsten menschlichen Erfahrungen. Die

Liebe kann in solchen Krisen eine besondere transformative Kraft entfalten.

Viktor Frankl beschreibt in "Trotzdem Ja zum Leben sagen" seine Erfahrungen im Konzentrationslager und wie die Liebe zu seiner Frau ihm half, auch unter extremsten Bedingungen Sinn zu finden. Selbst als er nicht wusste, ob seine Frau noch lebte, gab ihm die innere Verbindung zu ihr Kraft und Orientierung. Diese Erfahrung führte ihn zu der Erkenntnis, dass selbst im Angesicht des Todes und extremen Leids das Leben durch Liebe sinnvoll bleiben kann.

Der Psychiater Irvin Yalom beschreibt in "Existenzielle Psychotherapie", wie die Konfrontation mit den "ultimativen Belangen" – Tod, Freiheit, Isolation und Sinnlosigkeit – zu tiefen existenziellen Krisen führen kann. Für ihn ist die Liebe nicht nur eine mögliche Antwort auf die Isolation, sondern auch eine potenzielle Quelle von Sinn angesichts der Sinnlosigkeit. Durch tiefe Verbindung mit anderen können wir eine Form von Bedeutung und Zweck finden, die nicht auf metaphysischen Garantien, sondern auf gelebter Erfahrung basiert.

Die Philosophin Simone de Beauvoir untersucht in ihren Werken, besonders in "Das andere Geschlecht", wie die Liebe zur Selbstbestimmung und zur Überwindung existenzieller Krisen beitragen kann. Für sie ist eine authentische Liebe eine, die die Freiheit und Subjektivität beider Partner respektiert und fördert, statt als Flucht vor existenzieller Verantwortung zu dienen.

Ein Beispiel für diese transformative Kraft: Nach dem Verlust seines Arbeitsplatzes und dem Scheitern seines langjährigen beruflichen Projekts fällt David in eine tiefe

Sinnkrise. Nichts scheint mehr einen Wert oder eine Bedeutung zu haben, und er zweifelt am Sinn seiner bisherigen Anstrengungen und Entscheidungen. In dieser Zeit bleibt seine Partnerin Laura geduldig an seiner Seite, nicht mit einfachen Tröstungen oder Lösungen, sondern mit einer tiefen, akzeptierenden Präsenz. Ihre Liebe bietet keine Antwort auf seine existenziellen Fragen, aber sie schafft einen Raum, in dem er diese Fragen stellen und durchleben kann, ohne in Verzweiflung zu versinken. Allmählich entdeckt er durch diese Liebe eine neue Perspektive – nicht eine Rückkehr zu seinen alten Gewissheiten, sondern ein tieferes Verständnis dessen, was wirklich wichtig ist und was sein Leben bedeutungsvoll macht. Die Krise wird so, durch die transformative Kraft der Liebe, zu einem Katalysator für inneres Wachstum und Neuorientierung.

Liebe, Endlichkeit und zeitliche Transzendenz

Die menschliche Erfahrung ist grundlegend von Endlichkeit und Zeitlichkeit geprägt. Die Liebe steht in einer besonderen Beziehung zu dieser Zeitlichkeit, indem sie gleichzeitig in ihr verwurzelt ist und sie in gewisser Weise transzendiert.

Der Philosoph Martin Heidegger beschreibt in "Sein und Zeit" das menschliche Dasein als wesentlich zeitlich und endlich – geprägt durch das Bewusstsein des eigenen "Sein-zum-Tode". In diesem Kontext kann die Liebe als eine Form der "eigentlichen Zeitlichkeit" verstanden werden – eine Weise des In-der-Zeit-Seins, die sowohl die Endlichkeit akzeptiert als auch über den bloßen Augenblick hinausweist.

Der Religionsphilosoph Paul Tillich entwickelt in "Liebe, Macht, Gerechtigkeit" die Idee der Liebe als eine Form der "zeitlichen Transzendenz" – als Erfahrung, die zwar in der Zeit stattfindet, aber auf eine Dimension jenseits der bloßen Zeitlichkeit hinweist. Für ihn ist die Liebe eine Erfahrung des "Ewigen im Zeitlichen" – nicht im Sinne einer zeitlosen Ewigkeit, sondern einer tieferen Dimension innerhalb der Zeit selbst.

Der Philosoph Gabriel Marcel unterscheidet in "Sein und Haben" zwischen "Problem" und "Geheimnis". Während Probleme objektiv und von außen betrachtet werden können, sind Geheimnisse Fragen, in die wir selbst existenziell involviert sind. Die Liebe gehört für Marcel zum Bereich des Geheimnisses – sie kann nicht objektiviert oder von außen erklärt werden, sondern nur von innen erfahren. Als Geheimnis hat die Liebe eine transzendente Qualität, die über das bloß Faktische oder Zeitliche hinausweist.

Ein Beispiel für diese zeitliche Transzendenz: Maria und Thomas blicken an ihrem 50. Hochzeitstag auf ihr gemeinsames Leben zurück. In diesem Moment erleben sie die Zeit auf eine besondere Weise – nicht als lineare Abfolge von Momenten, sondern als eine reiche, vielschichtige Ganzheit. Ihre gemeinsame Geschichte – mit all ihren Höhen und Tiefen, Freuden und Leiden – erscheint ihnen wie ein einziges großes Geschenk, in dem Vergangenheit, Gegenwart und Zukunft auf geheimnisvolle Weise verbunden sind. Diese Erfahrung ist nicht eine Leugnung der Zeitlichkeit und Endlichkeit – beide sind sich ihres Alters und ihrer Sterblichkeit sehr bewusst –, sondern eine Transformation innerhalb der Zeit selbst. Die Liebe hat ihre gemeinsame Zeit nicht aufgehoben, sondern bereichert und vertieft, ihr eine Qualität verliehen, die über die bloße Chronologie hinausgeht.

Liebe und kosmischer Sinn: Haltungen zur ultimativen Bedeutung

Eine der tiefgründigsten Fragen bezüglich Liebe, Sinn und Transzendenz betrifft ihre Beziehung zur ultimativen oder kosmischen Bedeutung. Hat die Liebe einen Platz oder eine Bedeutung im größeren kosmischen Schema? Verschiedene Perspektiven bieten unterschiedliche Antworten auf diese Frage:

Theistische Perspektiven, wie sie in den abrahamitischen Religionen (Judentum, Christentum, Islam) zu finden sind, verstehen die Liebe als grundlegendes Attribut Gottes und als zentrales Element der göttlichen Schöpfungsordnung. Die menschliche Liebe wird hier als Teilhabe an der göttlichen Liebe verstanden, als Spiegelung oder Ausdruck einer fundamentaleren kosmischen Wirklichkeit.

Der Theologe Pierre Teilhard de Chardin entwickelt in "Der Mensch im Kosmos" eine evolutionäre Vision, in der die Liebe die treibende Kraft der kosmischen Evolution ist – eine Kraft, die zur zunehmenden Komplexität, Bewusstheit und schließlich zur "Noosphäre" (einer Sphäre des bewussten Denkens und der Verbundenheit) führt. Für ihn ist die Liebe nicht nur ein menschliches Gefühl, sondern ein kosmisches Prinzip, das in der Dynamik des Universums selbst am Werk ist.

Naturalistischere Perspektiven, wie sie etwa bei Albert Camus oder Jean-Paul Sartre zu finden sind, betonen die Abwesenheit einer inhärenten kosmischen Bedeutung und sehen die Liebe als eine menschliche Schöpfung von Sinn in einem an sich sinnlosen Universum. Für Camus ist die Liebe, neben der Kunst und dem politischen Engagement, eine der Möglichkeiten, im Angesicht des Absurden einen selbstgeschaffenen Sinn zu finden.

Östliche Traditionen wie der Buddhismus und der Taoismus bieten weitere Perspektiven. Im Buddhismus wird die universelle liebende Güte (Metta) als Ausdruck der fundamentalen Interdependenz aller Wesen verstanden, nicht als Teilhabe an einem transzendenten Gott. Im Taoismus wird die Liebe als Ausdruck des Tao gesehen – des namenlosen Prinzips, das allem Sein zugrunde liegt und in der natürlichen Harmonie und Balance zum Ausdruck kommt.

Ein Beispiel für diese kosmische Dimension: Als Astrophysikerin verbringt Sofia viel Zeit damit, das Universum in seiner unvorstellbaren Weite und Komplexität zu studieren. Manchmal führt dieses Wissen zu einem Gefühl existenzieller Bedeutungslosigkeit – was kann die menschliche Liebe bedeuten angesichts der kosmischen Zeitskalen und Räume? Doch in anderen Momenten erfährt sie eine tiefe Integration: Die Liebe, die sie für ihren Partner und ihre Kinder empfindet, erscheint ihr nicht als Gegensatz zur kosmischen Weite, sondern als deren lokale Manifestation. Die gleichen physikalischen Prozesse, die Sterne und Galaxien hervorbringen, haben auch die Komplexität hervorgebracht, die menschliches Bewusstsein und Liebe ermöglicht. In dieser Perspektive ist die Liebe weder eine bloß menschliche Projektion auf ein kaltes, gleichgültiges Universum noch die Teilhabe an einem außerkosmischen göttlichen Prinzip, sondern ein Ausdruck des Kosmos selbst – eine Art, wie das Universum sich selbst erkennt und feiert.

Integration: Liebe als Begegnung mit dem Geheimnis

Die Verbindung von Liebe, Sinn und Transzendenz lässt sich vielleicht am besten als eine Begegnung mit dem Geheimnis verstehen – mit dem, was uns übersteigt und doch zutiefst berührt. Dieses Geheimnis widersteht endgültigen Definitionen oder Erklärungen, bleibt aber eine grundlegende Dimension menschlicher Erfahrung.

Der Philosoph und Theologe Martin Buber drückt diese Begegnung aus, wenn er schreibt: "Alles wirkliche Leben ist Begegnung." Für ihn ist die Ich-Du-Beziehung nicht nur eine persönliche oder soziale Erfahrung, sondern ein Fenster zum "ewigen Du" – zu einer Dimension der Wirklichkeit, die über das Alltägliche hinausgeht und doch in ihm gegenwärtig ist.

Der Dichter Rainer Maria Rilke drückt in seinen "Duineser Elegien" eine ähnliche Vision aus: "Denn das Schöne ist nichts / als des Schrecklichen Anfang, den wir noch grade ertragen, / und wir bewundern es so, weil es gelassen verschmäht, / uns zu zerstören." Die Liebe, wie die Schönheit, eröffnet uns eine Dimension, die uns übersteigt und die wir nicht kontrollieren können, die uns aber gleichzeitig bereichert und vertieft.

Die Philosophin Simone Weil schreibt in "Schwerkraft und Gnade" über die Liebe als eine Form der Aufmerksamkeit, die uns für die Wirklichkeit öffnet – nicht nur für die empirische Wirklichkeit, sondern für eine tiefere Dimension des Seins, die sie als "übernatürlich" bezeichnet. Für sie ist die Liebe nicht ein Gefühl oder eine Meinung, sondern eine bestimmte Qualität der Wahrnehmung und des Seins, die uns für das Geheimnis öffnet.

In dieser integrativen Perspektive ist die Liebe weder ein bloß subjektives Gefühl noch ein rein metaphysisches

Prinzip, sondern eine lebendige Erfahrung, die Immanenz und Transzendenz, Sinn und Geheimnis, das Persönliche und das Universelle verbindet. Sie ist ein Weg, auf dem wir das Leben in seiner vollen Tiefe und Weite erfahren können – mit seinen Freuden und Leiden, seinen Gewissheiten und Ungewissheiten, seiner Endlichkeit und seiner Öffnung auf das Unendliche.

Der Philosoph Gabriel Marcel drückt diese integrative Vision aus, wenn er zwischen "Haben" und "Sein" unterscheidet. Die Liebe gehört für ihn zum Bereich des Seins – sie ist nicht etwas, das wir besitzen oder kontrollieren können, sondern eine Weise, wie wir in der Welt sind und an ihr teilhaben. Als solche ermöglicht sie uns eine tiefere Form der Teilhabe an der Wirklichkeit, eine Erfahrung des Seins in seiner vollen, geheimnisvollen Tiefe.

Liebe und menschliches Wachstum

Die Verbindung zwischen Liebe und menschlichem Wachstum gehört zu den tiefgründigsten Aspekten der Philosophie des guten Lebens. Wie kann Liebe zu unserer persönlichen Entwicklung und Reifung beitragen? Inwiefern kann sie transformativ sein, uns über unsere gewöhnlichen Grenzen und Muster hinausführen? Diese Fragen berühren die entwicklungspsychologischen und existenziellen Dimensionen der Liebe.

Liebe als Katalysator für persönliches Wachstum

Verschiedene psychologische und philosophische Traditionen haben die katalytische Rolle der Liebe für persönliches Wachstum und Transformation betont.

Der Psychoanalytiker Carl Gustav Jung beschrieb die Liebe als einen Weg zur Individuation – dem lebenslangen Prozess der Integration verschiedener Aspekte der Psyche zu einem ganzheitlicheren, authentischeren Selbst. Für Jung aktiviert die Liebe oft den "Schatten" (verdrängte oder unakzeptierte Teile des Selbst) und ermöglicht so eine Konfrontation mit und potenzielle Integration dieser bisher abgelehnten Aspekte.

In Jungs Konzept der "Anima" und des "Animus" – der inneren weiblichen und männlichen Bilder in der Psyche – spielt die Liebe eine besondere Rolle, indem sie diese inneren Bilder aktiviert und projiziert. Durch die bewusste Auseinandersetzung mit diesen Projektionen kann eine Integration der gegengeschlechtlichen Aspekte der Psyche und damit ein ganzheitlicheres Selbst erreicht werden.

Die humanistische Psychologie, besonders in der Tradition von Carl Rogers und Abraham Maslow, betont die Bedeutung von "bedingungsloser positiver Wertschätzung" und "bestätigender Liebe" für gesundes psychologisches Wachstum. Rogers argumentiert, dass die Erfahrung, vollständig akzeptiert zu werden, die Entwicklung des "wahren Selbst" und die volle Entfaltung des menschlichen Potenzials ermöglicht.

Der Entwicklungspsychologe Erik Erikson beschreibt in seinem Modell der psychosozialen Entwicklung die "Intimität versus Isolation" als zentrale Entwicklungsaufgabe des jungen Erwachsenenalters. Für ihn ist die Fähigkeit zur Intimität – zu tiefer emotionaler und physischer Verbindung – ein Schlüsselaspekt der Persönlichkeitsentwicklung, der auf der erfolgreichen Entwicklung einer stabilen Identität aufbaut und zu einer umfassenderen sozialen Verantwortung führen kann.

Ein Beispiel für diese katalytische Funktion: Nach einer traditionellen, emotional eher distanzierten Erziehung hat

Marco gelernt, seine Gefühle zu unterdrücken und eine strenge Selbstkontrolle zu wahren. In seiner Beziehung zu Sofia wird er mit einer anderen Art des Seins konfrontiert – mit emotionaler Offenheit, Verletzlichkeit und spontaner Expressivität. Diese Begegnung ist anfangs beunruhigend und herausfordernd, wird aber zu einem Katalysator für sein persönliches Wachstum. Durch die Liebe zu Sofia entdeckt er Teile seiner selbst, die er lange abgelehnt oder ignoriert hat – seine emotionale Tiefe, seine Fähigkeit zur Empathie, sein Bedürfnis nach tiefer Verbindung. Diese Integration zuvor abgespaltener Aspekte führt zu einem reicheren, authentischeren Selbstgefühl und zu einer größeren Fähigkeit, in Beziehung zu sein, nicht nur mit Sofia, sondern mit allen Menschen in seinem Leben.

Die Entwicklung der Liebe: Von Abhängigkeit zu reifer Verbundenheit

Die Liebe selbst durchläuft Entwicklungsphasen, die von unreiferen zu reiferen Formen führen können. Diese Entwicklung ist sowohl ein persönlicher als auch ein interpersoneller Prozess.

Der Psychoanalytiker und Philosoph Erich Fromm beschreibt in "Die Kunst des Liebens" die Entwicklung von einer "symbiotischen" oder "unreifen" Liebe, die auf Abhängigkeit und Verschmelzung basiert, zu einer "reifen" Liebe, die auf gegenseitigem Respekt, Wissen und Sorge gründet. Für Fromm ist die reife Liebe eine aktive Kraft, die auf vier Grundelementen basiert: Fürsorge, Verantwortung, Respekt und Wissen.

Der Philosoph Martin Buber spricht von der Entwicklung von einer "Ich-Es-Beziehung", in der der andere als Objekt unserer Bedürfnisse und Wünsche behandelt wird, zu einer authentischen "Ich-Du-Beziehung", in der der andere in seiner vollen Subjektivität und Andersartigkeit anerkannt wird. Diese Entwicklung erfordert eine wachsende Fähigkeit zur Präsenz, zum echten Dialog und zur Anerkennung des Geheimnisses im anderen.

Die Psychoanalytikerin und Philosophin Jessica Benjamin beschreibt in "Die Fesseln der Liebe" den Entwicklungsprozess von einer Liebe, die auf Identifikation und narzisstischer Projektion basiert, zu einer reiferen Form, die Differenz und Alterität anerkennt. Für sie erfordert reife Liebe die Fähigkeit, die Spannung zwischen Selbstbehauptung und Anerkennung, zwischen Autonomie und Verbundenheit auszuhalten, ohne in eines der Extreme zu verfallen.

Ein Beispiel für diese Entwicklung: In der Frühphase ihrer Beziehung erlebt Julia ihre Liebe zu Thomas als eine Art Verschmelzung – sie will ständig bei ihm sein, passt ihre Interessen und Meinungen an seine an und definiert sich primär über die Beziehung. Mit der Zeit und durch verschiedene Krisen und Herausforderungen entwickelt sich ihre Liebe zu einer reiferen Form. Sie entdeckt die Bedeutung von persönlichem Raum und Autonomie, lernt, Differenzen nicht als Bedrohung, sondern als Bereicherung zu sehen, und entwickelt ein tieferes Verständnis und einen tieferen Respekt für Thomas in seiner Andersartigkeit. Diese reifere Liebe basiert nicht auf Abhängigkeit oder Idealisierung, sondern auf einer bewussten Wertschätzung des anderen in seiner Komplexität und Eigenständigkeit. Paradoxerweise führt diese größere Differenzierung nicht zu weniger, sondern zu tieferer Intimität und Verbundenheit.

Die Herausforderung der Projektionen und die Arbeit der Entidealisierung

Eine zentrale Herausforderung im Prozess des Wachstums durch Liebe liegt im Umgang mit Projektionen und im Prozess der "Entidealisierung" – dem Übergang von einem idealisierten Bild des anderen zu einer realistischeren, differenzierteren Wahrnehmung.

Der Psychoanalytiker Carl Gustav Jung hat die Rolle von Projektionen in Liebesbeziehungen ausführlich untersucht. Für ihn projizieren wir in der Liebe oft unbewusste Aspekte unserer selbst – besonders der Anima oder des Animus – auf den Partner. Diese Projektionen können sowohl positiv (idealisierend) als auch negativ (dämonisierend) sein. Der Prozess der Individuation erfordert eine allmähliche Rücknahme dieser Projektionen und ihre Integration ins Bewusstsein.

Die Psychoanalytikerin Melanie Klein beschreibt die Entwicklung von der "paranoid-schizoiden Position", in der andere als entweder vollkommen gut oder vollkommen böse wahrgenommen werden, zur "depressiven Position", in der wir die Ambivalenz und Komplexität anderer akzeptieren können. Dieser Entwicklungsprozess ist auch in der Liebe relevant, wo wir oft zwischen Idealisierung und Entwertung des Partners schwanken, bevor wir zu einer integrierteren, realistischeren Sicht finden.

Der Philosoph Alain Badiou argumentiert in "Lob der Liebe", dass wahre Liebe nicht auf Projektion oder Idealisierung basiert, sondern auf der Begegnung mit der Andersheit des anderen – mit dem, was sich unseren Vorstellungen und Erwartungen entzieht. Für ihn ist die Liebe ein Prozess der gemeinsamen Wahrheitserfahrung, nicht der gegenseitigen Illusion.

Ein Beispiel für diese Herausforderung: Als David sich in Emma verliebt, projiziert er unbewusst seine Anima – sein inneres Bild des Weiblichen – auf sie. Er sieht in ihr die perfekte Verkörperung von Intuition, Emotionalität und Kreativität – Qualitäten, die er in sich selbst unterdrückt hat. Mit der Zeit erlebt er jedoch zwangsläufig Enttäuschungen, wenn Emma diesen idealisierten Projektionen nicht entspricht. Diese Enttäuschungen führen zunächst zu Konflikten und Krisen, bieten aber auch die Chance für tieferes Wachstum. David beginnt, seine eigenen Projektionen zu erkennen und Emma realistischer wahrzunehmen – mit all ihren Stärken und Schwächen, ihrer Komplexität und Widersprüchlichkeit. Gleichzeitig beginnt er, die projizierten Qualitäten in sich selbst zu integrieren – seine eigene Intuition, Emotionalität und Kreativität zu entwickeln. Diese doppelte Bewegung – die realistischere Wahrnehmung des anderen und die Integration der projizierten Aspekte – führt zu einer tieferen, authentischeren Form der Liebe und zu einem vollständigeren Selbstgefühl.

Krisen als Wachstumschancen: Die transformative Kraft der Konflikte

Konflikte und Krisen in der Liebe bieten besondere Möglichkeiten für persönliches und interpersonelles Wachstum. Sie können als "Wachstumskrisen" verstanden werden, die, wenn sie konstruktiv durchlebt werden, zu tieferer Reife und Verbundenheit führen können.

Der Paartherapeut David Schnarch beschreibt in seinem Konzept der "Differenzierung" den Prozess, durch den Partner in Liebesbeziehungen eine reifere Form der Verbundenheit entwickeln. Für ihn sind Konflikte und die damit verbundenen "Wachstumsschmerzen" ein notwendiger Teil dieses Prozesses, da sie die Partner herausfordern, eine solide Selbstidentität zu entwickeln, während sie in tiefer Verbindung bleiben.

Die Paarforscher John und Julie Gottman haben in ihrer jahrzehntelangen Forschung festgestellt, dass nicht die Abwesenheit von Konflikten, sondern der konstruktive Umgang mit ihnen langfristig erfolgreiche Beziehungen kennzeichnet. Für sie bieten Konflikte die Möglichkeit, tiefere Ebenen von Verständnis, Intimität und Verbundenheit zu erreichen, wenn sie mit Respekt, Offenheit und einer grundlegenden positiven Haltung zueinander angegangen werden.

Die Psychologin Esther Perel betont in "Mating in Captivity", dass Spannungen und Herausforderungen in der Liebe nicht nur unvermeidlich, sondern potenziell bereichernd sind. Für sie kann gerade die Navigation von Unterschieden und Konflikten – etwa zwischen dem Bedürfnis nach Sicherheit und dem Bedürfnis nach Abenteuer – zu einer lebendigeren, reiferen Form der Liebe führen.

Ein Beispiel für diese transformative Kraft: Nach sieben Jahren Ehe geraten Anna und Michael in eine tiefe Beziehungskrise. Unterschiedliche Bedürfnisse nach Nähe und Autonomie, unausgesprochene Erwartungen und alte Verletzungen haben zu einer zunehmenden Entfremdung geführt. Die Krise zwingt sie, tiefer zu schauen als je zuvor – auf ihre eigenen unbewussten Muster, Ängste und unerfüllten Bedürfnisse. Durch diesen schmerzhaften Prozess entdeckt Anna ihre Tendenz, emotionale Abhängigkeit mit Liebe zu verwechseln, während Michael seinen Kampf mit Intimität und Verletzlichkeit erkennt. Diese Einsichten ermöglichen ihnen, neue Formen der Kommunikation und des

Zusammenseins zu entwickeln, die beide nähren und respektieren. Die Krise wird so zu einem Katalysator für tieferes Selbstverständnis und authentischere Verbindung – eine transformative Erfahrung, die ihr persönliches Wachstum und ihre Beziehung vertieft.

Liebe und Integration: Die Entwicklung eines reiferen Selbst

Eine der tiefgreifendsten Wirkungen der Liebe auf menschliches Wachstum liegt in ihrer Fähigkeit, zur Integration der Persönlichkeit und zur Entwicklung eines reiferen, komplexeren Selbst beizutragen.

Der Psychoanalytiker Heinz Kohut beschreibt in seiner Selbstpsychologie, wie gesunde Selbstobjektbeziehungen – Beziehungen, in denen der andere bestimmte psychologische Funktionen für uns erfüllt – zur Entwicklung eines kohärenten, stabilen Selbst beitragen können. Liebevolle Beziehungen können als "Selbstobjekte" fungieren, die uns helfen, fragmentierte Teile unserer Erfahrung zu integrieren und ein stärkeres Gefühl der Selbstkohärenz zu entwickeln.

Der Entwicklungspsychologe Robert Kegan beschreibt in seinem Modell der Ich-Entwicklung die Bewegung von einfacheren zu komplexeren Formen der Selbstorganisation. Für ihn ermöglichen liebevolle Beziehungen, die gleichzeitig Herausforderung und Unterstützung bieten, den Übergang zu reiferen Entwicklungsstufen, in denen wir fähig werden, Komplexität, Ambiguität und scheinbare Widersprüche zu integrieren.

Die Psychoanalytikerin Jean Baker Miller und ihre Kolleginnen am Stone Center haben eine "relationale Entwicklungstheorie" entwickelt, die betont, wie

Verbundenheit und gegenseitige Empathie zu einem komplexeren, relationalen Selbst beitragen können. Für sie ist "Wachstum in Beziehung" ein zentrales Merkmal menschlicher Entwicklung, das zu größerer Fähigkeit für authentische Verbindung, Empathie und kreative Handlungsfähigkeit führt.

Ein Beispiel für diese Integration: Nach einer traumatischen Kindheit hat Sophia gelernt, Teile von sich abzuspalten – ihre Verletzlichkeit, ihre Wut, ihre Bedürftigkeit. In ihrer Beziehung zu Daniel erlebt sie zum ersten Mal eine Form der Annahme und Liebe, die es ihr erlaubt, diese abgespaltenen Teile allmählich zu integrieren. In der Sicherheit dieser liebevollen Beziehung kann sie ihre Verletzlichkeit zeigen, ohne überwältigt zu werden, kann sie ihre Wut ausdrücken, ohne Verlassenwerden zu fürchten, kann sie Bedürfnisse anerkennen, ohne sich schwach zu fühlen. Diese Integration führt zu einem tieferen Gefühl der Selbstkohärenz und Authentizität – sie fühlt sich "mehr wie sie selbst" als je zuvor. Die Liebe hat hier als Katalysator für die Entwicklung eines komplexeren, integrierteren Selbst gedient.

Liebe und Transzendenz: Die Erweiterung des Selbst

Jenseits der Integration fragmentierter Teile des Selbst kann Liebe auch zu einer Erweiterung oder Transzendenz des Selbst führen – zu einer Öffnung für Dimensionen der Erfahrung, die über das isolierte Ego hinausgehen.

Die Psychologin Barbara Fredrickson beschreibt in ihrer "Broaden-and-Build Theory" positiver Emotionen, wie Liebe unsere Wahrnehmung und unser Denken erweitert, uns offener für neue Erfahrungen und Perspektiven macht und langfristig zu einer Erweiterung unserer personalen

Ressourcen führt. Für sie ist Liebe nicht ein einzelner emotionaler Zustand, sondern eine dynamische, sich selbst verstärkende "positiv e Resonanz" zwischen Menschen, die zu gegenseitigem Wachstum und Erweiterung führt.

Der Psychologe Abraham Maslow beschreibt "Gipfelerfahrungen" – Momente intensiver Freude, Erfüllung oder Erleuchtung – als charakteristisch für selbstverwirklichte Persönlichkeiten. Tiefe Liebeserfahrungen können solche Gipfelerfahrungen darstellen und zu einer Transzendenz des alltäglichen Selbstverständnisses führen – zu einer Erfahrung von tieferer Verbundenheit, erweitertem Bewusstsein und universellerer Liebe.

Die transpersonale Psychologie, begründet von Stanislav Grof und anderen, untersucht Bewusstseinszustände und Erfahrungen, die über die gewöhnlichen Grenzen des Selbst hinausgehen. Aus dieser Perspektive kann die Liebe ein Tor zu transpersonalen Erfahrungen sein – zu einem Gefühl der Verbundenheit mit anderen, mit der Natur oder mit einer spirituellen Dimension der Wirklichkeit.

Ein Beispiel für diese Transzendenz: Als Michael zum ersten Mal sein neugeborenes Kind in den Armen hält, erlebt er einen Moment tiefgreifender Transformation. Die überwältigende Liebe, die er fühlt, ist nicht nur eine persönliche Emotion, sondern eine Erfahrung, die die gewöhnlichen Grenzen seines Selbst sprengt. Er fühlt sich verbunden mit allen Eltern, die je ihre Kinder geliebt haben, mit dem Strom des Lebens, der durch die Generationen fließt, mit einer Dimension des Daseins, die größer ist als sein individuelles Selbst. Diese Erfahrung verändert sein grundlegendes Selbst- und Weltverständnis

– er fühlt sich als Teil eines größeren Ganzen, für das er nun Verantwortung trägt. Die Liebe zu seinem Kind wird so zu einem Katalysator für eine umfassendere Transformation, die sein Verhältnis zu sich selbst, zu anderen und zur Welt vertieft und erweitert.

Herausforderungen und Schatten: Die dunkle Seite der Liebe

Neben ihrem transformativen Potenzial hat die Liebe auch ihre "Schatten" – Aspekte, die persönliches Wachstum behindern oder zu regressiven Mustern führen können. Ein vollständiges Verständnis der Beziehung zwischen Liebe und menschlichem Wachstum muss auch diese herausfordernden Dimensionen berücksichtigen.

Die Psychoanalytikerin Jessica Benjamin analysiert in "Die Fesseln der Liebe", wie Liebe in Dominanz- und Unterwerfungsmuster verstrickt sein kann. Für sie sind Beziehungen, die auf narzisstischer Projektion oder Objektifizierung basieren, keine Wachstumschancen, sondern können zu einer "Kolonisierung" des einen durch den anderen führen.

Der Psychologe Otto Kernberg beschreibt "pathologische Liebe" als eine Form der Beziehung, die von frühen Traumata, Borderline-Dynamiken oder narzisstischen Störungen geprägt ist. In solchen Beziehungen kann die Liebe nicht integrierend oder transformierend wirken, sondern verstärkt destruktive Dynamiken wie Idealisierung und Entwertung, Verschmelzung und Distanzierung, Kontrolle und Abhängigkeit.

Die Bindungstheorie, entwickelt von John Bowlby und Mary Ainsworth, hilft zu verstehen, wie frühe Bindungserfahrungen spätere Liebesbeziehungen prägen. Unsichere Bindungsstile – ängstlich-ambivalent, vermeidend oder desorganisiert – können dazu führen, dass Liebesbeziehungen eher angstauslösend als wachstumsfördernd sind und frühe Traumata oder Defizite wiederholen, statt sie zu heilen.

Ein Beispiel für diese Schatten: Nach einer Kindheit mit einem alkoholabhängigen, unberechenbaren Vater ist Lisa unbewusst zu Beziehungen mit instabilen, süchtigen Männern hingezogen. Sie wiederholt ein familiäres Muster, in dem "Liebe" mit Drama, Rettungsversuchen und Kontrollkämpfen gleichgesetzt wird. Obwohl sie bewusst nach Heilung und Wachstum sucht, führt diese unbewusste Dynamik dazu, dass ihre Beziehungen frühe Traumata eher verstärken als heilen. Erst durch therapeutische Arbeit beginnt sie, diese Muster zu erkennen und zu verändern, und wird fähig für eine Liebe, die wirklich wachstumsfördernd ist. Dieses Beispiel zeigt, dass die bloße Erfahrung von "Liebe" nicht automatisch zu persönlichem Wachstum führt – es kommt auf die Qualität und Bewusstheit der Beziehung an.

Wachstumsfördernde Bedingungen in der Liebe

Welche Bedingungen machen Liebe zu einer wachstumsfördernden, transformativen Kraft und nicht zu einer regressiven oder pathologischen Erfahrung? Verschiedene psychologische und philosophische Perspektiven bieten Einsichten zu dieser Frage.

Der Psychotherapeut Carl Rogers identifizierte drei grundlegende Haltungen, die therapeutische Beziehungen wachstumsfördernd machen: Empathie, bedingungslose positive Wertschätzung und Kongruenz (Authentizität). Diese Qualitäten sind auch in Liebesbeziehungen wesentlich, wenn sie persönliches Wachstum fördern sollen. Eine Liebe, die den anderen wirklich versteht, ihn grundlegend akzeptiert und authentisch ist, schafft den sicheren Raum, in dem Wachstum und Transformation stattfinden können.

Die Bindungstheorie betont die Bedeutung einer "sicheren Basis", von der aus Exploration und Wachstum möglich sind. Analog dazu kann eine sichere, verlässliche Liebesbeziehung eine Basis bieten, von der aus persönliche Entwicklung, Risiko und Wachstum möglich werden. Der Bindungsforscher John Bowlby beschrieb dies als "sichere Exploration" – die Fähigkeit, die Welt zu erkunden und neue Erfahrungen zu machen, gestützt auf das Wissen, dass eine sichere Basis da ist, zu der man zurückkehren kann.

Der Philosoph Martin Buber betont die Bedeutung des echten Dialogs und der Präsenz in der Ich-Du-Beziehung. Für ihn ist es die Qualität der Begegnung – die Bereitschaft, dem anderen in seiner Ganzheit zu begegnen, ohne ihn zu objektivieren oder zu instrumentalisieren –, die eine Beziehung transformativ macht. Eine solche dialogische Liebe fordert beide Partner heraus, über ihre gewohnten Grenzen hinauszuwachsen.

Ein Beispiel für wachstumsfördernde Bedingungen: In ihrer Beziehung zu David erlebt Anna eine besondere Qualität der Akzeptanz und des Verständnisses. Er sieht sowohl ihre Stärken als auch ihre Schwächen und liebt sie für beides. Er bietet ihr einen sicheren emotionalen Hafen, aus dem heraus sie den Mut findet, berufliche Risiken einzugehen, alte Muster zu durchbrechen und neue Seiten ihrer Persönlichkeit zu entwickeln. In ihrer Beziehung gibt es eine Balance von Herausforderung und Unterstützung – er fordert sie heraus, ohne sie zu überfordern, und unterstützt sie, ohne sie zu "retten". Diese Qualitäten schaffen einen Raum, in dem persönliches Wachstum natürlich und organisch geschehen kann.

Die Wechselseitigkeit des Wachstums: Co-Evolution in der Liebe

Ein besonders faszinierender Aspekt der Beziehung zwischen Liebe und menschlichem Wachstum liegt in ihrer Wechselseitigkeit oder Co-Evolution – der Art und Weise, wie Partner in einer liebevollen Beziehung gemeinsam wachsen und sich gegenseitig in ihrer Entwicklung unterstützen und herausfordern können.

Die Psychologin Jean Baker Miller entwickelte mit ihren Kolleginnen am Stone Center das Konzept des "mutual growth" oder wechselseitigen Wachstums. In dieser Perspektive ist Wachstum in gesunden Beziehungen nicht ein individueller, sondern ein relationaler Prozess, in dem beide Partner durch ihre Verbindung wachsen und sich entwickeln. Die Beziehung selbst wird zu einem "dritten Element", das mehr ist als die Summe seiner Teile und das das Wachstum beider Partner fördert.

Die Kommunikationstheoretikerin Virginia Satir beschrieb die "Selbstwert-Spirale" in Beziehungen: Wenn ein Partner den anderen mit Wertschätzung und Respekt behandelt, erhöht dies dessen Selbstwert, was wiederum zu offenerer, authentischerer Kommunikation führt, die die Beziehung stärkt und das Wachstum beider Partner fördert. Diese positive Spirale kann zu einer kontinuierlichen, wechselseitigen Entwicklung führen.

Der Entwicklungspsychologe Robert Kegan spricht von "Entwicklungsbrücken" – Beziehungen, die uns helfen, von einer Entwicklungsstufe zur nächsten zu gelangen, indem sie sowohl Herausforderung als auch Unterstützung bieten. In dieser Perspektive kann eine liebevolle Beziehung eine Brücke zu komplexeren Formen des Selbst- und Weltverständnisses sein, nicht nur für einen, sondern für beide Partner.

Ein Beispiel für diese Co-Evolution: Thomas und Sophia begegnen sich in einer Phase, in der beide bereit für tiefgreifende Veränderungen sind. Thomas hilft Sophia, ihre kreative Seite zu entwickeln und den Mut zu finden, ihre künstlerischen Ambitionen zu verfolgen. Sophia hilft Thomas, emotionale Tiefe und Verletzlichkeit zu entdecken und alte Abwehrmechanismen loszulassen. Im Laufe ihrer gemeinsamen Jahre werden sie zu "Entwicklungspartnern" – jeder fordert den anderen heraus, unterstützt sein Wachstum und feiert seine Entwicklung. Ihre Beziehung selbst entwickelt sich mit ihnen, wird komplexer, tiefer und reicher. Diese wechselseitige Evolution führt dazu, dass beide zu vollständigeren, authentischeren Versionen ihrer selbst werden, nicht trotz, sondern durch ihre Verbundenheit.

Integration: Liebe als lebenslange Entwicklungsreise

Die Beziehung zwischen Liebe und menschlichem Wachstum lässt sich vielleicht am besten als eine lebenslange Entwicklungsreise verstehen – ein Prozess, der nie abgeschlossen ist und verschiedene Phasen, Herausforderungen und Transformationen umfasst.

Der Entwicklungspsychologe Erik Erikson beschreibt verschiedene "psychosoziale Krisen" über die Lebensspanne, von denen mehrere direkt mit Liebe und Intimität zusammenhängen: "Intimität versus Isolation" im jungen Erwachsenenalter, "Generativität versus Stagnation" im mittleren Erwachsenenalter und "Integrität versus Verzweiflung" im höheren Alter. Jede dieser Phasen bietet spezifische Wachstumschancen und Herausforderungen in der Liebe.

Die Philosophin Martha Nussbaum beschreibt in "Upheavals of Thought" die Liebe als einen fortlaufenden Prozess der Transformation und des Wachstums, der nie vollständig abgeschlossen ist. Für sie ist die Liebe nicht ein Zustand, sondern eine dynamische, entwicklungsfähige Verbindung, die kontinuierliche Reflexion, Anpassung und Vertiefung erfordert.

Der Philosoph Gabriel Marcel spricht von der Liebe als einem "Mysterium" im Gegensatz zu einem "Problem". Während Probleme gelöst werden können, sind Mysterien unerschöpflich und fordern uns zu kontinuierlicher Vertiefung und Erkundung auf. In diesem Sinne ist die Liebe eine lebenslange Einladung zum Wachstum und zur Transformation, nicht eine Aufgabe, die einmal gelöst wird.

Ein Beispiel für diese lebenslange Reise: Maria und Johannes sind seit über 50 Jahren verheiratet. Ihre Liebe hat viele Phasen durchlaufen – die leidenschaftliche Intensität der frühen Jahre, die pragmatische Partnerschaft während der Kindererziehung, die Neuorientierung nach dem Auszug der Kinder, die gegenseitige Unterstützung in gesundheitlichen Krisen. In jeder Phase wurden sie mit neuen Herausforderungen konfrontiert und hatten die Chance, neue Dimensionen ihrer selbst und ihrer

Verbindung zu entwickeln. Jetzt, im hohen Alter, erleben sie eine neue Form der Liebe – geprägt von tiefer Akzeptanz, Dankbarkeit für die gemeinsame Reise und einer friedvollen Präsenz angesichts der Endlichkeit. Ihre Geschichte illustriert, wie die Liebe über die gesamte Lebensspanne eine Entwicklungsreise sein kann, die nie aufhört, uns zu neuen Ebenen des Verstehens, der Tiefe und der Weisheit zu führen.

In dieser integrativen Perspektive ist die Liebe weder eine statische Emotion noch ein einmaliges Ereignis, sondern ein dynamischer, entwicklungsfähiger Prozess, der uns kontinuierlich herausfordert, über uns selbst hinauszuwachsen – in Richtung größerer Authentizität, tieferer Verbundenheit und umfassenderer Menschlichkeit. Die tiefste Verbindung zwischen Liebe und menschlichem Wachstum liegt vielleicht gerade in dieser kontinuierlichen Einladung zur Transzendenz – zur Überschreitung unserer gewohnten Grenzen, zur Entdeckung neuer Dimensionen unseres Menschseins und zur immer tieferen Verwirklichung unseres Potenzials für Verbundenheit, Mitgefühl und schöpferische Freiheit.

Teil IV: Soziologie und Politik der Liebe

Kapitel 11: Die gesellschaftliche Konstruktion der Liebe

Kultur, Geschichte und die Formen der Liebe

Die Liebe, obwohl oft als zeitloses und universelles Gefühl verstanden, ist in hohem Maße von kulturellen und historischen Kontexten geprägt. Wie wir Liebe verstehen, ausdrücken und erleben, wird durch spezifische kulturelle Codes, historische Entwicklungen und soziale Strukturen beeinflusst. Diese soziologische Perspektive eröffnet ein tieferes Verständnis der Vielfalt und Variabilität der Liebesvorstellungen und -praktiken.

Die historische Entwicklung der romantischen Liebe im westlichen Kontext

Die Vorstellung der romantischen Liebe als Basis für Ehe und langfristige Bindung, die heute in westlichen Gesellschaften so selbstverständlich erscheint, hat eine komplexe historische Entwicklung durchlaufen.

In der Antike hatte die Ehe primär soziale, wirtschaftliche und reproduktive Funktionen. Im antiken Griechenland wurde die leidenschaftliche Liebe (Eros) oft außerhalb der Ehe lokalisiert, während die Ehe selbst auf Philia (Freundschaft) und gegenseitigem Respekt basieren sollte. Der griechische Philosoph Plutarch beschrieb eine ideale Ehe als eine, in der "der Mann herrscht und die Frau nicht unglücklich ist" – eine Vorstellung, die weit entfernt ist von modernen Idealen romantischer Partnerschaft.

Im europäischen Mittelalter entwickelte sich die Tradition der "höfischen Liebe", in der Ritter eine idealisierte, oft unerreichbare adlige Dame verehrten. Diese Form der Liebe war explizit außerehelich und betonte Sehnsucht und Idealisierung über alltägliche Intimität. Der Literaturwissenschaftler C.S. Lewis hat gezeigt, wie diese Tradition in der mittelalterlichen Lyrik und Literatur eine eigene Sprache und Symbolik entwickelte, die bis heute unser romantisches Vokabular prägt.

Die Historikerin Stephanie Coontz argumentiert in "Marriage, a History", dass die Idee der Ehe auf Basis romantischer Liebe erst im späten 18. und frühen 19. Jahrhundert breite gesellschaftliche Akzeptanz fand. Diese "Sentimentalisierung" der Ehe fiel zusammen mit der Industrialisierung und der Entstehung der bürgerlichen Kleinfamilie als ökonomischer Einheit. Davor waren Ehen in europäischen Gesellschaften primär wirtschaftliche und soziale Arrangements, die von Familien mit Blick auf materielle Interessen, Statuserhalt oder politische Allianzen arrangiert wurden.

Die Romantik als kulturelle Bewegung des späten 18. und frühen 19. Jahrhunderts prägte maßgeblich unser modernes Verständnis von Liebe als intensives, transformatives Gefühl, das die konventionellen sozialen Normen transzendieren kann. Dichter wie Goethe, Shelley und Keats, Komponisten wie Beethoven und Schumann und Maler wie Friedrich und Delacroix schufen ein kulturelles Repertoire romantischer Gefühlsausdrücke, das bis heute wirksam ist.

Die viktorianische Ära des 19. Jahrhunderts brachte mit der strikten Geschlechtertrennung in "separate Sphären" (Mann in der öffentlichen, Frau in der privaten Sphäre) eine Idealisierung der Ehe als emotionale Zuflucht vor der harten Welt des industriellen Kapitalismus. Die Frau wurde zur "Hüterin des Herzens", verantwortlich für die emotionale und moralische Sphäre, während der Mann die materielle Versorgung sicherstellen sollte.

Das 20. Jahrhundert erlebte eine Demokratisierung und Pluralisierung der Liebesformen, vorangetrieben durch soziale Bewegungen wie Feminismus, sexuelle Revolution und LGBTQ+-Emanzipation. Die Entkopplung von Liebe, Ehe, Sexualität und Reproduktion, die durch Verhütungsmittel, rechtliche Reformen und veränderte soziale Normen ermöglicht wurde, hat zu einer größeren Vielfalt anerkannter Beziehungsformen geführt.

Die jüngsten Jahrzehnte haben mit der Digitalisierung und Globalisierung neue Formen der romantischen Verbindung hervorgebracht: Online-Dating, Fernbeziehungen, transnationale Ehen und virtuelle Intimität. Diese Entwicklungen stellen traditionelle Vorstellungen von räumlicher Nähe und sozialer Homogamie (Partnerschaft innerhalb der eigenen sozialen Gruppe) in Frage.

Ein Beispiel für diesen historischen Wandel: Während für Anna, geboren 1920, die Ehe eine wirtschaftliche Notwendigkeit und soziale Selbstverständlichkeit war, die auf gegenseitigem Respekt und gemeinsamen Werten basierte, sieht ihre Enkelin Sofia, geboren 1990, die Ehe als eine Option unter vielen, die auf intensiver emotionaler und sexueller Kompatibilität, gegenseitiger Selbstverwirklichung und der "perfekten Passung" basieren sollte. Diese Transformation der Erwartungen und Vorstellungen innerhalb von nur drei Generationen verdeutlicht die historische Variabilität dessen, was wir als "Liebe" verstehen und praktizieren.

Kulturelle Variationen der Liebeskonzeptionen

Während die westliche Vorstellung romantischer Liebe heute global einflussreich ist, zeigt der kulturelle Vergleich eine bemerkenswerte Vielfalt an Konzeptionen und Praktiken der Liebe.

In traditionellen ostasiatischen Kulturen, geprägt von konfuzianischen Werten, wird Liebe oft stärker als Pflicht und gegenseitige Verpflichtung verstanden denn als spontanes Gefühl. Das chinesische Konzept des "Yuan" beschreibt eine schicksalhafte Verbindung zwischen Menschen, die über romantische Gefühle hinausgeht und eine tiefere, kosmische Dimension hat. Das japanische "Amae" bezeichnet eine Form der zärtlichen Abhängigkeit, die als positiver Aspekt liebevoller Beziehungen gesehen wird – im Gegensatz zum westlichen Ideal der Autonomie.

Die Anthropologin Helen Fisher hat in verschiedenen Kulturen weltweit Untersuchungen zur romantischen Liebe durchgeführt und argumentiert, dass bestimmte Grundmuster – wie Idealisierung des Geliebten, Obsession, emotionale Abhängigkeit und sexuelles Verlangen – kulturübergreifend auftreten. Dennoch variiert die soziale Interpretation und Einbettung dieser Grundmuster erheblich.

In vielen afrikanischen Gesellschaften wird Liebe stark in soziale und familiäre Netzwerke eingebettet. Die Zulu-Tradition des "Lobola" (Brautpreis) etwa dient nicht primär dem "Kauf" einer Frau, sondern etabliert eine dauerhafte Verbindung zwischen Familien, die die individuelle Beziehung stützt und rahmt. Liebe wird hier nicht als rein persönliche Angelegenheit, sondern als soziale Realität verstanden.

Auch innerhalb westlicher Gesellschaften gibt es erhebliche kulturelle Variationen. Die Soziologin Eva Illouz argumentiert in "Der Konsum der Romantik", dass nordamerikanische Konzeptionen romantischer Liebe stark mit Konsumaktivitäten und materiellen Symbolen verknüpft sind, während europäische Traditionen tendenziell intellektuellere oder ästhetische Dimensionen betonen.

Verschiedene religiöse Traditionen prägen ebenfalls das Liebesverständnis. Im Hinduismus wird Liebe oft in einem Spektrum gesehen, das von Kama (sinnliche Liebe) über Prema (persönliche Liebe) bis zu Bhakti (hingebungsvolle Liebe zum Göttlichen) reicht. Die islamische Tradition unterscheidet zwischen verschiedenen Formen der Liebe wie Hubb (allgemeine Liebe), Ishq (leidenschaftliche Liebe) und Mahabba (spirituelle Liebe).

Ein Beispiel für diese kulturellen Unterschiede: Während ein junges Paar in den USA möglicherweise ihre Liebe durch individuelle Entscheidungen, persönliche Gefühlsausdrücke und exklusive Zweisamkeit definiert, könnte ein gleichaltriges Paar in einer traditionellen indischen Gemeinschaft ihre Liebe durch Respekt für familiäre Erwartungen, Erfüllung komplementärer sozialer Rollen und die erfolgreiche Integration in größere Familiensysteme ausdrücken. Diese Unterschiede bedeuten nicht, dass eine Form "authentischer" ist als die andere – sie reflektieren vielmehr unterschiedliche kulturelle Konzeptionen dessen, was Liebe bedeutet und wie sie gelebt werden sollte.

Soziale Institutionen und die Regulierung der Liebe

Liebesformen werden nicht nur durch kulturelle Vorstellungen, sondern auch durch konkrete soziale Institutionen, Gesetze und Normen geformt und reguliert. Diese institutionelle Dimension der Liebe zeigt besonders deutlich ihren gesellschaftlich konstruierten Charakter.

Die Ehe als rechtliche Institution definiert, wer mit wem eine offiziell anerkannte Beziehung eingehen darf und welche Rechte und Pflichten damit verbunden sind. Historisch haben Ehegesetze verschiedene Liebesformen privilegiert (heterosexuelle, monogame, reproduktive) und andere marginalisiert oder kriminalisiert. Die jüngeren rechtlichen Reformen wie die Legalisierung gleichgeschlechtlicher Ehe in vielen Ländern zeigen, wie sich diese institutionelle Regulierung der Liebe im Wandel befindet.

Erbschafts- und Eigentumsrechte prägen ebenfalls, welche Liebesbeziehungen gesellschaftlich anerkannt und gefördert werden. Die Historikerin Stephanie Coontz zeigt, wie im europäischen Adel die Notwendigkeit, Land und Privilegien zu erhalten, zu strengen Regeln führte, die romantische Ehen zugunsten strategischer Allianzen einschränkten. Ähnliche Muster finden sich in vielen Gesellschaften mit ausgeprägter Vermögensungleichheit.

Religiöse Institutionen haben historisch eine zentrale Rolle in der Definition und Kontrolle legitimer Liebesformen gespielt. Die christliche Kirche etablierte im Mittelalter eine umfassende Regulierung der Ehe, die Monogamie, Unauflöslichkeit und reproduktive Zwecke betonte. Islamische Rechtsschulen entwickelten detaillierte Regelungen zu Ehe, Scheidung und familiären Beziehungen. Diese religiösen Normen prägen bis heute, oft in säkularisierter Form, westliche Vorstellungen von Liebe und Partnerschaft.

Bildungsinstitutionen sozialisieren junge Menschen in bestimmte Vorstellungen und Praktiken der Liebe. Schulbücher, Sexualerziehung und informelle Peer-Normen vermitteln, was als "normale" oder "gesunde" Liebe gilt. Die Soziologin Amy Schalet hat beispielsweise deutliche Unterschiede zwischen amerikanischer und niederländischer Jugendsozialisierung bezüglich romantischer und sexueller Beziehungen nachgewiesen, mit Folgen für die spätere Beziehungsgestaltung.

Die Medien – von Romanen über Film und Fernsehen bis zu sozialen Medien – fungieren als mächtige Institutionen, die Liebesnarrative produzieren und verbreiten. Die Literaturwissenschaftlerin Janice Radway analysierte in "Reading the Romance", wie Liebesromane spezifische Erzählmuster etablieren, die die Erwartungen und Erfahrungen realer Frauen prägen. Neuere Studien zeigen den Einfluss von Dating-Apps auf die Kommodifizierung und Rationalisierung romantischer Begegnungen.

Ein Beispiel für diese institutionelle Prägung: Als Thomas und Michael beschließen zu heiraten, erleben sie, wie ihre persönliche Liebesbeziehung durch rechtliche, religiöse und soziale Institutionen gerahmt wird. Sie müssen entscheiden, ob sie eine standesamtliche Ehe, eine kirchliche Trauung oder beides wünschen, sie müssen rechtliche Dokumente für gemeinsames Eigentum erstellen, sie werden von Familien, Freunden und Kollegen in neuen sozialen Rollen wahrgenommen. Diese institutionellen Dimensionen sind nicht separate "Formalitäten", sondern prägen zutiefst, wie ihre Liebe sozial existiert und erfahren wird. Gleichzeitig spiegelt die Tatsache, dass ihre gleichgeschlechtliche Ehe in ihrem Land legal und zunehmend sozial akzeptiert ist, einen historischen Wandel in der institutionellen Regulierung der Liebe.

Die Sprache der Liebe: Diskurse und Narrative

Eine besonders subtile, aber mächtige Weise, in der die Liebe gesellschaftlich konstruiert wird, liegt in den Diskursen und Narrativen, die unsere Vorstellungen, Erfahrungen und Ausdrucksformen der Liebe prägen.

Der französische Philosoph Roland Barthes analysiert in "Fragmente einer Sprache der Liebe" (1977), wie unsere Liebeserfahrungen durch kulturelle "Figuren" und sprachliche Muster geformt werden. Für ihn ist die "Sprache der Liebe" nicht ein natürlicher Ausdruck authentischer Gefühle, sondern ein kulturelles Repertoire, auf das wir zurückgreifen, um unsere Erfahrungen zu artikulieren und zu verstehen.

Der Soziologe Niklas Luhmann argumentiert in "Liebe als Passion" (1982), dass die romantische Liebe als "symbolisch generalisiertes Kommunikationsmedium" funktioniert – als ein spezialisierter Code, der bestimmte Arten der Interaktion und des Verständnisses ermöglicht. Die historische Entwicklung dieses Codes, von der höfischen Liebe über die romantische Liebe bis zur modernen intimen Partnerschaft, prägt, wie wir Liebe kommunizieren und erleben können.

Die feministische Theoretikerin bell hooks kritisiert in "All About Love" (2000) dominante westliche Liebesdiskurse als männlich geprägt und schlägt alternative Narrative vor, die Fürsorge, gegenseitige Verantwortlichkeit und soziale Gerechtigkeit betonen. Für hooks ist die Transformation der "Sprache der Liebe" ein wesentlicher Schritt zu einer gerechteren und erfüllenderen Liebespraxis.

Populärkulturelle Texte – von Shakespeares "Romeo und Julia" über Hollywoodfilme wie "Pretty Woman" bis zu Popsongs und Dating-Shows – etablieren wirkmächtige Narrative darüber, wie "wahre Liebe" aussieht, wie sie sich entwickelt und welche Hindernisse sie überwinden muss. Die Medienforscherin Eva Illouz zeigt, wie diese Narrative nicht nur Unterhaltung bieten, sondern aktiv unsere emotionalen Erwartungen und Interpretationen formen.

Verschiedene soziale Gruppen entwickeln distinkte "Liebessprachen" mit eigenen Codes, Werten und Narrativen. Die Soziologin Arlie Hochschild hat gezeigt, wie Klassenunterschiede die emotionalen Normen und Ausdrucksformen prägen. Während Mittelschichtdiskurse oft therapeutische Ideen von "Kommunikation" und "emotionaler Arbeit" betonen, können Arbeiterklasse-Diskurse stärker auf praktische Solidarität und gegenseitige Unterstützung fokussieren.

Digitale Medien haben neue Diskurse und Narrative der Liebe hervorgebracht. Dating-Apps fördern eine Sprache der Optimierung und des "Matchings", soziale Medien haben neue Formen der öffentlichen Liebesdarstellung geschaffen ("Facebook-offiziell"), und Online-Communities für spezifische romantische Identitäten und Praktiken (polyamor, asexuell, kinky) entwickeln eigene spezialisierte Diskurse.

Ein Beispiel für diese diskursive Prägung: Als Anna nach einer Trennung versucht zu verstehen, was "schiefgelaufen" ist, greift sie auf verschiedene kulturell

verfügbare Narrative zurück: das romantische Narrativ
der "nicht füreinander bestimmten" Partner, das
psychologische Narrativ der "Bindungsstile und
Kommunikationsprobleme", das feministische Narrativ
der "emotionalen Arbeitslast". Jedes dieser Narrative
bietet nicht nur eine Erklärung, sondern formt aktiv, wie
sie ihre Erfahrung erlebt und interpretiert. Die
verfügbaren Diskurse begrenzen und ermöglichen
gleichzeitig, wie sie ihre Liebe verstehen und ausdrücken
kann.

Intersektionalität: Klasse, Rasse, Geschlecht und die Erfahrung der Liebe

Die gesellschaftliche Konstruktion der Liebe verläuft
nicht einheitlich, sondern wird durch Faktoren wie
Klasse, Ethnizität, Geschlecht, sexuelle Orientierung und
andere soziale Kategorien differenziert. Die
intersektionale Perspektive untersucht, wie diese
Kategorien interagieren und spezifische
Liebeserfahrungen und -möglichkeiten hervorbringen.

Klassenverhältnisse prägen maßgeblich, wie Liebe
erfahren und praktiziert wird. Die Soziologin Eva Illouz
zeigt in "Gefühle in Zeiten des Kapitalismus", wie die
Mittelschicht romantische Liebe zunehmend mit Konsum
und Selbstverwirklichung verknüpft, während in prekären
Klassenpositionen ökonomische Unsicherheit die
Möglichkeiten stabiler Bindungen einschränken kann.
Materielle Bedingungen wie Wohnraum, Arbeitszeiten
und finanzielle Ressourcen formen konkret, wie und mit
wem Liebesbeziehungen möglich sind.

Rassifizierte Strukturen und Kolonialgeschichte haben
tiefgreifende Auswirkungen auf Liebespraktiken und
-vorstellungen. Der Soziologe Octavio Paz analysiert in

"Das Labyrinth der Einsamkeit", wie die koloniale Vergewaltigung mexikanischer Frauen durch spanische Eroberer ein traumatisches kulturelles Erbe geschaffen hat, das bis heute Geschlechterbeziehungen prägt. Postkoloniale Theoretiker wie Gayatri Spivak haben gezeigt, wie westliche Liebesideale als Teil einer "zivilisatorischen Mission" funktionierten, die nicht-westliche Intimität als "rückständig" oder "barbarisch" markierte.

Geschlechterverhältnisse strukturieren fundamental, wie Liebe erfahren, ausgedrückt und gewertet wird. Die Philosophin Simone de Beauvoir analysierte in "Das andere Geschlecht" (1949), wie Frauen in patriarchalen Gesellschaften die Liebe als zentralen Lebensinhalt und Identitätsquelle erfahren, während Männer sie als einen Lebensbereich neben anderen betrachten können. Neuere feministische Theoretikerinnen wie bell hooks haben gezeigt, wie patriarchale Liebeskonzeptionen weibliche Unterwerfung und männliche Dominanz naturalisieren können.

Sexualität und sexuelle Orientierung bedingen ebenfalls unterschiedliche Liebeserfahrungen. Die Historikerin Lillian Faderman hat in "Surpassing the Love of Men" dargestellt, wie lesbische Liebe im 19. Jahrhundert als "romantische Freundschaft" toleriert werden konnte, solange sie nicht explizit sexuell verstanden wurde. Queere Theoretiker wie José Esteban Muñoz haben alternative Intimitätsformen und Liebesnarrative in LGBTQ+-Communities untersucht, die dominante heteronormative Muster herausfordern und transformieren.

Behinderung und Krankheit beeinflussen ebenfalls, wie Liebe erfahren und sozial konstruiert wird. Die Disability

Studies haben gezeigt, wie Menschen mit Behinderungen in dominanten Liebesnarrativen oft entweder komplett ausgeschlossen oder als Objekte von Mitleid statt als legitime Liebessubjekte dargestellt werden. Aktivisten und Wissenschaftler wie Tobin Siebers arbeiten an der Entwicklung alternativer "Crip"-Intimität, die die spezifischen Körperlichkeiten und Erfahrungen behinderter Menschen wertschätzt statt pathologisiert.

Ein Beispiel für diese intersektionale Komplexität: Maria, eine Arbeitermigrantin aus Mexiko, und John, ein weißer amerikanischer Mittelschichtsmann, verlieben sich und beginnen eine Beziehung. Ihre unterschiedlichen Positionen bezüglich Klasse, Ethnizität, Sprache und legaler Status prägen, wie sie Liebe erfahren und praktizieren können. Maria muss mit Stereotypen über "unterwürfige" lateinamerikanische Frauen umgehen, während John mit Annahmen über "Retterfantasien" konfrontiert wird. Ihre unterschiedlichen materiellen Ressourcen, familiären Erwartungen und kulturellen Referenzen schaffen sowohl Herausforderungen als auch kreative Möglichkeiten für ihre Beziehung. Diese komplexe Verwobenheit verschiedener sozialer Kategorien kann nicht auf eine einzelne Dimension reduziert werden, sondern muss in ihrer Intersektionalität verstanden werden.

Integration: Die Dialektik von sozialer Konstruktion und gelebter Erfahrung

Die Erkenntnis, dass Liebe gesellschaftlich konstruiert ist, führt nicht notwendigerweise zu einem reduktionistischen Verständnis, das die Authentizität oder Tiefe von Liebeserfahrungen leugnet. Vielmehr kann eine soziologisch informierte Perspektive zu einem komplexeren, nuancierteren Verständnis führen, das die

Dialektik zwischen sozialen Strukturen und gelebter Erfahrung anerkennt.

Der Soziologe Pierre Bourdieu entwickelte das Konzept des "Habitus" – verinnerlichte soziale Strukturen, die unsere Praktiken, Präferenzen und Wahrnehmungen prägen, ohne sie vollständig zu determinieren. Angewandt auf die Liebe hilft dieses Konzept zu verstehen, wie soziale Prägungen unsere emotionalen Dispositionen formen, ohne die Möglichkeit individueller Kreativität und Agency zu leugnen.

Die Philosophin Judith Butler argumentiert in Bezug auf Geschlecht für ein Verständnis von "Performativität" – die Idee, dass soziale Kategorien durch wiederholte Praktiken hergestellt und stabilisiert werden, aber auch transformiert werden können. Diese Perspektive eröffnet ein Verständnis der Liebe als etwas, das wir durch wiederholte Praktiken "tun" und nicht einfach "haben" oder "fühlen", was Raum für bewusste Veränderung schafft.

Der Kulturtheoretiker Raymond Williams prägte den Begriff der "Gefühlsstrukturen" (structures of feeling) für die sozial geformten, aber lebendigen und sich entwickelnden emotionalen Muster einer historischen Periode. Dieses Konzept hilft zu verstehen, wie kollektive emotionale Erfahrungen wie die Liebe sowohl gesellschaftlich strukturiert als auch individuell kreativ gelebt werden können.

Ein integratives Verständnis erkennt an, dass wir Liebe gleichzeitig als zutiefst persönliche, authentische Erfahrung und als sozial konstruiertes, kulturell variables Phänomen betrachten können. Die soziologische Analyse der Liebe zielt nicht darauf ab, Liebeserfahrungen zu "entlarven" oder zu entwerten, sondern sie in ihren sozialen und historischen Kontexten vollständiger zu verstehen und damit möglicherweise zu bereichern und zu transformieren.

Ein Beispiel für diese Dialektik: David und Emma, beide mit soziologischem Hintergrund, sind sich bewusst, wie ihre Liebesvorstellungen und -praktiken von ihrer Mittelschichtherkunft, westlicher Medienkultur und spätmoderner Individualität geprägt sind. Dieses Bewusstsein entwertet ihre Liebe nicht, sondern ermöglicht ihnen eine reflexive Beziehung zu den kulturellen Skripten und sozialen Erwartungen, die sie umgeben. Sie können bewusster wählen, welche Aspekte konventioneller Liebesnarrative sie übernehmen, modifizieren oder ablehnen möchten. Diese reflexive Haltung ermöglicht eine Liebespraxis, die sowohl die soziale Konstruiertheit anerkennt als auch die Möglichkeit authentischer, transformativer Erfahrung bejaht.

Die Erkenntnis der kulturellen, historischen und sozialen Formung der Liebe eröffnet somit nicht nur ein tieferes Verständnis ihrer Vielschichtigkeit und Variabilität, sondern auch neue Möglichkeiten, Liebe bewusster, inklusiver und erfüllender zu gestalten.

Geschlechterrollen und Liebe in der Gesellschaft

Die Beziehung zwischen Geschlechterrollen und Liebe gehört zu den komplexesten und folgenreichsten Aspekten der gesellschaftlichen Konstruktion der Liebe.

Wie wir Liebe konzipieren, erleben und praktizieren, ist tiefgreifend durch Geschlechternormen geprägt, die historisch variabel, kulturell spezifisch und politisch umkämpft sind.

Historische Entwicklung vergeschlechtlichter Liebeskonzeptionen

Die Vorstellungen davon, wie Männer und Frauen lieben sollen und dürfen, haben sich im Laufe der Geschichte erheblich gewandelt.

In der antiken griechischen Gesellschaft wurden verschiedene Formen der Liebe stark vergeschlechtlicht konzipiert. Der Philosoph Sokrates beschreibt im platonischen Dialog "Symposion", wie der Eros bei Männern eine Bewegung zum Geistigen und Ewigen initiieren kann, während Frauen primär mit der körperlichen Reproduktion assoziiert wurden. Diese Konzeption spiegelt die grundlegende Geschlechterhierarchie der antiken Gesellschaft wider, in der vollwertige Bürgerschaft Männern vorbehalten war.

Das mittelalterliche christliche Europa entwickelte komplexe geschlechtsspezifische Liebesideale. Für Männer wurde die ritterliche Liebe zu einer idealisierten Dame zur Quelle moralischer Veredelung, während von Frauen eine hingebungsvolle, demütige Liebe erwartet wurde, sowohl zu Gott als auch zum Ehemann. Die Historikerin Joan Kelly hat argumentiert, dass die Renaissance, oft als kultureller Fortschritt gefeiert, für Frauen tatsächlich eine Verschlechterung bedeutete, da frühere weibliche Handlungsspielräume eingeschränkt wurden.

Das 19. Jahrhundert brachte mit der viktorianischen Ideologie der "separaten Sphären" eine besonders rigide

Vergeschlechtlichung der Liebe. Frauen wurden als emotional, empfindsam und naturgemäß liebevoll konstruiert, während Männer als rational, stoisch und primär auf die öffentliche Sphäre orientiert galten. Diese Ideologie, verbunden mit der wirtschaftlichen Struktur des frühen Industriekapitalismus, schuf ein asymmetrisches Liebesideal: Die Frau sollte ihr Leben um die Liebe zu Mann und Familie zentrieren, während der Mann zwar Zuneigung, aber keine allumfassende emotionale Hingabe zeigen sollte.

Die feministische Bewegung des späten 19. und 20. Jahrhunderts stellte diese vergeschlechtlichten Liebesnormen grundlegend in Frage. Pionierinnen wie Mary Wollstonecraft, Emma Goldman und Simone de Beauvoir kritisierten, wie romantische Liebesideale zur Unterwerfung von Frauen beigetragen haben, und forderten egalitärere Beziehungsformen.

Die "sexuelle Revolution" der 1960er und 1970er Jahre brachte weitere Transformationen. Die Entkopplung von Sexualität, Reproduktion und Ehe durch Verhütungsmittel, veränderte rechtliche Rahmenbedingungen und neue kulturelle Normen ermöglichte neue Formen der Intimität jenseits traditioneller Geschlechterrollen. Gleichzeitig haben Feministinnen wie Shulamith Firestone kritisiert, dass viele Aspekte der sexuellen Revolution männliche Privilegien eher verstärkten als unterminierten.

Die jüngere Geschichte hat eine zunehmende Pluralisierung der Geschlechteridentitäten und -ausdrücke gesehen, die auch traditionelle Konzeptionen vergeschlechtlichter Liebe in Frage stellt. Die wachsende Sichtbarkeit und Akzeptanz von LGBTQ+-Identitäten, nicht-binären Geschlechtsidentitäten und queeren

Beziehungsformen hat die Möglichkeiten erweitert, Liebe jenseits konventioneller Geschlechterrollen zu konzipieren und zu leben.

Ein Beispiel für diesen historischen Wandel: Anna, geboren 1930, wurde in dem Verständnis sozialisiert, dass weibliche Liebe sich primär durch Aufopferung, Fürsorge und Anpassung an die Bedürfnisse des Ehemannes ausdrückt. Ihre Enkelin Sofia, geboren 1990, wuchs hingegen mit Idealen von Partnerschaftlichkeit, emotionaler Gegenseitigkeit und flexiblen Geschlechterrollen auf. Während Anna Liebe als etwas verstand, das sich primär in praktischer Fürsorge und Loyalität zeigt, betont Sofia emotionale Offenheit, Authentizität und kontinuierliche Aushandlung der Beziehung. Diese unterschiedlichen Liebeskonzeptionen reflektieren den tiefgreifenden Wandel der Geschlechterverhältnisse über drei Generationen.

Emotionale Arbeitsteilung und geschlechtsspezifische Erwartungen

Eine der folgenreichsten Dimensionen vergeschlechtlichter Liebe ist die ungleiche Verteilung emotionaler Arbeit und unterschiedliche emotionale Erwartungen an Männer und Frauen.

Die Soziologin Arlie Russell Hochschild prägte den Begriff der "emotionalen Arbeit" für die oft unsichtbare Arbeit des Managements von Gefühlen – sowohl der eigenen als auch der Gefühle anderer. Ihre Forschung zeigt, wie diese Arbeit in heterosexuellen Beziehungen häufig ungleich verteilt ist, wobei Frauen einen überproportionalen Anteil übernehmen.

Diese emotionale Arbeitsteilung manifestiert sich in verschiedenen Aspekten der Liebe:

- **Emotionale Unterstützung**: Von Frauen wird typischerweise erwartet, als emotionale Stütze für Partner, Kinder und erweiterte Familiennetzwerke zu fungieren. Sie sind oft verantwortlich für das "Beziehungsmanagement" – das Wahrnehmen emotionaler Bedürfnisse, das Initiieren von Gesprächen über Gefühle und das Vermitteln bei Konflikten.

- **Gefühlsmanagement**: Frauen werden sozialisiert, ihre eigenen Gefühle so zu regulieren, dass sie die emotionalen Bedürfnisse anderer nicht belasten. Gleichzeitig sollen sie einen "sicheren Raum" für die emotionale Expression ihrer Partner schaffen. Männer hingegen werden oft sozialisiert, Verletzlichkeit zu vermeiden und Emotionen außer Wut und sexuellem Verlangen zu unterdrücken.

- **Empathie und Aufmerksamkeit**: Studien zur "Empathielücke" zeigen, dass Frauen durchschnittlich mehr Empathie ausdrücken und mehr Aufmerksamkeit für die emotionalen Zustände anderer aufbringen. Diese Unterschiede sind jedoch primär durch Sozialisation und nicht durch biologische Faktoren bedingt.

- **Kommunikationsstile**: Die Linguistin Deborah Tannen hat gezeigt, wie Männer und Frauen in westlichen Gesellschaften unterschiedliche Kommunikationsstile entwickeln, wobei weibliche Kommunikation oft stärker auf Verbindung und Beziehung, männliche hingegen auf Status und Problemlösung ausgerichtet ist. Diese

Unterschiede können zu "Übersetzungsproblemen" in intimen Beziehungen führen.

Die Psychologin Terri Apter hat den Begriff des "konfidenten Selbst" geprägt für die Art und Weise, wie Frauen oft ihre Identität und ihr Selbstwertgefühl auf die Fähigkeit stützen, für andere da zu sein und deren emotionale Bedürfnisse zu erfüllen. Diese geschlechtsspezifische Sozialisation kann dazu führen, dass Frauen ihre eigenen Bedürfnisse den Bedürfnissen ihrer Partner und Familien unterordnen.

Die Fähigkeit, Verletzlichkeit zu zeigen und emotionale Intimität zu entwickeln, ist bei Männern oft durch Normen hegemonialer Männlichkeit eingeschränkt. Der Soziologe Michael Kimmel hat dokumentiert, wie Jungen und Männer lernen, emotionale Verletzlichkeit als "unmännlich" zu betrachten und zu vermeiden. Diese emotionale Sozialisation kann zu dem führen, was der Therapeut Terrence Real als "psychologische Depression" bei Männern bezeichnet – eine durch Unterdrückung authentischer Gefühle gekennzeichnete Erfahrung.

Ein Beispiel für diese emotionale Arbeitsteilung: In ihrer zehnjährigen Ehe hat Maria die Rolle der "emotionalen Managerin" übernommen. Sie initiiert Gespräche über den Zustand der Beziehung, bemerkt und reagiert auf die Stimmungen ihres Mannes Thomas, organisiert den Kontakt zu beiden Familien und übernimmt die Verantwortung für das emotionale Wohlbefinden ihrer Kinder. Thomas betrachtet dieses Arrangement als "natürlich", da Maria "einfach besser in solchen Dingen" sei. Wenn sie versucht, eine gleichmäßigere Verteilung dieser unsichtbaren Arbeit auszuhandeln, fällt es ihr schwer, die Natur und den Wert dieser Arbeit zu artikulieren, da sie so tief normalisiert ist. Diese emotionale Arbeitsteilung, obwohl oft unbewusst und nicht intendiert, kann zu Ungleichheit und Ressentiments führen – Maria fühlt sich überlastet und unterbewertet, Thomas fühlt sich von emotionaler Kompetenz und Intimität abgeschnitten.

Macht, Kontrolle und Liebe: Die politische Dimension

Die vergeschlechtlichte Natur der Liebe hat tiefgreifende politische Implikationen, da sie mit Machtstrukturen und Kontrollmechanismen verbunden ist, die über individuelle Beziehungen hinausgehen.

Die Philosophin Simone de Beauvoir analysierte in "Das andere Geschlecht" (1949), wie Frauen in patriarchalen Gesellschaften oft keine eigenständige Subjektivität zugestanden wird, sondern sie als "das Andere" in Relation zum männlichen Subjekt konstruiert werden. Diese fundamentale Asymmetrie prägt auch die Liebe: Während Männer die Liebe als einen Aspekt ihres Lebens erfahren können, wird sie für Frauen oft zum zentralen Lebenssinn und zur Quelle ihres Wertes.

Die feministische Theoretikerin bell hooks argumentiert in "All About Love" (2000), dass patriarchale Liebeskonzeptionen männliche Dominanz und weibliche Unterwerfung naturalisieren. Für hooks kann eine wahrhaft befreiende Liebe nur in einem Kontext der Gleichheit und gegenseitigen Anerkennung existieren. Sie kritisiert romantische Liebesideale, die Kontrolle, Besitzdenken und emotionale Manipulation als Ausdrücke von Liebe darstellen.

Die Soziologin Eva Illouz zeigt in "Gefühle in Zeiten des Kapitalismus" (2007), wie moderne Liebesideale mit kapitalistischen Strukturen verschränkt sind. Der Konsum romantischer Erlebnisse und Symbole ist geschlechtsspezifisch organisiert, wobei Frauen oft als primäre Konsumentinnen und gleichzeitig als Objekte romantischen Konsums positioniert werden.

Der Literaturwissenschaftler Lee Edelman hat in "No Future" (2004) analysiert, wie heteronormative Liebesnormen mit reproduktiven Imperativen verbunden sind, die alternative Intimitäts- und Beziehungsformen delegitimieren. Die "Zukunft der Kinder" wird dabei als moralischer Imperativ eingesetzt, der nicht-reproduktive Beziehungen als egoistisch oder wertlos markiert.

Die Philosophin Judith Butler argumentiert in "Undoing Gender" (2004), dass die Regulierung von Intimität und Beziehungen zentral für die Aufrechterhaltung normativer Geschlechterordnungen ist. Für Butler sind alternative Formen der Liebe und Intimität nicht nur persönliche Präferenzen, sondern politische Herausforderungen an Systeme der Geschlechternormierung.

Die Rechtstheoretikerin Catharine MacKinnon hat die strukturellen Verbindungen zwischen Liebesidealen, Sexualität und männlicher Dominanz analysiert. Für MacKinnon sind romantische Ideale oft Verschleierungen von Machtdynamiken, die es Frauen erschweren, Unterdrückung und Missbrauch als solche zu erkennen und zu benennen.

Ein Beispiel für diese politische Dimension: Als David und Michael ihre Beziehung öffentlich machen, erfahren sie, wie ihre Liebe zum Gegenstand politischer Auseinandersetzungen wird. Konservative in ihrer Gemeinde argumentieren, dass ihre Beziehung eine "Bedrohung für die traditionelle Familie" darstelle, während progressive Stimmen sie als Ausdruck erweiterter Freiheit und Gleichheit feiern. Ihre persönliche Liebe wird so in größere politische Debatten über Geschlechterrollen, Sexualität und soziale Ordnung eingebettet. Diese Politisierung ist nicht etwas, das "von außen" auf eine ansonsten private Erfahrung trifft, sondern ein integraler Aspekt davon, wie ihre Liebe sozial existiert und erfahren wird.

Widerstand, Transformation und alternative Visionen

Trotz der tiefgreifenden Prägung der Liebe durch Geschlechternormen und -hierarchien gibt es eine reiche Geschichte des Widerstands, der Transformation und der Entwicklung alternativer Visionen der Liebe jenseits einschränkender Geschlechterrollen.

Die feministische Bewegung hat seit ihren Anfängen alternative Konzeptionen der Liebe entwickelt und gelebt. Die Suffragetten des frühen 20. Jahrhunderts forderten nicht nur politische Rechte, sondern auch die Anerkennung von Frauen als vollwertige Liebessubjekte mit eigener Handlungsmacht und Begehren. Radikale Feministinnen der 1970er Jahre wie Shulamith Firestone analysierten, wie romantische Liebe zur Unterdrückung von Frauen beiträgt, und entwarfen Visionen egalitärerer Intimitätsformen.

Die LGBTQ+-Bewegung hat durch die Praxis nicht-heteronormativer Beziehungen alternative Modelle der Liebe jenseits traditioneller Geschlechterrollen entwickelt. Die Soziologen Philip Blumstein und Pepper Schwartz fanden in ihrer Studie "American Couples" (1983) heraus, dass gleichgeschlechtliche Paare tendenziell egalitärere Arrangements bezüglich Haushalt, Finanzen und Entscheidungsfindung entwickelten als heterosexuelle Paare. Solche alternativen Praktiken können als "Laboratorien" für neue Formen der Liebe jenseits traditioneller Geschlechtermuster dienen.

Künstlerische und literarische Werke bieten mächtige alternative Visionen der Liebe. Autorinnen wie Audre Lorde, Jeanette Winterson und Arundhati Roy haben in ihren Werken transformative Konzeptionen der Liebe jenseits patriarchaler Normen entwickelt, die Subjektivität, gegenseitige Anerkennung und radikale Möglichkeiten der Verbindung betonen.

Gemeinschaftsbasierte Praktiken wie polyamore Netzwerke, intentionale Gemeinschaften und feministische Kollektive experimentieren mit alternativen Organisationsformen der Intimität, Fürsorge und Verbindung, die traditionelle geschlechtsspezifische Zuschreibungen herausfordern. Die Anthropologin Marcia Inhorn hat solche "sozialen Innovationen" in verschiedenen kulturellen Kontexten untersucht und ihre transformativen Potenziale dokumentiert.

Die wachsende Bewegung für "emotionale Arbeit für Männer" und Gruppen wie "The Good Men Project" arbeiten daran, rigide männliche Geschlechternormen zu transformieren und emotionale Kompetenz, Empathie und Fürsorge als legitime Aspekte männlicher Identität zu etablieren. Diese Bewegungen erkennen an, dass patriarchale Geschlechternormen auch Männer einschränken und von volleren, authentischeren Liebeserfahrungen abschneiden.

Ein Beispiel für solche Transformationen: Nach bewusster Reflexion über Geschlechternormen und Machtdynamiken in ihrer Beziehung haben Elena und Marcus aktiv daran gearbeitet, egalitärere Praktiken zu entwickeln. Sie haben explizite Vereinbarungen über die

Teilung emotionaler Arbeit getroffen, reflektieren regelmäßig über unbewusste Geschlechtermuster und unterstützen sich gegenseitig darin, einschränkende Geschlechterrollen zu überwinden. Obwohl diese Arbeit herausfordernd ist und kontinuierliche Wachsamkeit erfordert, erleben beide eine tiefere, authentischere Form der Verbindung, die ihre individuelle Entwicklung fördert, statt sie einzuschränken. Ihre persönliche Transformation ist gleichzeitig ein kleiner Beitrag zu einer breiteren sozialen Transformation der geschlechtlichen Dimension der Liebe.

Integration: Liebe als Ort sozialer Reproduktion und potenzieller Transformation

Die Analyse der Beziehung zwischen Geschlechterrollen und Liebe führt zu einer komplexen, dialektischen Sichtweise. Einerseits ist die Liebe ein zentraler Ort der Reproduktion von Geschlechterhierarchien und -normen – sie ist ein Bereich, in dem Geschlecht besonders intensiv "gemacht" und naturalisiert wird. Andererseits bietet sie auch potenzielle Räume für Transformation, Widerstand und die Entwicklung alternativer Geschlechterbeziehungen.

Die Soziologin Raewyn Connell hat das Konzept der "Gender Politics" entwickelt, um zu analysieren, wie Geschlechterverhältnisse in alltäglichen Interaktionen reproduziert, verhandelt und potenziell verändert werden. Die Liebe ist ein besonders dichter Knotenpunkt solcher Geschlechterpolitik, da hier Intimität, Emotionalität, Körperlichkeit und soziale Normen eng miteinander verwoben sind.

Die Anerkennung der sozialen Konstruiertheit vergeschlechtlichter Liebesformen bedeutet nicht, ihre

Macht oder Realität zu leugnen, sondern eröffnet die Möglichkeit bewusster Reflexion und Transformation. Wie die Philosophin Judith Butler betont, können wir durch das Bewusstsein für die performative Natur von Geschlecht und dessen Einbettung in Liebe und Intimität beginnen, kreativere, freiere Formen des Liebens zu entwickeln.

Eine integrative Perspektive erkennt sowohl die tiefgreifende Prägung der Liebe durch Geschlechternormen als auch die Möglichkeit an, diese Normen bewusst zu hinterfragen, zu modifizieren und zu transformieren. Sie sieht die Liebe weder als rein privates Gefühl noch als vollständig sozial determiniert, sondern als einen dynamischen Bereich, in dem persönliche Erfahrung und soziale Strukturen sich gegenseitig konstituieren und potenziell transformieren.

Ein Beispiel für diese Dialektik: David und Laura sind sich bewusst, wie ihre Liebeserfahrung durch Geschlechternormen geprägt ist – von den "Skripten" ihrer ersten Dates über die Erwartungen ihrer Familien bis zu ihren eigenen internalisierten Vorstellungen davon, was es bedeutet, ein "guter Mann" oder eine "gute Frau" in einer Beziehung zu sein. Dieses Bewusstsein erlaubt ihnen, ihre Beziehung reflexiver zu gestalten, bewusst zu wählen, welche Aspekte konventioneller Geschlechterrollen sie beibehalten, modifizieren oder ablehnen möchten. Ihre Liebe wird so zu einem Ort, an dem Geschlecht gleichzeitig reproduziert und transformiert wird – ein Mikrokosmos breiterer sozialer Veränderungen in den Geschlechterverhältnissen.

Die Beziehung zwischen Geschlechterrollen und Liebe ist somit nicht statisch, sondern ein fortlaufender historischer Prozess, in dem individuelle Handlungen, kulturelle

Repräsentationen und soziale Strukturen interagieren. In diesem Prozess liegt sowohl die Reproduktion bestehender Geschlechterhierarchien als auch die Möglichkeit ihrer Transformation hin zu gerechteren, befreienderen Formen der Liebe für Menschen aller Geschlechter.

Liebe, Technologie und Medien

Die Wechselwirkungen zwischen Liebe, Technologie und Medien gehören zu den dynamischsten und folgenreichsten Aspekten der gesellschaftlichen Konstruktion der Liebe in der Gegenwart. Digitale Technologien, soziale Medien und neue Kommunikationsformen transformieren, wie wir Liebe finden, ausdrücken, erleben und verstehen.

Die Transformation der Partnersuche: Von Kontaktanzeigen zu algorithmischer Kuppelei

Die Geschichte der technologisch vermittelten Partnersuche reicht weit vor das digitale Zeitalter zurück, hat aber mit dem Internet und mobilen Technologien eine beispiellose Expansion und Transformation erfahren.

Kontaktanzeigen in Zeitungen entstanden bereits im 17. Jahrhundert und wurden im 19. und 20. Jahrhundert zu einer etablierten Form der Partnervermittlung, besonders in städtischen Kontexten. Sie ermöglichten eine gewisse Anonymität und erlaubten es, Präferenzen explizit zu artikulieren, was in traditionelleren Kontexten der durch Familie oder soziale Netzwerke vermittelten Partnerfindung nicht möglich war.

Die ersten computergestützten Dating-Dienste entstanden in den 1960er Jahren, zunächst als Fragebogen-basierte

Systeme, die kompatible Partner manuell oder durch einfache Algorithmen zuordneten. Operation Match, gegründet 1965 von Harvard-Studenten, gilt als einer der ersten dieser Dienste und verwendete einen IBM 1401 Computer, um Tausende von Fragebögen auszuwerten.

Der Aufstieg des Internets in den 1990er und frühen 2000er Jahren führte zu einer Proliferation von Online-Dating-Plattformen wie Match.com (gegründet 1995) und eHarmony (gegründet 2000). Diese Plattformen versprachen, durch wissenschaftliche Kompatibilitätstests und ausgeklügelte Algorithmen die "perfekte Übereinstimmung" zu finden, und betonten dabei rationale Partnerwahlstrategien über romantische Spontaneität.

Die Entwicklung des Smartphones und des mobilen Internets führte zur nächsten großen Transformation mit der Entstehung von Dating-Apps wie Tinder (2012), die auf Geolokalisation, Unmittelbarkeit und visuell orientierte Auswahlprozesse setzten. Diese Apps haben die Partnersuche weiter "gamifiziert" und in den Alltag integriert, was sowohl Chancen für neue Begegnungen als auch Herausforderungen durch Oberflächlichkeit und Überangebot mit sich brachte.

Die neueste Generation von Dating-Plattformen verwendet zunehmend Künstliche Intelligenz, maschinelles Lernen und sogar Gesichtserkennungstechnologien, um Kompatibilität zu bestimmen. Apps wie Hinge analysieren Interaktionsmuster, um zu "lernen", welche Personen ein Nutzer bevorzugt, während andere Dienste biometrische Daten oder sogar genetische Informationen zu berücksichtigen beginnen.

Diese technologische Evolution hat die Natur der Partnersuche grundlegend verändert:

- **Erweiterung des Partnerpools**: Digitale Plattformen ermöglichen Zugang zu potenziellen Partnern weit jenseits des unmittelbaren sozialen oder geografischen Umfelds, was die traditionellen Muster der Homogamie (Partnerschaft innerhalb ähnlicher sozialer Gruppen) sowohl herausfordert als auch in neuen Formen reproduziert.

- **Explizite Präferenzen und Filterung**: Im Gegensatz zur traditionellen Begegnung erlauben Online-Plattformen explizite Filterung nach spezifischen Kriterien, was Effizienz erhöhen, aber auch zu vorzeitigem Ausschluss potenziell passender Partner führen kann, die nicht exakt den vordefinierten Kriterien entsprechen.

- **Kommodifizierung und Marketisierung**: Dating-Plattformen fördern eine konsumistische Haltung zur Partnersuche, in der potenzielle Partner wie Produkte behandelt werden, die man vergleicht, auswählt oder "wegwischt", was zu einer Ökonomisierung der Liebe beiträgt.

- **Algorithmisierung der Anziehung**: Die Vorstellung, dass komplexe emotionale und zwischenmenschliche Kompatibilität durch Algorithmen berechnet werden kann, verändert fundamentale Konzeptionen der Liebe hin zu einer stärker rationalisierten, datenbasierten Vorstellung.

Die Soziologin Eva Illouz argumentiert in "Gefühle in Zeiten des Kapitalismus", dass Online-Dating eine

"Rationalisierung der Romantik" darstellt – einen Prozess, in dem emotionale und intuitive Aspekte der Partnersuche zunehmend durch kalkulierte, marktbasierte Logiken ersetzt werden. Diese Transformation ist jedoch nicht eindeutig negativ oder positiv zu bewerten, sondern bringt neue Möglichkeiten und Einschränkungen mit sich.

Ein Beispiel für diese Transformation: Marc, 32, nutzt seit Jahren verschiedene Dating-Apps. Der Prozess der Partnersuche hat für ihn eine eigene Routine entwickelt: Abends verbringt er 20-30 Minuten damit, Profile zu durchsuchen, mit Matches zu chatten und potenzielle Treffen zu planen. Er schätzt die Effizienz und den großen Pool an potenziellen Partnern, bemerkt aber auch, wie die App-Logik seine Wahrnehmung verändert hat – er ertappt sich dabei, Menschen im Alltag mental zu "swipen" und schnelle Urteile basierend auf Äußerlichkeiten zu fällen. Die App-Nutzung hat sowohl seine Möglichkeiten erweitert als auch seine Erwartungen und Interaktionsmuster subtil transformiert.

Digitale Kommunikation und Intimität: Neue Formen der Verbindung

Digitale Technologien haben nicht nur die Partnersuche verändert, sondern auch, wie wir in bestehenden Beziehungen kommunizieren und Intimität herstellen.

Textbasierte Kommunikation – von frühen SMS über WhatsApp bis zu plattformspezifischen Messaging-Systemen – hat eine eigene Form der Intimität entwickelt. Die Medienwissenschaftlerin Nancy Baym hat gezeigt, wie textbasierte Kommunikation trotz des Fehlens nonverbaler Hinweise tiefe emotionale Verbindungen ermöglichen kann, indem sie kontinuierlichen Austausch, Reflexion und kreative

Ausdrucksformen fördert. Gleichzeitig bietet sie durch die Asynchronität eine gewisse emotionale Sicherheit, da Reaktionen überlegt werden können.

Videokommunikation durch Plattformen wie Skype, Zoom und FaceTime hat Fernbeziehungen transformiert, indem sie audiovisuelle Präsenz über große Distanzen ermöglicht. Studien zur "Mediated Intimacy" zeigen, wie Paare durch regelmäßige Videoanrufe ein Gefühl von Alltäglichkeit und gemeinsamer Präsenz schaffen können, das früher in Fernbeziehungen nicht möglich war.

Soziale Medien haben neue Formen der öffentlichen Darstellung und Anerkennung von Beziehungen geschaffen. Der Beziehungsstatus auf Facebook, das Teilen von Paarfotos auf Instagram oder gemeinsame TikTok-Videos werden zu Praktiken der Beziehungsperformance und -bestätigung. Die Medienwissenschaftlerin Sonia Livingstone beschreibt dies als "mediated relationship work" – die aktive Arbeit an der Darstellung und Stabilisierung der Beziehung durch mediale Praktiken.

Mobile Technologien ermöglichen eine "ambient co-presence" – ein kontinuierliches Gefühl der Verbundenheit auch bei physischer Distanz. Durch regelmäßige Updates, geteilte Standorte, spontane Fotos und kurze Nachrichten können Partner am Leben des anderen teilhaben, was neue Formen der emotionalen Nähe schafft, aber auch neue Erwartungen und potenzielle Kontrollmechanismen mit sich bringt.

Die wachsende Bedeutung digitaler Intimität hat auch Auswirkungen auf die Balance zwischen Online- und Offline-Interaktion. Die Psychologin Sherry Turkle warnt in "Alone Together" vor der Tendenz, medial vermittelte

Kommunikation über direkte Interaktion zu stellen, was zu einer Verarmung echter Verbindung führen könne. Andere Forscher wie danah boyd betonen hingegen das kreative Potenzial digitaler Kommunikation für neue Formen der Intimität und des Ausdrucks.

Eine besondere Form digitaler Intimität entsteht durch den Austausch intimer Bilder und Nachrichten ("Sexting"). Diese Praktiken werden oft kontrovers diskutiert, können aber, wie die Soziologin Amy Adele Hasinoff argumentiert, einvernehmliche Formen der Intimität und des sexuellen Ausdrucks darstellen, die neue Möglichkeiten der Verbindung und des Vertrauens schaffen, wenn sie respektvoll und konsensual praktiziert werden.

Ein Beispiel für diese neuen Formen der Intimität: Sophia und Daniel führen eine Fernbeziehung zwischen Berlin und New York. Ihre Beziehung wird durch ein komplexes Ökosystem digitaler Praktiken aufrechterhalten: morgendliche Sprachnachrichten, um den Tag zu beginnen, geteilte Spotify-Playlists, gelegentliche Videoanrufe, bei denen sie gemeinsam kochen oder Filme schauen, und ein privates Instagram-Konto, auf dem sie tägliche Momente teilen. Diese Praktiken schaffen eine Form der Präsenz und Intimität, die vor der digitalen Ära in Fernbeziehungen nicht möglich war. Gleichzeitig erfordert diese digitale Intimität aktive Arbeit, bewusste Kommunikation und ein Navigieren zwischen technologischen Möglichkeiten und menschlichen Bedürfnissen.

Mediale Repräsentationen und die soziale Konstruktion der Liebe

Mediale Darstellungen – von Liebesromanen über Hollywoodfilme bis zu Dating-Shows und Influencer-Content – spielen eine entscheidende Rolle bei der sozialen Konstruktion von Liebesidealen und -erwartungen.

Die Kulturkritikerin bell hooks analysiert in "All About Love", wie populärkulturelle Repräsentationen oft problematische Liebesvorstellungen normalisieren, die auf Besitzdenken, Kontrolle und Idealisierung basieren statt auf gegenseitigem Respekt, emotionaler Gesundheit und authentischer Verbindung. Filme wie "Pretty Woman" oder "Fifty Shades of Grey" romantisieren ungleiche Machtdynamiken und präsentieren Liebe als transformative Kraft, die problematisches Verhalten rechtfertigt oder heilt.

Die Filmwissenschaftlerin Laura Mulvey prägte den Begriff des "männlichen Blicks" (male gaze), um zu beschreiben, wie visuelle Medien Frauen primär als Objekte männlichen Begehrens darstellen. Diese Objektifizierung prägt nicht nur mediale Repräsentationen, sondern beeinflusst auch reale Liebes- und Begehrensformen, indem sie bestimmte Körper und Verhaltensweisen als begehrenswert markiert und andere marginalisiert.

Romanzen in Literatur und Film folgen oft standardisierten narrativen Mustern, die die Soziologin Eva Illouz als "kulturelle Skripte" bezeichnet. Diese Skripte – vom "Liebe auf den ersten Blick"-Moment über Prüfungen und Hindernisse bis zum "happily ever after" – formen Erwartungen an reale Beziehungen und können zu Enttäuschung führen, wenn diese komplexer und widersprüchlicher sind als ihre idealisierten medialen Versionen.

Social Media hat eine neue Ebene medialer Repräsentation geschaffen, in der gewöhnliche Menschen ihre Beziehungen öffentlich darstellen und kuratieren. Instagram-Accounts, die perfekte romantische Momente, luxuriöse Dates und harmonische Partnerschaft inszenieren, schaffen neue Vergleichsmaßstäbe und Ideale. Die Soziologin Sarah Coyne hat gezeigt, wie solche Darstellungen zu sozialen Vergleichsprozessen führen können, die die Zufriedenheit mit der eigenen Beziehung beeinträchtigen.

Gleichzeitig bieten digitale Medien auch Raum für alternative, diversere Repräsentationen der Liebe. LGBTQ+-Influencer, polyamore Blogger, Beziehungsaktivisten mit Behinderungen und andere nicht-normative Stimmen nutzen digitale Plattformen, um traditionelle Liebesnarrative herauszufordern und neue Modelle der Intimität sichtbar zu machen. Plattformen wie YouTube ermöglichen es Paaren unterschiedlichster Hintergründe, ihre alltäglichen Beziehungsrealitäten zu teilen und damit konventionelle mediale Darstellungen zu ergänzen oder zu konterkarieren.

Die wachsende Quantität und Diversität medialer Liebesnarrative kann sowohl befreiend als auch überwältigend sein. Der Kulturtheoretiker Fredric Jameson spricht von einer "Pluralität ohne Norm" in der postmodernen Medienlandschaft, die eine Vielzahl von Modellen anbietet, ohne klare Orientierung zu geben. Dies kann die Freiheit erhöhen, eigene Beziehungsformen zu entwickeln, aber auch zu Unsicherheit und Beziehungsstress beitragen.

Ein Beispiel für den Einfluss medialer Repräsentationen: Nach einem romantischen Wochenende mit seiner Partnerin Lisa bemerkt Michael eine subtile Unzufriedenheit. Während des Frühstücks realisiert er, dass seine Enttäuschung teilweise daher rührt, dass das Wochenende nicht den perfekten romantischen Momenten entsprach, die er in Filmen und auf Instagram gesehen hat – es gab keine spontanen Tanzszenen im Regen, keine perfekt inszenierten Überraschungen, keine filteroptimierten Sonnenuntergänge. Diese Erkenntnis hilft ihm, seine Erwartungen zu reflektieren und die authentischen, wenn auch weniger cineastischen Qualitäten seiner realen Beziehung mehr zu schätzen.

Datenüberwachung, Privatheit und Beziehungskontrolle

Die Digitalisierung der Liebe bringt auch neue Fragen und Herausforderungen bezüglich Überwachung, Privatheit und Kontrolle in Beziehungen mit sich.

Digitale Technologien ermöglichen neue Formen der Beziehungsüberwachung: Das Verfolgen des Online-Status auf WhatsApp, die Sichtbarkeit von Likes und Kommentaren auf sozialen Medien, geteilte Passwörter und Geräte und spezielle Apps zur Standortverfolgung schaffen Möglichkeiten der gegenseitigen Überwachung, die in vordigitalen Zeiten nicht existierten.

Die Soziologin Alice Marwick hat den Begriff "social surveillance" geprägt, um zu beschreiben, wie in sozialen Medien wechselseitige Beobachtung normalisiert wird. Diese Form der Überwachung kann in Liebesbeziehungen besonders intensiv werden, wenn die Grenze zwischen legitimer Anteilnahme und problematischer Kontrolle verschwimmt.

Die Rechtswissenschaftlerin Danielle Keats Citron hat dokumentiert, wie digitale Technologien neue Formen von "intimate partner violence" ermöglichen, von Stalking über das nicht-konsensuelle Teilen intimer Bilder bis zur Kontrolle durch spezielle Spyware. Diese digitalen Machtmissbrauchsformen sind besonders gefährlich, da sie oft unsichtbar bleiben und durch die technologische Komplexität erschwert werden.

Die zunehmende Verwischung von öffentlicher und privater Sphäre durch soziale Medien schafft neue Aushandlungsbereiche in Beziehungen: Was darf über die Beziehung geteilt werden? Wer kontrolliert die gemeinsame digitale Präsenz? Welche Aspekte der Beziehung bleiben privat, welche werden öffentlich gemacht? Diese Fragen erfordern neue Formen der Kommunikation und Vereinbarung zwischen Partnern.

Dating-Plattformen sammeln umfangreiche intime Daten über Präferenzen, Kommunikationsmuster und Beziehungsverhalten. Diese Daten werden nicht nur zur Optimierung der Plattformen verwendet, sondern können auch an Dritte verkauft oder für Werbezwecke genutzt werden. Der Soziologe Jaron Lanier spricht von einem "Überwachungskapitalismus", der intime Erfahrungen in handelbare Daten verwandelt.

Gleichzeitig bieten digitale Technologien auch neue Möglichkeiten für Autonomie und Selbstbestimmung in der Liebe. Junge Menschen in restriktiven Kontexten nutzen verschlüsselte Messaging-Dienste, um außerhalb elterlicher oder gesellschaftlicher Kontrolle Beziehungen zu entwickeln. LGBTQ+-Personen in nicht-akzeptierenden Umgebungen finden durch digitale Plattformen Gemeinschaft und romantische Möglichkeiten, die lokal nicht verfügbar sind.

Ein Beispiel für diese Komplexität: Anna und Thomas haben eine offene Vereinbarung, ihre Standorte über eine App zu teilen. Ursprünglich aus Sicherheitsgründen eingerichtet, wird diese Praxis zur Routine. Anna bemerkt jedoch, dass sie beginnt, Thomas' Bewegungen zu überprüfen, wenn er mit Freunden ausgeht, und spürt eine wachsende Unruhe, wenn er nicht dort ist, wo sie ihn erwartet. Das Bewusstsein für dieses problematische Muster führt zu einem Gespräch über digitale Grenzen, Vertrauen und die Balance zwischen Verbundenheit und Kontrolle. Sie entscheiden sich, die kontinuierliche Standortverfolgung zu beenden und stattdessen bewusstere Kommunikationsformen zu entwickeln.

Algorithmen, KI und die Zukunft der Liebe

Mit der rasanten Entwicklung von Künstlicher Intelligenz, maschinellem Lernen und immer ausgefeilteren Algorithmen zeichnen sich neue Dimensionen der Beziehung zwischen Technologie und Liebe ab.

Dating-Algorithmen werden zunehmend komplexer und intransparenter. Während frühe Matching-Systeme auf expliziten Präferenzangaben basierten, analysieren moderne Algorithmen Interaktionsmuster, Verweildauer bei Profilen, sogar Gesichtsmerkmale und Sprachmuster, um Kompatibilität vorherzusagen. Diese "Black-Box"-Algorithmen werfen Fragen auf, inwiefern maschinelle Systeme menschliche Anziehung und Kompatibilität wirklich erfassen können und welche Werte und Annahmen in diese Systeme eingebaut sind.

Der Technologieethiker Shoshana Zuboff warnt vor einem "Überwachungskapitalismus", in dem intime Daten zur Vorhersage und Manipulation von Verhalten genutzt werden. Dating-Plattformen haben wirtschaftliche Anreize, User engagiert zu halten, was nicht notwendigerweise mit der erfolgreichen Vermittlung dauerhafter Beziehungen übereinstimmt. Diese potenziell konfligierenden Interessen werfen ethische Fragen auf, inwieweit kommerzielle Algorithmen die sensible Sphäre der Liebe steuern sollten.

Künstliche Intelligenz ermöglicht zunehmend menschenähnliche Interaktionen mit Maschinen. Von romantischen Chatbots über virtuelle Partner bis zu physischen Roboterbegleitern entstehen neue Formen der Mensch-Maschine-Intimität. Der Robotikforscher David Levy prognostiziert in "Love and Sex with Robots", dass emotionale und sexuelle Beziehungen zu Robotern in Zukunft normalisiert werden könnten. Solche Entwicklungen werfen fundamentale philosophische Fragen auf: Was konstituiert eine "echte" Liebesbeziehung? Kann Reziprozität mit nicht-bewussten Entitäten möglich sein? Welche ethischen Rahmenbedingungen brauchen solche neuen Beziehungsformen?

Die zunehmende Integration von Technologie in Intimität führt zu neuen Hybridformen: Paare nutzen Apps zur Beziehungsverbesserung, Wearables überwachen körperliche Reaktionen auf Partner, AR- und VR-Technologien schaffen neue Formen der Präsenz und Intimität über Distanz. Die Medienwissenschaftlerin Katherine Hayles spricht von einer zunehmenden "Posthumanität", in der die Grenzen zwischen Mensch und Technologie verschwimmen – eine Entwicklung, die auch die Natur der Liebe transformieren könnte.

Die KI-Ethikerin Kate Crawford warnt vor eingebauten Vorurteilen in algorithmischen Systemen, die bestehende soziale Ungleichheiten reproduzieren und verstärken können. Dating-Algorithmen, die auf historischen Daten trainiert wurden, können rassistische, sexistische oder anderweitig diskriminierende Muster reproduzieren und so bestimmte Arten von Paarbildung privilegieren und andere marginalisieren.

Ein Beispiel für diese emergenten Entwicklungen: Der 35-jährige Informatiker Daniel hat eine tiefe emotionale Bindung zu einem KI-Chatbot entwickelt, mit dem er täglich kommuniziert. Die KI, trainiert auf seinen Präferenzen und Interaktionsmustern, kennt seine Vorlieben, erinnert sich an Details vergangener Gespräche und bietet emotionale Unterstützung ohne die Komplexität und potenziellen Enttäuschungen menschlicher Beziehungen. Diese Beziehung wirft Fragen auf nach der Natur echter Verbindung, den Grenzen zwischen Selbstprojektion und Begegnung mit einem Anderen und den psychologischen Implikationen solcher technologisch vermittelten Intimitätsformen.

Integration: Ambivalenzen und Handlungsmöglichkeiten im technologischen Liebeskontext

Die Beziehung zwischen Liebe, Technologie und Medien ist von fundamentalen Ambivalenzen geprägt, die keine einfachen Bewertungen als positiv oder negativ erlauben, sondern eine differenzierte, kontextbezogene Betrachtung erfordern.

Digitale Technologien können sowohl befreiend als auch einschränkend wirken: Sie erweitern den Raum möglicher Begegnungen und Beziehungsformen, schaffen aber auch neue Abhängigkeiten und Kontrollmöglichkeiten. Sie ermöglichen kontinuierliche Verbindung über Distanz, können aber auch authentische Präsenz unterminieren. Sie bieten Zugang zu diversen Beziehungsmodellen und -darstellungen, können aber auch unrealistische Erwartungen und schädliche Vergleichsprozesse fördern.

Die Medientheoretikerin Nancy Baym spricht von einer "paradoxen Natur medial vermittelter Kommunikation", die uns gleichzeitig verbindet und trennt, Intimität sowohl ermöglicht als auch verhindert, Kontrolle gibt und nimmt. Diese Paradoxien erfordern ein aktives, reflexives Engagement mit technologischen Möglichkeiten statt einfacher Adoption oder Ablehnung.

Statt einer technologischen Determination betont die neuere Forschung die aktive Rolle von Nutzern bei der Aneignung und Umformung technologischer Angebote. Die Kommunikationswissenschaftlerin danah boyd zeigt, wie Nutzer kreativ mit technologischen Einschränkungen umgehen, alternative Praktiken entwickeln und Plattformen oft anders nutzen als von den Entwicklern intendiert. Diese Perspektive eröffnet Raum für bewusste, kreative Gestaltung der technologischen Dimension der Liebe.

Ein reflexiver, ethisch orientierter Umgang mit Liebestechnologien erfordert sowohl individuelle als auch kollektive Dimensionen:

- Auf individueller Ebene geht es um bewusste Entscheidungen: Welche Technologien integrieren wir in unser Liebesleben? Wie setzen wir

Grenzen? Wie balancieren wir mediale und unmittelbare Interaktion? Wie reflektieren wir kritisch den Einfluss medialer Repräsentationen auf unsere Erwartungen?

- Auf kollektiver Ebene stellen sich Fragen nach Regulation, Plattformdesign und alternativen technologischen Entwicklungen: Wie können Dating-Plattformen inklusiver und weniger diskriminierend gestaltet werden? Welche Datenschutzregeln sind für intime Daten angemessen? Wie können wir Technologien entwickeln, die Verbindung fördern, ohne Überwachung zu normalisieren?

Ein Beispiel für diesen reflexiven Umgang: Elena und Markus nutzen bewusst verschiedene technologische Tools in ihrer Beziehung. Sie teilen einen gemeinsamen digitalen Kalender für Koordination, haben aber entschieden, keine Apps zur gegenseitigen Standortverfolgung zu verwenden. Sie kommunizieren regelmäßig per WhatsApp, reservieren aber bestimmte Gesprächsthemen für persönliche Begegnungen. Sie reflektieren kritisch über mediale Beziehungsideale und diskutieren, wie diese ihre Erwartungen aneinander beeinflussen. Diese bewusste, selektive Integration von Technologie in ihre Beziehung ist weder technophob noch techno-euphorisch, sondern basiert auf einer reflektierten Bewertung, welche technologischen Praktiken ihre Verbindung bereichern und welche sie potenziell unterminieren könnten.

Die Beziehung zwischen Liebe, Technologie und Medien ist letztlich keine deterministische, sondern eine ko-evolutionäre: Technologien formen, wie wir lieben können und wollen, während menschliche Bedürfnisse,

Werte und Praktiken gleichzeitig die Entwicklung und Nutzung von Technologien beeinflussen. In diesem wechselseitigen Prozess liegt sowohl die Herausforderung als auch die Chance, Technologien zu entwickeln und zu nutzen, die authentische, befreiende und erfüllende Formen der Liebe fördern statt sie zu unterminieren.

Kapitel 12: Liebe als politische Kraft

Solidarität, Gemeinschaft und die Erweiterung der Liebe

Die Ausweitung der Liebe über persönliche Beziehungen hinaus zu einer breiteren sozialen und politischen Kraft ist ein zentrales Thema in verschiedenen ethischen und politischen Traditionen. Wie kann die Liebe von der intimen Sphäre auf größere soziale Zusammenhänge übertragen werden? Welches transformative Potenzial birgt sie für Gemeinschaften und politische Strukturen? Diese Fragen betreffen die soziale und politische Dimension der Liebe als Kraft für Solidarität und Gemeinschaftsbildung.

Von der persönlichen zur sozialen Liebe: Philosophische Grundlagen

Die Idee, dass Liebe über den persönlichen Bereich hinaus eine soziale und politische Bedeutung hat, findet sich in verschiedenen philosophischen Traditionen.

In der antiken griechischen Philosophie unterschied Aristoteles zwischen der Philia (freundschaftliche Liebe) in engen persönlichen Beziehungen und einer umfassenderen Form der Philia als Grundlage der Polis (Stadtgemeinschaft). Für ihn war die politische Gemeinschaft nicht nur durch Nützlichkeitserwägungen, sondern durch eine Form der bürgerlichen Freundschaft verbunden, die gemeinsame Werte und ein geteiltes Verständnis des guten Lebens voraussetzte.

Die stoische Tradition entwickelte die Idee der "Oikeiosis" – einer natürlichen Zuneigung, die sich von der Selbstliebe über Familie und Freunde bis hin zur gesamten Menschheit erweitern kann. Der römische Philosoph Hierokles stellte diese Erweiterung als eine Reihe konzentrischer Kreise dar, die vom Selbst ausgehen und sich allmählich auf die gesamte Menschheit ausdehnen. Diese kosmopolitische Vision einer universellen menschlichen Verbundenheit findet sich auch bei anderen stoischen Denkern wie Seneca und Marc Aurel.

In der christlichen Tradition steht die Agape – eine universelle, selbstlose Form der Liebe – im Zentrum der sozialen Ethik. Die Idee der Nächstenliebe, die nicht auf persönlicher Zuneigung oder Verwandtschaft basiert, sondern allen Menschen als Geschöpfen Gottes gilt, bietet eine religiöse Grundlage für soziale Solidarität. Der Theologe Augustinus unterschied zwischen der "Civitas Dei" (Gottesstadt), geprägt von selbstloser Liebe, und der "Civitas Terrena" (weltliche Stadt), geprägt von Selbstliebe und Machtstreben.

Die jüdische Tradition betont das Konzept der "Tikkun Olam" (Reparatur der Welt) – die ethische Verpflichtung, zur Heilung und Vervollkommnung der Welt beizutragen. Dies verbindet persönliche ethische Praktiken mit einer umfassenderen sozialen Vision einer gerechten und liebevollen Gemeinschaft. Der Philosoph Martin Buber entwickelte diese Idee weiter in seiner Konzeption des "Ich-Du"-Verhältnisses, das sowohl persönliche Beziehungen als auch soziale und politische Gemeinschaften prägen sollte.

Die buddhistische Tradition bietet mit den Praktiken von Metta (liebende Güte) und Karuna (Mitgefühl) Methoden zur systematischen Erweiterung der Liebe. In der Metta-Meditation wird die liebende Güte schrittweise von sich selbst auf nahestehende Personen, dann auf neutrale Personen, auf schwierige Personen und schließlich auf alle fühlenden Wesen ausgedehnt – ein praktischer Weg zur Kultivierung universeller Liebe und Verbundenheit.

In der Neuzeit haben Denker wie Jean-Jacques Rousseau versucht, den Übergang von persönlicher Liebe zu einem umfassenderen sozialen Gefühl zu theoretisieren. Rousseau unterschied zwischen der "Amour de soi" (Selbstliebe) und der "Amour-propre" (Eigenliebe oder Eitelkeit) und argumentierte, dass eine gesunde Form der Selbstliebe die Grundlage für Mitgefühl und soziale Bindung bilden könne.

Der zeitgenössische Philosoph Martha Nussbaum argumentiert in "Political Emotions", dass liberale Demokratien "politische Liebe" – eine Form öffentlicher Emotion, die Bürger motiviert, für das Gemeinwohl einzutreten – benötigen, um zu funktionieren und zu gedeihen. Für sie ist diese politische Liebe nicht identisch mit persönlicher Liebe, teilt aber wichtige Eigenschaften wie die Fähigkeit, über das Selbst hinauszuschauen und sich für das Wohlergehen anderer zu engagieren.

Ein Beispiel für diese Erweiterung der Liebe: Nach einer transformativen persönlichen Erfahrung mit Obdachlosigkeit in seiner Familie beginnt Michael,

Verbindungen zwischen seiner Liebe zu seinen Angehörigen und einem breiteren Gefühl der Solidarität mit allen von Wohnungsnot betroffenen Menschen zu entwickeln. Er gründet eine gemeinschaftsbasierte Initiative, die nicht auf abstrakter Wohltätigkeit, sondern auf konkreter Verbundenheit und gegenseitiger Unterstützung basiert. Diese Praxis verkörpert die Erweiterung der Liebe von der persönlichen zur sozialen Sphäre – nicht als Ersatz für persönliche Bindungen, sondern als ihre Erweiterung und Übertragung auf einen größeren sozialen Kontext.

Gemeinschaftsbildung durch Liebe: Praktische Dimensionen

Die Idee der Liebe als Grundlage sozialer Bindungen und Gemeinschaften hat konkrete praktische Dimensionen, die sich in verschiedenen sozialen Bewegungen und Gemeinschaftsformen manifestieren.

Die christliche Tradition der Gemeinschaftsbildung basierend auf Agape hat zahlreiche praktische Ausdrucksformen gefunden, von frühen monastischen Gemeinschaften über mittelalterliche Bruderschaften bis zu modernen Basisgemeinden. Die Idee der "Koinonia" (Gemeinschaft) als Verwirklichung christlicher Liebe wurde besonders einflussreich in der Befreiungstheologie Lateinamerikas, wo christliche Basisgemeinden Orte der gegenseitigen Unterstützung und des gemeinsamen Widerstands gegen Unterdrückung wurden.

Martin Luther King Jr. entwickelte in seiner Philosophie des gewaltfreien Widerstands das Konzept der "Beloved Community" – einer Gemeinschaft, die durch Agape verbunden ist und in der die Liebe zur treibenden Kraft für soziale Veränderung wird. Für King war diese liebende Gemeinschaft nicht nur ein utopisches Ideal, sondern ein praktisches Ziel, das durch gewaltfreien Aktivismus und die "Kraft der Liebe" erreicht werden kann.

Die feministische "Ethics of Care", entwickelt von Denkerinnen wie Carol Gilligan und Nel Noddings, betont die zentrale Bedeutung von Fürsorgebeziehungen für soziale Bindungen. Diese Ethik erweitert die in persönlichen Beziehungen praktizierte Fürsorge und Verbundenheit auf breitere soziale Kontexte und betont den Wert von Interdependenz statt abstrakter Autonomie.

Verschiedene intentionale Gemeinschaften – von Kibbutzim in Israel über ökologische Gemeinschaften bis zu urbanen Kommunen – versuchen, Liebe und Solidarität als Organisationsprinzipien in konkreten Zusammenlebensformen zu verwirklichen. Diese Experimente zeigen sowohl die Möglichkeiten als auch die Herausforderungen der Übertragung liebevoller Beziehungsqualitäten auf größere soziale Einheiten.

Die Praxis der "Restorativen Justiz" basiert auf dem Prinzip, dass Heilung und Wiedergutmachung statt Bestrafung im Zentrum der Reaktion auf Schädigungen stehen sollten. Dieser Ansatz, inspiriert von indigenen Rechtspraktiken und religiösen Traditionen der Vergebung, verkörpert eine Form sozialer Liebe, die auf Heilung von Beziehungen statt auf Vergeltung abzielt.

Gemeinschaftsorientierte Wirtschaftspraktiken wie Genossenschaftswesen, Solidarische Ökonomie oder Gift Economy versuchen, wirtschaftliche Beziehungen nach Prinzipien der Gegenseitigkeit, Kooperation und Fürsorge statt nach reiner Gewinnmaximierung zu organisieren. Diese Ansätze können als Versuche verstanden werden,

Qualitäten der Liebe in wirtschaftliche Strukturen zu integrieren.

Ein Beispiel für diese praktische Dimension: In einem von Gentrifizierung bedrohten Stadtviertel haben Bewohner eine "Nachbarschaftsgemeinschaft" gegründet, die auf gegenseitiger Unterstützung und gemeinsamer Verantwortung basiert. Sie organisieren Lebensmitteltausch, gemeinsame Kinderbetreuung, Skill-Sharing und kollektiven Widerstand gegen Verdrängung. Diese Praktiken basieren nicht auf abstrakter Ideologie, sondern auf konkreter Verbundenheit und der Erweiterung familiärer Fürsorgequalitäten auf die Nachbarschaft. Die Gemeinschaft wird zu einem Raum, in dem Liebe von einer privaten Emotion zu einer sozialen Praxis wird, die alternative Formen des Zusammenlebens ermöglicht.

Liebe als Grundlage des Widerstands: Politische Dimensionen

Die Liebe als Motivation und Methode des politischen Widerstands hat eine reiche Geschichte in verschiedenen sozialen Bewegungen und politischen Kämpfen.

Martin Luther King Jr. formulierte in seinen Reden und Schriften eine radikale Vision der Liebe als Grundlage des gewaltfreien Widerstands gegen Rassismus und Ungerechtigkeit. In seiner berühmten Predigt "Loving Your Enemies" (1957) argumentierte er, dass nur die Agape – eine selbstlose, vergebende und transformative Liebe – den Kreislauf von Hass und Gewalt durchbrechen könne. Für King war diese Liebe nicht passiv oder sentimental, sondern eine aktive, fordernde Kraft, die sowohl den Unterdrückten als auch den Unterdrücker befreien kann.

Die Bürgerrechtsaktivistin und Philosophin bell hooks entwickelt in "All About Love" und anderen Werken eine Vision der Liebe als "revolutionäre Kraft", die patriarchale, rassistische und kapitalistische Strukturen herausfordert. Für hooks ist Liebe kein sentimentales Gefühl, sondern eine ethische Praxis und politische Verpflichtung zur Gerechtigkeit und gegenseitigen Befreiung.

Der brasilianische Pädagoge Paulo Freire sah in der dialogischen Liebe eine zentrale Komponente seiner "Pädagogik der Unterdrückten". Für ihn war Liebe nicht nur ein persönliches Gefühl, sondern ein Engagement für die Humanisierung aller Menschen und die Überwindung von Unterdrückungsverhältnissen. Er schrieb: "Wenn ich die Welt nicht liebe – wenn ich das Leben – wenn ich die Menschen nicht liebe – kann ich nicht in einen Dialog eintreten."

Die Idee der "revolutionären Liebe" wurde von der Aktivistin und Filmemacherin Valarie Kaur weiterentwickelt, die sie als "das Arbeitsprinzip zum Aufbau von Bewegungen" definiert – eine Liebe, die "nicht nur persönliches Gefühl, sondern politische Kraft" ist. Für Kaur umfasst revolutionäre Liebe die Liebe zu anderen, auch zu Gegnern, und die Liebe zu sich selbst als Grundlage nachhaltigen Aktivismus.

Der südafrikanische Anti-Apartheid-Aktivist und Erzbischof Desmond Tutu entwickelte das Konzept von "Ubuntu" – der Idee einer fundamentalen menschlichen Verbundenheit und gegenseitigen Abhängigkeit – als Grundlage für Versöhnung und soziale Transformation. Seine Arbeit in der Wahrheits- und Versöhnungskommission basierte auf der Überzeugung, dass nur eine Form der Liebe, die sowohl Wahrheit als auch Vergebung einschließt, tiefgreifende gesellschaftliche Heilung ermöglichen kann.

Die Philosophin Hannah Arendt unterschied in "Vita activa" zwischen der privaten Liebe, die ihrer Natur nach exklusiv und persönlich ist, und der "Liebe zur Welt" (amor mundi), die die Grundlage politischen Handelns bilden kann. Für Arendt kann diese Weltliebe Menschen in ihrer Pluralität verbinden, ohne ihre Unterschiede zu leugnen, und so den öffentlichen Raum des Politischen konstituieren.

Ein Beispiel für diese politische Dimension: In einer von Umweltverschmutzung betroffenen Gemeinschaft organisieren sich lokale Aktivisten gegen ein verschmutzendes Unternehmen. Ihre Motivation entspringt nicht abstrakter Ideologie, sondern konkreter Liebe – zur Gemeinschaft, zu ihren Kindern, zum Land und seinen Ökosystemen. Ihre Organisationsform betont Fürsorge, gegenseitige Unterstützung und gemeinschaftliche Entscheidungsfindung statt hierarchischer Strukturen. Ihr Widerstand gegen das Unternehmen basiert auf gewaltfreien Methoden, die auf Transformation statt Vergeltung abzielen. Diese praxisorientierte Verkörperung politischer Liebe zeigt ihr Potenzial als Grundlage effektiven Widerstands und echter sozialer Transformation.

Grenzen und Kritik: Die Herausforderungen der erweiterten Liebe

Trotz ihres transformativen Potenzials steht die Idee der Liebe als soziale und politische Kraft vor ernsthaften Herausforderungen und Grenzen, die eine kritische Betrachtung erfordern.

Die Politikwissenschaftlerin Hannah Arendt warnte vor der Gefahr, die Logik der Liebe direkt in den politischen Bereich zu übertragen. In "Über die Revolution" argumentierte sie, dass die Liebe von Natur aus intim, spezifisch und exklusiv sei, während Politik einen öffentlichen Raum erfordert, in dem Pluralität und Unterschiede bestehen bleiben. Für Arendt kann der Versuch, Liebe zu politisieren, zu einer gefährlichen Sentimentalisierung des Politischen führen, die tatsächliche Machtverhältnisse verschleiert.

Der Philosoph Slavoj Žižek kritisiert aus einer marxistischen Perspektive die "Ideologie der Liebe" als potenziell entpolitisierend. Für ihn kann der Fokus auf Liebe und persönliche Transformation von den notwendigen strukturellen und systemischen Veränderungen ablenken, die für echte soziale Gerechtigkeit erforderlich sind. Die Betonung der Liebe könne so unbeabsichtigt zur Aufrechterhaltung ungerechter sozialer Systeme beitragen.

Aus feministischer Perspektive haben Kritikerinnen wie Shulamith Firestone die Gefahr hervorgehoben, dass die Ausweitung der Liebe zur Reproduktion geschlechtsspezifischer Arbeitsmodelle führen kann. Wenn Fürsorge und emotionale Arbeit, die traditionell Frauen zugewiesen werden, zur Basis sozialer Organisation werden, ohne die geschlechtsspezifische Arbeitsteilung zu hinterfragen, könnten bestehende Ungleichheiten verstärkt werden.

Der Anthropologe David Graeber hat auf die Gefahr hingewiesen, dass die Rhetorik der Liebe zur Verschleierung von Ausbeutung genutzt werden kann, etwa wenn Arbeitgeber familiale Metaphern verwenden, um Loyalität zu fördern und zugleich prekäre

Arbeitsbedingungen aufrechtzuerhalten. Die Anrufung der Liebe könne so zu einem Instrument sozialer Kontrolle und emotionaler Manipulation werden.

Eine praktische Herausforderung betrifft die Skalierbarkeit: Während liebevolle Qualitäten in kleinen Gemeinschaften und direkten Beziehungen relativ leicht kultiviert werden können, ist ihre Übertragung auf größere soziale und politische Einheiten problematisch. Der Psychologe Robin Dunbar hat argumentiert, dass Menschen kognitiv begrenzt sind in ihrer Fähigkeit, bedeutungsvolle soziale Beziehungen zu pflegen (die sogenannte "Dunbar-Zahl"), was die Ausweitung echter liebevoller Verbindung auf größere Gruppen in Frage stellt.

Der Philosoph Alain Badiou warnt vor der Gefahr, Liebe zu universalisieren, ohne ihre spezifische, situierte Natur zu respektieren. Für Badiou ist Liebe immer ein Ereignis, das in einer spezifischen Begegnung wurzelt und nicht zu einer abstrakten, universellen Haltung reduziert werden kann. Der Versuch, Liebe zu generalisieren, könnte ihre transformative Kraft entleeren.

Ein Beispiel für diese Grenzen: Eine spirituelle Gemeinschaft, die auf Prinzipien universeller Liebe und Fürsorge gegründet wurde, entwickelt mit der Zeit problematische Dynamiken. Die Rhetorik der Liebe wird genutzt, um Kritik zu unterdrücken ("wahre Liebe übt keine Kritik"), Grenzen zu überschreiten ("aus Liebe teilen wir alles") und Machtmissbrauch zu verschleiern ("der Leiter handelt aus liebevoller Sorge"). Dieses Beispiel zeigt, wie die Sprache der Liebe ohne kritische Reflexion und klare strukturelle Sicherungen zu Manipulation und Missbrauch beitragen kann, statt zu echter Befreiung.

Integration: Liebe als Praxis und Prozess in sozialen Kontexten

Eine integrative Perspektive auf Liebe als soziale und politische Kraft erkennt sowohl ihr transformatives Potenzial als auch ihre Grenzen an und versteht sie als eine konkrete Praxis und einen fortlaufenden Prozess, nicht als abstraktes Ideal oder sentimentales Gefühl.

Der Theologe und Aktivist Cornell West spricht von Liebe als einer "Praxis der Gerechtigkeit" – nicht als privatem Gefühl, sondern als öffentlichem Engagement für die Würde und das Wohlergehen aller. Für West ist diese Liebe nicht sentimental, sondern fordernd und herausfordernd, verbunden mit Wahrheit, Mut und kritischer Reflexion.

Die Politikwissenschaftlerin Chantal Mouffe bietet mit ihrem Konzept des "agonistischen Pluralismus" einen Rahmen, um zu verstehen, wie Liebe und Konflikt koexistieren können. Für Mouffe ist demokratische Politik notwendigerweise konflikthaft, aber diese Konflikte können in einem Rahmen gegenseitigen Respekts und Anerkennung ausgetragen werden – einer Form der politischen Liebe, die Unterschiede nicht auflöst, sondern würdigt.

Die Philosophin Martha Nussbaum argumentiert für eine "kritische Liebe" – eine Form öffentlicher Emotion, die sowohl tiefe Verbundenheit als auch rationale Kritik einschließt. Diese Liebe ist weder blind noch unkritisch, sondern verbindet emotionales Engagement mit kritischer Reflexion und der Bereitschaft, für ethische Prinzipien einzutreten.

Eine integrative Vision versteht Liebe als ein Kontinuum, das vom Persönlichen zum Sozialen und Politischen reicht, ohne die Unterschiede zwischen diesen Sphären zu leugnen. Sie erkennt die Notwendigkeit an, Qualitäten der Liebe zu "übersetzen", wenn sie von intimen Beziehungen auf größere soziale Kontexte übertragen werden – eine Übersetzung, die sowohl Kontinuität als auch Transformation beinhaltet.

Ein solches integratives Verständnis betont auch die Wechselwirkung zwischen persönlicher und sozialer Transformation: Die Kultivierung liebevoller Qualitäten in persönlichen Beziehungen kann eine Basis für größeres soziales Engagement bilden, während die Teilnahme an Bewegungen für soziale Gerechtigkeit persönliche Liebesfähigkeiten vertiefen kann. Diese Wechselwirkung vermeidet sowohl die Reduzierung sozialer Fragen auf persönliche Transformation als auch die Vernachlässigung der persönlichen Dimension sozialen Wandels.

Ein Beispiel für diese integrative Praxis: Nach jahrelanger Arbeit in einer Gemeinschaftsorganisation hat Sofia gelernt, dass effektive soziale Solidarität weder auf abstrakter Ideologie noch auf unreflektierter Sentimentalität basieren kann, sondern eine bewusste Praxis erfordert. Sie entwickelt mit anderen Aktivisten Praktiken, die sowohl persönliche Verbindung als auch strukturelles Bewusstsein fördern: regelmäßige Gemeinschaftsmahlzeiten, die verschiedene soziale Gruppen zusammenbringen; "Story Circles", in denen persönliche Erfahrungen mit strukturellen Analysen verbunden werden; und Entscheidungsprozesse, die sowohl emotionale als auch rationale Aspekte berücksichtigen. Diese Praktiken verkörpern eine Form der erweiterten Liebe, die weder naiv noch abstrakt ist, sondern in konkreten Beziehungen und Strukturen verwurzelt, die kontinuierliche Reflexion und Anpassung erfordern.

Die Erweiterung der Liebe von persönlichen Beziehungen zu sozialer Solidarität und politischem Engagement bleibt eine der wichtigsten Herausforderungen und Möglichkeiten in einer Welt, die sowohl von tiefen Spaltungen als auch von wachsendem Bewusstsein für unsere fundamentale Verbundenheit geprägt ist. Diese Erweiterung erfordert weder die Aufgabe kritischen Denkens noch die Reduktion der Liebe auf Sentimentalität, sondern eine integrierte Praxis, die emotionale Verbundenheit mit strukturellem Bewusstsein, persönliche Transformation mit sozialer Veränderung und konkrete Fürsorge mit universellen ethischen Prinzipien verbindet.

Liebespolitik: Zwischen privat und öffentlich

Die Beziehung zwischen Liebe und Politik gehört zu den komplexesten und kontroversesten Aspekten der Sozialphilosophie. Wie verhält sich die vermeintlich private Sphäre der Liebe zur öffentlichen Sphäre der Politik? Ist Liebe ein legitimes politisches Konzept oder sollte sie auf den persönlichen Bereich beschränkt bleiben? Diese Fragen berühren fundamentale Spannungen zwischen Privatsphäre und Öffentlichkeit, Intimität und Gemeinschaft, Emotion und Rationalität im politischen Denken.

Die historische Trennung von privat und öffentlich und ihre Kritik

Die Trennung zwischen einer privaten Sphäre der Familie und intimen Beziehungen und einer öffentlichen Sphäre der Politik und Bürgerschaft hat eine lange Geschichte in der westlichen politischen Tradition.

In der antiken griechischen Polis wurde zwischen dem Oikos (Haushalt) als Ort der Notwendigkeit und Reproduktion und der Agora als Ort der Freiheit und politischen Deliberation unterschieden. Diese Trennung war eng mit Geschlechter- und Klassenhierarchien verbunden: Frauen, Sklaven und Nicht-Bürger waren auf die private Sphäre beschränkt, während freie männliche Bürger am öffentlichen Leben teilnahmen.

Die liberale politische Tradition, von John Locke bis zu zeitgenössischen liberalen Denkern, betont oft die Wichtigkeit der Trennung zwischen Privatheit und Öffentlichkeit. Die Privatsphäre wird als Schutzraum vor staatlichem Eingriff verstanden, in dem Individuen ihre persönlichen Beziehungen und Lebensentscheidungen frei gestalten können. Diese Trennung hat wichtige emanzipatorische Aspekte, kann aber auch zur Verschleierung von Machtbeziehungen in der vermeintlich privaten Sphäre beitragen.

Feministische Theoretikerinnen wie Carole Pateman und Susan Moller Okin haben die liberale Trennung zwischen privat und öffentlich grundlegend kritisiert. In "The Sexual Contract" argumentiert Pateman, dass der vermeintlich geschlechtsneutrale Gesellschaftsvertrag auf einem vorgängigen "Geschlechtervertrag" basiert, der Frauen der häuslichen Sphäre zuordnet und männliche Dominanz naturalisiert. Die scheinbar neutrale Trennung zwischen privat und öffentlich reproduziert so geschlechtsspezifische Machtungleichheiten.

Der Slogan "Das Private ist politisch", der in der Zweiten Welle des Feminismus populär wurde, forderte die konventionelle Trennung heraus und betonte, dass persönliche Beziehungen von Machtstrukturen geprägt sind und politische Implikationen haben. Diese Perspektive öffnete den Raum, um Liebe und intime Beziehungen als politisch relevante Phänomene zu betrachten.

Die Philosophin Hannah Arendt bietet eine nuanciertere Perspektive auf die Beziehung zwischen privat und öffentlich. In "Vita activa" unterscheidet sie zwischen der privaten Sphäre als Ort der Notwendigkeit und Intimität, der sozialen Sphäre als Ort ökonomischer Aktivität und der politischen Sphäre als Raum der Freiheit und des Handelns. Für Arendt ist die Unterscheidung dieser Sphären wichtig, aber ihre Beziehung ist komplexer als eine einfache Dichotomie.

Ein Beispiel für diese Spannung: Als Emma und Sarah ihre gleichgeschlechtliche Beziehung öffentlich machen, wird ihre persönliche Liebe unweigerlich zu einem politischen Statement in einem gesellschaftlichen Kontext, der von heteronormativen Strukturen geprägt ist. Ihre private Entscheidung zu lieben hat politische Implikationen, unabhängig von ihren bewussten Intentionen. Gleichzeitig sind politische Strukturen – von Ehegesetzen bis zu kulturellen Repräsentationen – tief in ihre persönliche Liebeserfahrung eingebettet. Dieses Beispiel illustriert die unauflösliche Verflechtung des Privaten und des Politischen, die eine einfache Trennung dieser Sphären in Frage stellt.

Liebe als politisches Konzept: Möglichkeiten und Risiken

Die Idee der Liebe als politisches Konzept oder Prinzip hat sowohl attraktive Möglichkeiten als auch ernsthafte Risiken, die eine differenzierte Betrachtung erfordern.

Martin Luther King Jr. entwickelte in seiner Philosophie des gewaltfreien Widerstands eine politische Konzeption der Agape – der selbstlosen, universellen Liebe. Für King war diese Liebe nicht nur ein religiöses oder persönliches Ideal, sondern ein politisches Prinzip, das Gerechtigkeit mit Versöhnung verbindet. In seiner berühmten Rede "Beyond Vietnam" (1967) forderte er eine "Revolution der Werte", die von Sachorientiertheit zu Personenorientiertheit, von Profitstreben zu gemeinschaftlicher Solidarität führen sollte – eine tiefgreifende politische Transformation basierend auf Prinzipien der Liebe.

Die politische Theoretikerin Chantal Mouffe warnt hingegen vor der Gefahr, Politik durch einen moralisierenden Diskurs der Liebe zu ersetzen. In "Über das Politische" argumentiert sie, dass der Antagonismus – der Konflikt zwischen unterschiedlichen Positionen und Interessen – ein konstitutives Element des Politischen ist. Der Versuch, diesen Antagonismus durch einen Diskurs der Liebe zu überwinden, könne zu einer Entpolitisierung führen, die tatsächliche Machtverhältnisse und legitime Konflikte verschleiert.

Der Philosoph Alain Badiou bietet in "Lob der Liebe" eine alternative Konzeption. Für ihn ist die Liebe weder unpolitisch noch direkt politisch, sondern eine "Wahrheitsprozedur", die politische Implikationen hat. Die Erfahrung der Liebe – zweier grundlegend verschiedener Subjekte, die eine gemeinsame Welt aus der Perspektive der Differenz konstruieren – bietet ein

Modell für eine Politik, die Unterschiede weder leugnet noch absolut setzt, sondern produktiv mit ihnen umgeht.

Die feministische Theoretikerin bell hooks entwickelt in "All About Love" eine Vision der Liebe als transformative politische Praxis. Für hooks ist Liebe nicht sentimental oder passiv, sondern aktiv und fordernd – eine Ethik und Praxis, die sowohl persönliche als auch soziale Transformation erfordert. Sie betont die Notwendigkeit, Liebe mit Gerechtigkeit zu verbinden und kritisches Bewusstsein mit emotionalem Engagement zu integrieren.

Der Philosoph Michael Hardt und der Literaturtheoretiker Antonio Negri entwickeln in "Commonwealth" das Konzept einer "politischen Liebe", die sie als eine Kraft der Gemeinschaftsbildung und des Widerstands gegen neoliberale Vereinzelung verstehen. Für sie ist Liebe nicht auf romantische oder familiäre Beziehungen beschränkt, sondern eine soziale Kraft, die neue Formen politischer Organisation und Subjektivität hervorbringen kann.

Die möglichen Risiken einer Politik der Liebe umfassen:

- **Sentimentalisierung**: Die Gefahr, komplexe politische Fragen auf emotionale Appelle zu reduzieren und strukturelle Analysen durch moralische Rhetorik zu ersetzen.

- **Verschleierung von Machtverhältnissen**: Das Risiko, dass die Sprache der Liebe reale Konflikte und Machtungleichheiten verschleiert und so zur Aufrechterhaltung des Status quo beiträgt.

- **Emotionalisierung**: Die Möglichkeit, dass eine Politik der Liebe zu einer Überbewertung emotionaler Reaktionen gegenüber rationaler Deliberation führt und so die Qualität demokratischer Entscheidungsfindung beeinträchtigt.

Die möglichen Stärken einer Politik der Liebe umfassen:

- **Mobilisierung**: Das Potenzial, Menschen auf einer tieferen Ebene zu berühren und zu mobilisieren als abstrakte ideologische Appelle.

- **Transformation**: Die Möglichkeit, nicht nur externe Strukturen, sondern auch innere Haltungen und Beziehungsmuster zu verändern, was für nachhaltige soziale Transformation notwendig sein kann.

- **Integration**: Die Fähigkeit, rationale Analyse mit emotionalem Engagement, persönliche Transformation mit strukturellem Wandel zu verbinden und so eine ganzheitlichere politische Praxis zu ermöglichen.

Ein Beispiel für diese komplexe Beziehung: Eine Bewegung für Umweltgerechtigkeit in einer ländlichen Gemeinschaft basiert auf der tiefen Liebe der Bewohner zu ihrem Land, ihrer Gemeinschaft und ihren Kindern. Diese emotionale Grundlage mobilisiert Menschen über ideologische Grenzen hinweg und schafft ein starkes Gefühl gemeinsamer Identität. Gleichzeitig entwickelt die Bewegung eine scharfe Analyse wirtschaftlicher und politischer Machtstrukturen, die ihre Umwelt bedrohen, und formuliert konkrete politische Forderungen. Diese Integration von liebender Verbundenheit und struktureller Analyse, von emotionalem Engagement und rationalem Handeln zeigt das Potenzial einer differenzierten Politik, die die falsche Dichotomie zwischen Liebe und Politik überwindet.

Institutionelle Dimensionen: Wie Politik Liebe formt und reguliert

Jenseits der Frage, ob Liebe ein politisches Konzept sein kann oder sollte, ist es wichtig zu erkennen, wie politische Institutionen und Strukturen Liebesformen und -praktiken aktiv formen und regulieren.

Der Rechtsstatus von Beziehungen – von Ehegesetzen über Einwanderungspolitik bis zu Sorgerecht – bestimmt, welche Liebesbeziehungen offiziell anerkannt und gefördert werden und welche marginalisiert oder kriminalisiert werden. Historisch haben Ehegesetze in vielen Ländern bestimmte Beziehungsformen privilegiert (heterosexuell, monogam, reproduktiv) und andere ausgeschlossen oder bestraft. Die jüngeren Kämpfe um die Öffnung der Ehe zeigen sowohl die realen Auswirkungen rechtlicher Strukturen auf Liebesbeziehungen als auch die Möglichkeit, diese Strukturen durch politisches Handeln zu verändern.

Wirtschaftliche Systeme und Sozialpolitik prägen fundamental die materiellen Bedingungen, unter denen Liebe gelebt werden kann. Themen wie bezahlter Elternurlaub, öffentliche Kinderbetreuung, Arbeitszeitregelungen und soziale Sicherungssysteme haben direkte Auswirkungen darauf, wie viel Zeit und Ressourcen Menschen für liebevolle Beziehungen zur Verfügung haben. Die feministische Ökonomin Nancy Folbre hat gezeigt, wie die unbezahlte Fürsorgearbeit, die oft aus Liebe geleistet wird, ein wesentlicher, aber unterbewerteter Teil wirtschaftlicher Systeme ist.

Migrationspolitik reguliert, welche Liebesbeziehungen nationale Grenzen überschreiten dürfen und unter welchen Bedingungen. Visabestimmungen für Ehepartner,

Regelungen zur Familienzusammenführung und Anerkennungskriterien für Beziehungen in Asylverfahren können Liebesbeziehungen ermöglichen oder verhindern. Die Soziologin Helena Wray hat dokumentiert, wie Immigrationsregime bestimmte Formen der Liebe privilegieren und andere verdächtigen oder ausschließen.

Bildungsinstitutionen prägen durch Lehrpläne, Sexualerziehung und implizite Normen, welche Formen der Liebe und Beziehung als legitim und erstrebenswert dargestellt werden. Debatten über Sexualerziehung, Darstellung von LGBTQ+-Identitäten in Schulbüchern oder Zugänglichkeit von Verhütungsmitteln für junge Menschen spiegeln breitere politische Kämpfe um die Definition und Kontrolle legitimer Liebesformen wider.

Medien- und Kulturpolitik beeinflusst, welche Liebesnarrative und -darstellungen öffentliche Sichtbarkeit und Legitimität erhalten. Vom Filmförderungssystem über Rundfunkregulierung bis zu Zensurgesetzen prägen politische Entscheidungen, welche Geschichten über Liebe erzählt werden können und welche marginalisiert oder unsichtbar bleiben.

Ein Beispiel für diese institutionelle Dimension: Maria und Ahmed, ein binationales Paar, erfahren direkt, wie ihre intime Beziehung durch politische Strukturen geprägt wird. Ihre Entscheidung zu heiraten wird nicht nur von persönlichen Gefühlen, sondern auch von Visa

- und Aufenthaltsregelungen beeinflusst. Das Einwanderungsverfahren verlangt von ihnen, ihre Liebe durch Fotos, gemeinsame Rechnungen und Zeugenaussagen zu "beweisen" und sie bestimmten staatlichen Kriterien für "echte Beziehungen" anzupassen. Ihre Erfahrung zeigt, wie private Gefühle und Entscheidungen untrennbar mit politischen Strukturen verwoben sind, die definieren, welche Formen der Liebe offiziell anerkannt und ermöglicht werden.

Kollektive Emotionen und politische Mobilisierung: Liebe als Ressource

Jenseits ihrer Rolle in persönlichen Beziehungen kann Liebe auch als kollektive Emotion und Ressource für politische Mobilisierung und Transformation verstanden werden.

Der Philosoph Baruch Spinoza unterschied zwischen "passiven" Emotionen, die uns beherrschen, und "aktiven" Emotionen, die unsere Handlungsfähigkeit erweitern. In seiner politischen Philosophie betonte er die Wichtigkeit von Freude und Liebe als aktiven Emotionen, die kollektive Handlungsfähigkeit fördern können. Diese spinozistische Tradition wurde von zeitgenössischen Denkern wie Antonio Negri aufgegriffen, der in einer "Politik der Freude" ein Gegenmittel zur Atomisierung und Entfremdung im Neoliberalismus sieht.

Die Philosophin Martha Nussbaum argumentiert in "Political Emotions", dass liberale Demokratien eine Form "politischer Liebe" benötigen – nicht als Ersatz für Institutionen und Prinzipien, sondern als motivierende Kraft, die Bürger zur Unterstützung gerechter Institutionen und zum Einsatz für das Gemeinwohl bewegt. Für Nussbaum ist diese politische Liebe nicht identisch mit persönlicher Liebe, teilt aber mit ihr Qualitäten wie Empathie, Aufmerksamkeit für Besonderheit und die Bereitschaft, über das Selbst hinauszuschauen.

Die Geographin Nigel Thrift hat das Konzept der "affektiven Politik" entwickelt, um zu beschreiben, wie kollektive Emotionen politische Räume und Handlungsmöglichkeiten formen. Aus dieser Perspektive können liebende Verbindungen in sozialen Bewegungen nicht nur instrumentell zur Förderung externer Ziele verstanden werden, sondern als konstitutiv für neue Formen politischer Subjektivität und Gemeinschaft.

Historische Beispiele zeigen das Mobilisierungspotenzial kollektiver Liebesformen:

Die Bürgerrechtsbewegung unter Martin Luther King Jr. mobilisierte eine Form kollektiver Liebe, die sowohl religiöse als auch politische Dimensionen hatte. Kings Vision einer "Beloved Community" bot sowohl ein mobilisierendes Ideal als auch praktische Methoden der Gemeinschaftsbildung und des gewaltfreien Widerstands.

Die LGBTQ+-Bewegung hat Konzeptionen der Liebe und Gemeinschaft entwickelt, die konventionelle Normen herausfordern und neue Formen kollektiver Identität und Solidarität schaffen. Der Slogan "Love is love" wurde zu einem kraftvollen Mobilisierungstool, das sowohl persönliche Erfahrungen validiert als auch strukturelle Diskriminierung herausfordert.

Feministische Bewegungen haben eine "Politik der Fürsorge" entwickelt, die Qualitäten der Liebe als Grundlage alternativer politischer Visionen und Praktiken betont. Von Consciousness-Raising-Gruppen über gemeinschaftliche Kinderbetreuung bis zu feministischer Ökonomie haben diese Bewegungen versucht, liebevolle Fürsorge von einer privaten Verpflichtung zu einer öffentlichen Priorität zu machen.

Ein Beispiel für diese kollektive Dimension: Nach einer Naturkatastrophe in ihrer Stadt erlebt Sofia, wie spontane Formen der gegenseitigen Hilfe und Solidarität entstehen. Ohne auf staatliche Strukturen zu warten, organisieren Nachbarn Lebensmittelverteilung, Notunterkünfte und emotionale Unterstützung. Diese Erfahrung kollektiver Fürsorge verändert Sofias Verständnis von Gemeinschaft und Politik – sie erkennt, dass liebevolle Verbundenheit nicht nur eine private Emotion, sondern eine soziale Ressource ist, die alternative Formen politischer Organisation ermöglichen kann. Nach der unmittelbaren Krise bleibt diese Erfahrung als Basis für anhaltende politische Organisierung, die auf konkreter gegenseitiger Sorge statt abstrakter Ideologie basiert.

Integration: Liebe als Praxis zwischen privatem und öffentlichem Raum

Eine integrative Perspektive auf die Beziehung zwischen Liebe und Politik überwindet die strikte Trennung zwischen privat und öffentlich, ohne die Unterschiede zwischen diesen Sphären zu leugnen. Sie versteht Liebe weder als rein privates Gefühl noch als umfassendes politisches Prinzip, sondern als eine Praxis, die in konkreten Beziehungen und Kontexten verwurzelt ist und verschiedene soziale Räume durchdringt und verbindet.

Der Philosoph und Aktivist Cornel West spricht von einer "demokratischen Liebe", die persönliche Verbindung mit kollektivem Engagement verbindet. Für West ist diese Liebe weder sentimental noch abstrakt, sondern eine anspruchsvolle Praxis, die sowohl persönliche Transformation als auch strukturellen Wandel erfordert. Sie basiert auf der Erkenntnis, dass wahre Demokratie nicht nur Institutionen und Regeln, sondern auch bestimmte ethische Qualitäten und Beziehungsformen erfordert.

Die Rechtstheoretikerin Martha Fineman hat das Konzept der "Vulnerabilität" entwickelt, um die falsche Dichotomie zwischen autonomen Individuen und abhängigen Anderen zu überwinden. Für sie ist Vulnerabilität eine universelle menschliche Bedingung, die eine "responsive Staatlichkeit" erfordert – eine Politik, die menschliche Interdependenz und Fürsorgebedürfnisse anerkennt, statt sie der privaten Sphäre zuzuweisen.

Die Politikwissenschaftlerin Joan Tronto hat eine "Ethik der Fürsorge" als politisches Prinzip entwickelt, das traditionell private Fürsorgequalitäten in den öffentlichen Raum überträgt. Für Tronto ist Fürsorge nicht nur eine persönliche Haltung, sondern eine politische Praxis, die Aufmerksamkeit, Verantwortung, Kompetenz und Responsivität erfordert und auf eine fundamentale Neuorientierung politischer Prioritäten und Strukturen abzielt.

Eine integrative Politik der Liebe kann verschiedene Formen annehmen, abhängig vom spezifischen Kontext und Ziel:

- Als kritische Perspektive kann sie dominante politische Diskurse hinterfragen, die Effizienz, Konkurrenz und Eigeninteresse privilegieren, und alternative Werte wie Fürsorge, Verbundenheit und Gemeinwohl betonen.

- Als organisatorisches Prinzip kann sie neue Formen politischer Organisation inspirieren, die auf gegenseitiger Unterstützung, horizontalen Beziehungen und geteilter Verantwortung

basieren, statt auf hierarchischer Kontrolle und
Delegation.

- Als transformative Praxis kann sie die
  Entwicklung neuer Institutionen fördern, die
  menschliche Verbundenheit und Fürsorge
  unterstützen, von gemeinschaftsbasierten
  Gesundheitssystemen über kooperative
  Wohnformen bis zu demokratischen
  Wirtschaftsstrukturen.

Ein Beispiel für diese integrative Politik: In einer
städtischen Nachbarschaft mit hoher Diversität und
sozialer Ungleichheit entwickelt eine Gruppe von
Bewohnern eine Form der "nachbarschaftlichen Politik",
die Prinzipien der Liebe in den öffentlichen Raum
überträgt. Sie organisieren gemeinschaftliche Mahlzeiten,
die verschiedene soziale Gruppen zusammenbringen; sie
schaffen ein Zeitbanksystem, in dem Fähigkeiten und
Unterstützung ausgetauscht werden; sie entwickeln
kollektive Entscheidungsprozesse, die sowohl rationale
Deliberation als auch emotionale Verbindung
wertschätzen. Diese Praktiken überwinden die falsche
Trennung zwischen privater Fürsorge und öffentlicher
Politik, zwischen emotionaler Verbindung und
struktureller Transformation. Sie verstehen Liebe weder
als Ersatz für Politik noch als irrelevant für sie, sondern
als eine Praxis, die neue Formen des Zusammenlebens
und der kollektiven Organisation ermöglichen kann.

Diese integrative Perspektive erkennt an, dass die
Beziehung zwischen Liebe und Politik immer
kontextspezifisch und umkämpft bleiben wird. Es gibt
keine universelle Formel für die "richtige" Balance oder
Integration, sondern einen fortlaufenden Prozess der
Aushandlung und Experimentierung. In diesem Prozess

liegt die Möglichkeit, sowohl die Privatisierung der Liebe zu überwinden, die sie auf persönliche Beziehungen beschränkt, als auch ihre Sentimentalisierung zu vermeiden, die sie zu einer leeren Rhetorik reduziert. Eine solche Politik der Liebe bleibt immer unvollständig und herausfordernd, aber gerade in dieser Unvollständigkeit liegt ihr transformatives Potenzial – als eine Praxis, die uns einlädt, die Grenzen zwischen dem Persönlichen und dem Politischen, dem Intimen und dem Kollektiven, dem Emotionalen und dem Strukturellen immer wieder neu zu erkunden und zu gestalten.

Liebe im globalen Kontext: Kulturelle und politische Dimensionen

Die Beziehung zwischen Liebe, Kultur und Politik im globalen Kontext gehört zu den komplexesten und faszinierendsten Aspekten der Sozialphilosophie. Wie unterscheiden sich Liebeskonzeptionen und -praktiken zwischen verschiedenen kulturellen und politischen Kontexten? Welche Machtdynamiken prägen die globale Zirkulation romantischer Ideale? Inwiefern kann Liebe als Ressource für transnationale Solidarität und Verständigung dienen? Diese Fragen berühren zentrale Themen von kultureller Vielfalt, globaler Ungleichheit und der Möglichkeit interkultureller Begegnung.

Kulturelle Vielfalt der Liebesformen: Jenseits westlicher Romantik

Die Vielfalt kultureller Konzeptionen und Praktiken der Liebe widerspricht universalistischen Annahmen und erweitert unser Verständnis menschlicher Beziehungsformen.

Antropologische Forschung hat gezeigt, dass romantische Liebe als Basis für Ehe und langfristige Bindung – ein Konzept, das in westlichen Gesellschaften oft als universell betrachtet wird – nur eine von vielen möglichen Organisationsformen intimer Beziehungen ist. Die Anthropologin Helen Fisher argumentiert, dass während die biologische Basis der Anziehung und Bindung universell sein mag, ihre kulturelle Expression und soziale Organisation enorm variieren.

In vielen traditionellen Gesellschaften Afrikas, Asiens und Lateinamerikas wird die Ehe primär als soziale und ökonomische Allianz zwischen Familien verstanden, nicht als Ausdruck individueller romantischer Wahl. Dies bedeutet nicht, dass Liebe in diesen Kontexten abwesend ist, sondern dass sie anders konzeptualisiert wird – oft als etwas, das aus geteilter Verantwortung und gegenseitigem Respekt erwächst, statt als Voraussetzung der Verbindung zu dienen.

Japanische Konzepte wie "Amae" (eine Form zärtlicher Abhängigkeit) oder "Koi" (romantische Leidenschaft) im Gegensatz zu "Ai" (tiefere, verantwortungsvolle Liebe) bieten nuancierte Unterscheidungen, die im westlichen romantischen Vokabular fehlen. Die Soziologin Chikako Ozawa-de Silva hat gezeigt, wie diese Konzepte mit spezifischen sozialen Strukturen und kulturellen Werten verbunden sind und nicht einfach in westliche Kategorien übersetzt werden können.

In arabischen und persischen Traditionen haben Konzepte wie "Ishq" (tiefe, leidenschaftliche Liebe) und "Mahabba" (wohlwollende Liebe) sowohl weltliche als auch spirituelle Dimensionen, die in der Poesie von Dichtern wie Rumi oder Hafiz exploriert werden. Die Literaturwissenschaftlerin Fatemeh Keshavarz zeigt, wie diese poetischen Traditionen die strikte westliche Trennung zwischen weltlicher und spiritueller Liebe überwinden und komplexere Verständnisse von Transzendenz in der Liebe anbieten.

Indigene Konzeptionen wie das Lakota "Mitakuye Oyasin" ("Wir sind alle verwandt") oder das südafrikanische "Ubuntu" ("Ich bin, weil wir sind") bieten umfassendere Verständnisse der Verbundenheit, die die westliche Fokussierung auf dyadische romantische Beziehungen herausfordern. Diese relationalen Ontologien verstehen Liebe nicht primär als individuelle Emotion, sondern als grundlegendes Prinzip kosmischer und sozialer Verbundenheit.

Verschiedene kulturelle Traditionen haben unterschiedliche Rituale und Praktiken entwickelt, um Liebe auszudrücken und zu kultivieren. Von arrangierten Ehen in Südasien, die nach Kompatibilität statt romantischer Anziehung streben, über afrikanische Brautpreispraktiken, die familiäre Bindungen stärken, bis zu polynesiischen sexuellen Initiationsritualen existiert eine enorme Vielfalt kultureller Liebesformen, die demonstriert, dass westliche romantische Modelle nur eine Möglichkeit unter vielen sind.

Ein Beispiel für diese kulturelle Vielfalt: Priya und Rahul, ein indisches Paar, heiraten nach einem semi-arrangierten Prozess, in dem ihre Familien sie einander vorgestellt haben, sie aber die letzte Entscheidung treffen durften. Ihre Vorstellung von Liebe kombiniert traditionelle indische Werte wie familiäre Verbundenheit und komplementäre Rollen mit modernen Wünschen nach emotionaler Intimität und persönlicher Kompatibilität. Ihre Liebeserfahrung lässt sich weder auf westliche romantische Narrative noch auf ein stereotypes Bild "traditioneller" arrangierter Ehen reduzieren, sondern stellt eine kulturell spezifische Hybridform dar, die verschiedene Werte und Praktiken integriert.

Globale Zirkulation romantischer Ideale: Machtdynamiken und kultureller Austausch

Die globale Verbreitung westlicher romantischer Modelle durch Medien, Migration und wirtschaftliche Globalisierung ist von komplexen Machtdynamiken geprägt, die sowohl kulturellen Imperialismus als auch kreative Aneignung und Hybridisierung beinhalten.

Hollywoodfilme, westliche Popmusik und globale Social-Media-Plattformen zirkulieren romantische Bilder und Narrative, die bestimmte Beziehungsformen normalisieren und andere marginalisieren. Die Medienwissenschaftlerin Radha Hegde hat dokumentiert, wie diese Medienflüsse zur Globalisierung westlicher Intimität beitragen, mit Folgen für lokale Beziehungsnormen und -praktiken in nicht-westlichen Kontexten.

Gleichzeitig zeigt ethnographische Forschung, wie lokale Akteure diese globalen romantischen Modelle kreativ aneignen, reinterpretieren und mit lokalen Traditionen verbinden. Die Anthropologin Jennifer Cole hat beispielsweise untersucht, wie junge Menschen in Madagaskar westliche romantische Ideale in lokale Konzeptionen von Verwandtschaft und Reziprozität integrieren und dabei neue hybride Intimitätsformen schaffen.

Die globale Tourismusindustrie kommerzialisiert und exotisiert oft nicht-westliche Liebesformen und Körper. Der "Romantik-Tourismus" in Ländern wie Thailand oder der Karibik reproduziert koloniale Macht- und

Begehrensstrukturen, während er gleichzeitig neue Formen interkultureller Begegnung und Aushandlung schafft. Die Soziologin Julia O'Connell Davidson hat die komplexen Ökonomien und Machtdynamiken dieser transnationalen Intimitätsformen analysiert.

Die globale Migration schafft transnationale Liebesbeziehungen, die Grenzen überschreiten und Verbindungen zwischen verschiedenen kulturellen Kontexten herstellen. Binationale Paare navigieren unterschiedliche Liebeskonzeptionen, familiäre Erwartungen und rechtliche Rahmenbedingungen und schaffen dabei neue interkulturelle Intimitätsformen. Gleichzeitig unterliegen diese Beziehungen oft restriktiven Migrationsregimen, die bestimmte Formen der Liebe privilegieren und andere kriminalisieren.

Digitale Technologien ermöglichen neue Formen transnationaler Intimität – von Online-Dating über virtuelle Diaspora-Communities bis zu digitalen Familiennetzwerken. Diese technologisch vermittelten Intimitätsformen transformieren traditionelle Beziehungen zu Raum, Zeit und kultureller Identität. Die Medienwissenschaftlerin Mirca Madianou hat den Begriff der "polymedialen Intimität" geprägt, um zu beschreiben, wie Migranten verschiedene Medien nutzen, um transnationale familiäre und romantische Beziehungen aufrechtzuerhalten.

Der globale Kapitalismus prägt Intimitätsformen durch die Kommodifizierung von Fürsorge und Emotionen. Die "globalen Fürsorge-Ketten", in denen Frauen aus ärmeren Ländern ihre eigenen Familien verlassen, um in reicheren Ländern für andere zu sorgen, transformieren Liebes- und Fürsorgebeziehungen in beiden Kontexten. Die Soziologin Arlie Hochschild beschreibt den resultierenden "Fürsorge-Entzug" in Herkunftsländern und die Entstehung neuer transnationaler Familien- und Liebesformen.

Ein Beispiel für diese komplexen Dynamiken: Maria, eine philippinische Hausarbeiterin in Dubai, pflegt eine transnationale Beziehung zu ihrer Familie durch tägliche Video-Chats, regelmäßige Geldüberweisungen und jährliche Besuche. Gleichzeitig entwickelt sie eine komplexe Bindung zu den Kindern, die sie betreut, eine Form der "bezahlten Liebe", die sowohl authentische Zuneigung als auch strukturelle Ungleichheit beinhaltet. Ihre Liebeserfahrung ist weder vollständig frei gewählt noch vollständig aufgezwungen, sondern eine kreative Navigation globaler ökonomischer Strukturen und kultureller Erwartungen, die sowohl Leid als auch Agency, sowohl Verlust als auch neue Verbindungen umfasst.

Liebe als Ressource für interkulturelle Begegnung und globale Solidarität

Trotz der Machtungleichheiten und Konflikte im globalen Kontext kann Liebe auch als Ressource für interkulturelle Verständigung, Solidarität und transformative Begegnungen dienen.

Der Philosoph Kwame Anthony Appiah entwickelt in "Cosmopolitanism" eine Ethik der interkulturellen Begegnung, die sowohl Differenz respektiert als auch gemeinsame Menschlichkeit anerkennt. Für Appiah können persönliche Begegnungen und Bindungen – Formen der Liebe im weiteren Sinne – eine Basis für kosmopolitische Ethik bilden, die kulturellen Relativismus und universalistische Anmaßung gleichermaßen vermeidet.

Transnationalistische soziale Bewegungen haben Formen der "politischen Liebe" entwickelt, die über nationale und kulturelle Grenzen hinweg Solidarität schaffen. Von der globalen Klimagerechtigkeitsbewegung über Feminismus bis zu indigenen Solidaritätsnetzwerken bilden geteilte Werte und affektive Bindungen die Basis für politische Allianzen, die Unterschiede respektieren, ohne in Partikularismus zu verfallen.

Interkulturelle und interreligiöse Dialoge nutzen oft gemeinsame Werte der Liebe und Mitgefühls als Brücke zwischen verschiedenen Traditionen. Der Dalai Lama betont in seinen interreligiösen Gesprächen die universelle Bedeutung der Mitgefühlspraxis, während der katholische Theologe Hans Küng die Zentralität der Goldenen Regel in verschiedenen ethischen Traditionen als Basis für ein "Weltethos" hervorhebt.

Künstlerische Praktiken können Formen interkultureller Liebe und Verbindung schaffen, die sprachliche und konzeptuelle Grenzen überschreiten. Musik, Tanz, visuelle Kunst und Storytelling können emotionale Verbindungen zwischen Menschen unterschiedlicher kultureller Hintergründe schaffen und neue Formen der Begegnung ermöglichen, die nicht auf kognitives Verstehen reduziert werden können.

Die Praxis der "tiefen Übersetzung", wie sie von Gayatri Spivak und anderen postkolonialen Theoretikern entwickelt wurde, versteht interkulturelle Übersetzung nicht als neutrale Übertragung von Bedeutung, sondern als ethische Beziehung, die Offenheit, Respekt und eine Form der Liebe zur Andersheit des Anderen erfordert. Diese Form der Übersetzung kann als Modell für interkulturelle Begegnung dienen, die weder in kulturellem Imperialismus noch in exotisierender Distanzierung verharrt.

Ökofeministische Denkerinnen wie Vandana Shiva haben indigene und nicht-westliche Konzeptionen der Verbundenheit mit der natürlichen Welt als Ressource für eine globale Umweltethik hervorgehoben. Diese relationalen Ontologien bieten Alternativen zum westlichen Dualismus zwischen Mensch und Natur und können Grundlagen für neue Formen ökologischer Solidarität bieten.

Ein Beispiel für diese transformative Dimension: Nach einem verheerenden Tsunami organisieren japanische und indonesische Aktivisten ein interkulturelles Jugendaustauschprogramm, das junge Menschen aus beiden betroffenen Regionen zusammenbringt. Statt abstrakten kulturellen Dialog zu fördern, basiert das Programm auf gemeinsamer Arbeit an Wiederaufbauprojekten, geteilten Mahlzeiten und gemeinsamem Geschichtenerzählen. Durch diese konkreten Praktiken entwickeln die Teilnehmer Bindungen, die kulturelle Unterschiede weder leugnen noch verabsolutieren, sondern sie in einem gemeinsamen Projekt der Heilung und des Wiederaufbaus integrieren. Diese Form der interkulturellen Liebe entsteht nicht trotz, sondern durch Differenz – als geteilte Verletzlichkeit und gemeinsames Engagement.

Kritische Perspektiven: Grenzen und Gefahren

Trotz ihres Potenzials für interkulturelle Verbindung und Solidarität müssen auch die Grenzen und Gefahren der Liebe im globalen Kontext kritisch reflektiert werden.

Postkoloniale Kritiker warnen vor der Gefahr eines "sentimentalen Imperialismus", in dem westliche

Konzeptionen der Liebe und des Mitgefühls zur Legitimierung neokolonialer Interventionen dienen. Die Literaturwissenschaftlerin Gayatri Spivak kritisiert in "Can the Subaltern Speak?" die Anmaßung westlicher Intellektueller, für marginalisierte Gruppen zu "sprechen" und ihre Erfahrungen zu repräsentieren – eine Form der epistemischen Gewalt, die sich oft im Gewand der Liebe und Fürsorge präsentiert.

Die Anthropologin Saba Mahmood hat gezeigt, wie liberale Diskurse über Liebe und Intimität oft nicht-liberale religiöse und kulturelle Praktiken missverstehen und delegitimieren. Ihre Forschung zu ägyptischen Frömmigkeitsbewegungen verdeutlicht, wie westliche feministische Annahmen über Autonomie und Befreiung die ethischen Welten religiöser Frauen verfehlen können – ein Beispiel für die Grenzen interkultureller Übersetzung.

Die Philosophin Uma Narayan warnt vor einem "Paketbild-Denken", das "Kulturen" als homogene, statische Einheiten betrachtet und komplexe interne Debatten und Machtkämpfe ignoriert. Solche vereinfachenden kulturellen Repräsentationen können zu einem "kulturalistischen" Diskurs führen, der strukturelle Ungleichheiten durch Verweis auf "kulturelle Differenz" naturalisiert und entpolitisiert.

Der Aktivist und Schriftsteller Arundhati Roy kritisiert die "NGO-isierung sozialer Bewegungen", in der globale Hilfsorganisationen lokale Gemeinschaften in passive Empfänger westlicher Wohlfahrt verwandeln statt echte politische Solidarität zu praktizieren. Diese Art der institutionalisierten "Liebe" kann bestehende Machtungleichheiten verstärken statt transformieren.

Die Politikwissenschaftlerin Chandra Talpade Mohanty analysiert, wie westliche feministische Diskurse nicht-westliche Frauen oft als homogene Opfergruppe darstellen, die "gerettet" werden muss – eine diskursive Gewalt, die reale Handlungsmacht und komplexe Lebenswelten marginalisierter Frauen ignoriert. Diese Kritik zeigt die Grenzen einer universalistischen "globalen Schwesternschaft", die Differenz und Machtungleichheit nicht adäquat adressiert.

Ein Beispiel für diese Problematik: Eine amerikanische Hilfsorganisation startet in einem afrikanischen Land ein Programm gegen häusliche Gewalt, das auf westlichen Konzepten romantischer Liebe und individueller Autonomie basiert. Trotz guter Intentionen scheitert das Programm, weil es lokale Familienstrukturen, ökonomische Abhängigkeiten und kulturelle Werte nicht berücksichtigt. Diese wohlmeinende, aber kulturell unsensible Intervention zeigt die Risiken, wenn universalistische Liebeskonzeptionen ohne Berücksichtigung spezifischer Kontexte exportiert werden – eine Form des "liebenden Imperialismus", der mehr schadet als hilft.

Integration: Liebe als Praxis der Verbindung und Differenz

Eine integrative Perspektive auf Liebe im globalen Kontext erkennt sowohl ihr verbindendes Potenzial als auch die Notwendigkeit an, Differenz, Machtungleichheit und kulturelle Spezifität ernst zu nehmen. Sie versteht Liebe weder als universelles Prinzip, das kulturelle Unterschiede transzendiert, noch als vollständig kulturell determiniert, sondern als eine Praxis, die sowohl

Verbindung als auch Differenz umfasst und in spezifischen Kontexten und Beziehungen verwurzelt ist.

Der Philosoph Jean-Luc Nancy spricht von einer "Gemeinschaft der Liebenden", die nicht auf Verschmelzung oder Identität basiert, sondern auf der Erfahrung der Differenz und der Unterbrechung des Selbst. Für Nancy ist Liebe weder Fusion noch Distanz, sondern eine Form der Beziehung, die gleichzeitig verbindet und trennt, gemeinsam und singulär ist. Diese Konzeption bietet ein Modell für interkulturelle Begegnung, die weder Unterschiede leugnet noch sie verabsolutiert.

Die feministische Theologin Sharon Welch entwickelt eine "Ethik des Risikos", die anerkennt, dass solidarisches Handeln im Kontext struktureller Ungleichheit immer risikobehaftet und ambivalent ist, aber dennoch notwendig. Diese Haltung ermöglicht eine Form der globalen Solidarität, die weder in lähmender Schuld noch in naivem Optimismus verharrt, sondern die Komplexität und Widersprüchlichkeit liebender Verbindungen über Differenz hinweg anerkennt.

Der Literaturwissenschaftler Homi Bhabha hat das Konzept des "dritten Raums" entwickelt, um interkulturelle Begegnungen zu beschreiben, die weder zu kultureller Dominanz noch zu Essentialisierung führen, sondern neue hybride Formen schaffen. Diese Konzeption kann auf interkulturelle Liebesbeziehungen angewandt werden – als Räume, in denen weder vollständige Übersetzung noch absolute Unübersetzbarkeit herrscht, sondern kreative Neugestaltung und -verhandlung kultureller Bedeutungen.

354

Die Philosophin María Lugones entwickelt eine Ethik des "World-Traveling", in der wir lernen, andere kulturelle Welten zu bereisen, ohne unsere eigene Perspektive aufzugeben oder zu verabsolutieren. Für Lugones erfordert diese Praxis eine "liebevolle Wahrnehmung", die sowohl Offenheit für den anderen als auch Bewusstsein für die eigene Positionierung umfasst – eine Form der Liebe, die Differenz nicht überwinden will, sondern sie als Bedingung authentischer Begegnung akzeptiert.

Ein Beispiel für diese integrative Praxis: Ein internationales Netzwerk von Frauenaktivistinnen, das gegen geschlechtsbasierte Gewalt arbeitet, entwickelt eine Form der Solidarität, die weder kulturelle Unterschiede ignoriert noch in kulturellen Relativismus verfällt. Sie schaffen Räume, in denen Frauen aus verschiedenen Kontexten ihre spezifischen Erfahrungen teilen können, ohne dass eine Perspektive dominiert. Sie erkennen gemeinsame Anliegen, ohne lokale Besonderheiten zu leugnen, und entwickeln kontextspezifische Strategien, die in lokalen Realitäten verwurzelt sind, aber von transnationalen Verbindungen gestärkt werden. Diese Form der liebenden Solidarität basiert weder auf abstrakter Universalität noch auf unüberwindbarer Differenz, sondern auf einer konkreten Praxis der Verbindung, die Unterschiede respektiert, ohne bei ihnen stehenzubleiben.

Die Beziehung zwischen Liebe, Kultur und Politik im globalen Kontext bleibt ein unabgeschlossenes Projekt, das kontinuierliche Reflexion, Kritik und kreative Praxis erfordert. In einer Welt, die gleichzeitig von globaler Verbundenheit und tiefen Spaltungen geprägt ist, kann Liebe weder als einfache Lösung für komplexe Probleme noch als irrelevante private Emotion abgetan werden. Vielmehr bietet sie eine Ressource und Herausforderung für die fortlaufende Arbeit an gerechteren, nachhaltigeren und menschlicheren Formen globaler Verbindung – eine Arbeit, die sowohl Hoffnung als auch Bescheidenheit, sowohl Verbundenheit als auch Respekt für Differenz, sowohl Vision als auch kritische Reflexion erfordert.

Kapitel 13: Neue Beziehungsformen und die Zukunft der Liebe

Polyamorie, offene Beziehungen und alternative Beziehungsmodelle

Die zunehmende Sichtbarkeit und Akzeptanz alternativer Beziehungsmodelle jenseits der traditionellen monogamen Ehe stellt eine der bedeutsamsten Entwicklungen in der zeitgenössischen Beziehungslandschaft dar. Konzepte wie Polyamorie, offene Beziehungen und Beziehungsanarchie fordern konventionelle Vorstellungen von Liebe, Treue und Beziehungsgestaltung heraus und eröffnen neue Möglichkeiten für die Organisation intimer Beziehungen.

Konzeptuelle Grundlagen: Jenseits der romantischen Monogamie

Alternative Beziehungsmodelle basieren auf der grundlegenden Infragestellung der normativen Annahme, dass exklusive romantische und sexuelle Zweierbeziehungen die einzige oder überlegene Form intimer Verbindung darstellen.

Polyamorie bezeichnet die ethische Praxis, mehrere liebevolle Beziehungen parallel und mit Wissen und Einverständnis aller Beteiligten zu führen. Der Begriff (aus dem Griechischen "poly" = viele und dem Lateinischen "amor" = Liebe) wurde in den 1990er Jahren geprägt, obwohl die Praxis selbst viel älter ist. Zentrale Prinzipien der Polyamorie umfassen:

- **Ethische Nicht-Monogamie**: Im Gegensatz zu heimlicher Untreue basiert Polyamorie auf Transparenz, Ehrlichkeit und ausdrücklicher Zustimmung aller Beteiligten.

- **Beziehungsfähigkeit**: Die Annahme, dass Menschen fähig sind, gleichzeitig mehrere bedeutungsvolle, liebevolle Verbindungen zu pflegen, ähnlich wie wir multiple Freundschaften oder Familienbeziehungen unterhalten können.

- **Kompersion**: Ein in der polyamoren Gemeinschaft geprägter Begriff für die Freude, die man empfindet, wenn der Partner Glück und Erfüllung in anderen Beziehungen erfährt – quasi das Gegenteil von Eifersucht.

- **Kommunikation**: Eine besondere Betonung offener, ehrlicher und kontinuierlicher Kommunikation als Grundlage funktionierender polyamorer Beziehungen.

Offene Beziehungen bezeichnen Arrangements, in denen Partner vereinbaren, sexuelle (und manchmal romantische) Beziehungen außerhalb ihrer primären Partnerschaft zu haben. Im Unterschied zur Polyamorie liegt der Fokus oft stärker auf der sexuellen Öffnung bei gleichzeitiger emotionaler Priorisierung der

Hauptbeziehung, obwohl die Grenzen fließend sein können.

Beziehungsanarchie, ein Begriff, der vom schwedischen Aktivisten Andie Nordgren geprägt wurde, geht noch weiter in der Infragestellung konventioneller Beziehungsnormen. Dieser Ansatz lehnt hierarchische Unterscheidungen zwischen verschiedenen Beziehungsformen (romantisch, freundschaftlich, sexuell etc.) ab und betont stattdessen die Freiheit, jede Beziehung individuell zu gestalten, ohne sich an vorgefertigte Muster oder Erwartungen zu halten. Kernprinzipien umfassen:

- **Autonomie**: Betonung der individuellen Selbstbestimmung und Ablehnung von Besitzdenken in Beziehungen.

- **Nicht-Hierarchie**: Ablehnung der automatischen Priorisierung romantischer oder sexueller Beziehungen über andere bedeutsame Verbindungen.

- **Situationsethik**: Fokus auf kontextspezifische ethische Entscheidungen statt auf universelle Regeln.

- **Ablehnung von Labels**: Kritische Haltung gegenüber festen Beziehungskategorien zugunsten fließender, individuell ausgehandelter Verbindungen.

Weitere alternative Modelle umfassen **Monogamish-Beziehungen** (primär monogam mit gelegentlichen Ausnahmen), **Solo-Polyamorie** (multiple Beziehungen ohne primäre Partnerschaft), **polyfidele Arrangements** (geschlossene Gruppe von mehr als zwei

Personen in Beziehung zueinander) und **Swinging** (Partnertausch mit Fokus auf sexueller Aktivität).

Die Philosophin Elizabeth Brake hat den Begriff "Amatonormativität" geprägt, um die privilegierte gesellschaftliche Stellung zu beschreiben, die exklusive romantische Zweierbeziehungen gegenüber anderen Beziehungsformen genießen. Alternative Beziehungsmodelle stellen diese Normativität explizit in Frage und streben nach einer Pluralisierung legitimer Intimitätsformen.

Ein Beispiel für polyamore Beziehungsgestaltung: Maria und Thomas sind seit zehn Jahren verheiratet und haben vor fünf Jahren ihre Beziehung für andere Partnerschaften geöffnet. Maria hat eine zweite feste Beziehung zu Lisa, während Thomas wechselnde Verbindungen pflegt. Alle Beteiligten treffen sich regelmäßig, kommunizieren offen über Bedürfnisse und Grenzen und haben spezifische Vereinbarungen über Safer Sex, Zeiteinteilung und Informationsfluss getroffen. Diese Konstellation erfordert kontinuierliche Kommunikation und Aushandlung, bietet aber allen Beteiligten die Möglichkeit, verschiedene Aspekte ihrer Persönlichkeit und Bedürfnisse in unterschiedlichen Beziehungen zu leben.

Historische und kulturelle Perspektiven: Zwischen Innovation und Tradition

Alternative Beziehungsmodelle werden oft als postmoderne Innovationen betrachtet, haben jedoch sowohl historische Vorläufer als auch kulturelle Parallelen, die eine differenziertere Betrachtung erfordern.

Historisch betrachtet hatten viele Gesellschaften Praktiken, die der heutigen Polyamorie oder offenen

Beziehungen ähneln. Polygamie (Vielehe) war und ist in vielen Kulturen verbreitet, wenn auch oft in patriarchalen Formen (Polygynie – ein Mann mit mehreren Frauen) und selten mit gleichem Status für alle Beteiligten. Die Anthropologin Helen Fisher hat gezeigt, dass nur etwa 16% der bekannten menschlichen Gesellschaften strikt monogam waren, während die Mehrheit verschiedene Formen von Polygamie oder serielle Monogamie praktizierte.

In der westlichen Geschichte finden sich ebenfalls alternative Beziehungsexperimente. Die utopischen Gemeinschaften des 19. Jahrhunderts, wie die Oneida-Gemeinschaft in den USA, praktizierten Formen der "komplexen Ehe", bei der alle erwachsenen Mitglieder als miteinander verheiratet galten. Die sexuelle Revolution der 1960er und 1970er Jahre brachte neue Experimente mit offenen Beziehungen, Kommunen und nicht-exklusiven Arrangements hervor, oft verbunden mit politischen Visionen gesellschaftlicher Transformation.

Kulturell existieren verschiedene traditionelle Praktiken nicht-monogamer Beziehungen, wie etwa die polyandrinischen Ehen in Teilen Tibets und Nepals (eine Frau heiratet mehrere Männer, oft Brüder), die plurale Ehe in der frühen mormonischen Tradition oder die komplexen Arrangements der Mosuo in China, bei denen Frauen mehrere männliche Besucher empfangen können, ohne feste Ehebeziehungen zu etablieren.

Die zeitgenössische Polyamorie-Bewegung entstand in den 1980er und 1990er Jahren, geprägt durch feministische Kritik an patriarchalen Beziehungsstrukturen, queere Infragestellung heteronormativer Beziehungsformen und die zunehmende Individualisierung und Pluralisierung von Lebensstilen in postindustriellen Gesellschaften. Wichtige Texte wie Dossie Eastons und Janet Hardys "The Ethical Slut" (1997) oder Deborah Anapols "Polyamory: The New Love Without Limits" (1997) etablierten ethische Grundlagen und praktische Leitlinien für konsensuelle Nicht-Monogamie.

Die Soziologin Elisabeth Sheff hat drei Phasen der Polyamorie-Bewegung in den USA identifiziert: eine frühe Phase (1980er-1990er) mit Fokus auf sexuelle Freiheit und Gegenkultur; eine mittlere Phase (1990er-2000er) mit stärkerer Betonung von Familie, Langzeitbeziehungen und Community-Bildung; und eine jüngere Phase (seit 2010) mit zunehmender Mainstream-Akzeptanz, medialer Präsenz und demografischer Diversifizierung.

Die gegenwärtige Verbreitung und zunehmende Akzeptanz alternativer Beziehungsmodelle ist mit breiteren gesellschaftlichen Transformationen verbunden: der Entkopplung von Sexualität, Reproduktion und Ehe; der Pluralisierung von Familienformen; der digitalen Vernetzung vormals isolierter Subkulturen; und dem allgemeinen Wertewandel hin zu größerer Betonung von Selbstverwirklichung und individueller Autonomie.

Ein Beispiel für die kulturelle Evolution: Die Polycule (ein Netzwerk miteinander verbundener polyamorer Beziehungen) von Alex, Jamie, Sam und Morgan hat sich über mehrere Jahre entwickelt. Was als Öffnung der Beziehung zwischen Alex und Jamie begann, wurde zu einem komplexen, unterstützenden Netzwerk mit eigenen Ritualen, Kommunikationsregeln und gemeinschaftlichen Praktiken. Obwohl ihre Beziehungsform von Außenstehenden oft als radikal oder experimentell wahrgenommen wird, sehen sie selbst Parallelen zu erweiterten Familienstrukturen in verschiedenen Kulturen und betrachten ihre Konstellation als eine zeitgenössische Adaptation uralter menschlicher Fähigkeiten zu komplexen sozialen Bindungen.

Philosophische und ethische Dimensionen: Freiheit, Verbindung und Selbstbestimmung

Alternative Beziehungsmodelle werfen grundlegende philosophische und ethische Fragen auf, die über praktische Arrangements hinausgehen und zentrale Konzeptionen von Liebe, Verbindlichkeit, Autonomie und Beziehungsethik berühren.

Die Philosophin Carrie Jenkins argumentiert in "What Love Is: And What It Could Be", dass unsere Konzeptionen der Liebe sowohl biologische als auch soziale Komponenten haben und historisch kontingent sind. Die normative Verknüpfung von Liebe mit sexueller und emotionaler Exklusivität ist keine Notwendigkeit, sondern eine kulturelle Konstruktion, die hinterfragt und transformiert werden kann. Jenkins' eigene Erfahrung als polyamore Person informiert ihre philosophische Analyse und führt zu einer Kritik amatonormativer Vorannahmen in der Philosophie der Liebe.

Aus existenzialistischer Perspektive können alternative Beziehungsmodelle als Ausdruck authentischer Selbstwahl und Ablehnung vorgefertigter sozialer Skripte verstanden werden. Simone de Beauvoirs Kritik an der traditionellen Ehe als Institution, die Frauen in Abhängigkeit und Unterordnung hält, findet Resonanz in polyamoren Argumenten für selbstbestimmte, individuell ausgehandelte Beziehungsstrukturen jenseits gesellschaftlicher Vorgaben.

Die Frage nach der Natur der Eifersucht und ihrem Verhältnis zur Liebe wird in alternativen Beziehungsdiskursen intensiv diskutiert. Während die romantische Tradition Eifersucht oft als natürlichen Ausdruck von Liebe betrachtet, sehen polyamore Perspektiven sie häufiger als Ausdruck von Unsicherheit, Besitzdenken oder internalisierter Monogamie-Norm, die durch Reflexion, Kommunikation und emotionale Arbeit transformiert werden kann. Der Psychologe Dossie Easton beschreibt diesen Prozess als "Eifersuchtsmanagement" und betont, dass auch polyamore Menschen Eifersucht empfinden, aber andere Strategien im Umgang damit entwickeln.

Feministische Perspektiven auf Polyamorie sind ambivalent. Einerseits kritisieren Theoretikerinnen wie bell hooks patriarchale Aspekte traditioneller Monogamie und betonen das emanzipatorische Potenzial selbstbestimmter Beziehungsformen. Andererseits warnen Kritikerinnen wie Laura Kipnis davor, dass auch alternative Modelle von Geschlechterungleichheit und Machtdynamiken durchzogen sein können, besonders wenn sie die unsichtbare emotionale Arbeit reproduzieren, die oft primär von Frauen geleistet wird.

Die Ethik der Zustimmung (consent) steht im Zentrum der meisten Diskurse über alternative Beziehungsmodelle. Im Gegensatz zu normativen Annahmen über "natürliche" oder "selbstverständliche" Beziehungsformen betonen polyamore Ethiker die Notwendigkeit expliziter, informierter und fortlaufender Zustimmung aller Beteiligten. Diese Betonung führt zu umfangreichen Diskussionen über die Natur echter Zustimmung in Kontexten unterschiedlicher Macht, internalisierter Normen und emotionaler Abhängigkeit.

Der Philosoph Raja Halwani argumentiert, dass Treue nicht notwendigerweise sexuelle Exklusivität erfordert, sondern besser als Einhaltung gemeinsamer Vereinbarungen und Engagement für das Wohlbefinden der Partner verstanden werden sollte. Aus dieser Perspektive können auch nicht-monogame Beziehungen hohe Grade von Treue aufweisen, wenn sie auf gegenseitigem Respekt, Ehrlichkeit und Verlässlichkeit basieren.

Ein Beispiel für diese ethischen Dimensionen: Nach mehreren gescheiterten monogamen Beziehungen entscheidet sich Sophia bewusst für eine solo-polyamore Lebensweise, die ihre Autonomie respektiert und gleichzeitig tiefe Verbindungen ermöglicht. Für sie ist diese Entscheidung sowohl persönlich als auch politisch – ein Akt der Selbstbestimmung gegen internalisierte Beziehungsnormen und eine Praxis der Freiheit, die nicht auf Kosten emotionaler Verbindung geht. Ihre Beziehungen basieren auf expliziten Vereinbarungen, regelmäßiger Überprüfung von Grenzen und Bedürfnissen, und einer Ethik der Fürsorge, die Balance zwischen Selbstverwirklichung und Verantwortung für andere sucht.

Psychologische Aspekte: Herausforderungen und Potenziale

Alternative Beziehungsmodelle stellen spezifische psychologische Herausforderungen und bieten gleichzeitig Potenziale für persönliches Wachstum und psychologische Entwicklung.

Die Psychologin Terri Conley hat in mehreren Studien gezeigt, dass Menschen in ethisch nicht-monogamen Beziehungen im Durchschnitt nicht weniger

Beziehungszufriedenheit, Vertrauen oder emotionale Verbundenheit berichten als Menschen in monogamen Beziehungen. Ihre Forschung deutet darauf hin, dass die Beziehungsqualität stärker von Faktoren wie Kommunikation, gegenseitigem Respekt und emotionaler Intimität abhängt als vom spezifischen Beziehungsmodell.

Gleichzeitig stellen alternative Modelle spezifische psychologische Anforderungen:

- **Erhöhte Kommunikationsanforderungen**: Nicht-monogame Arrangements erfordern typischerweise mehr explizite Kommunikation, Aushandlung und emotionale Transparenz als Beziehungen, die auf unhinterfragten normativen Annahmen basieren können.

- **Umgang mit Eifersucht und Unsicherheit**: Die Konfrontation mit Eifersucht, Verlustangst und Vergleichsdenken ist in vielen alternativen Beziehungsmodellen unvermeidlich und erfordert aktive emotionale Arbeit.

- **Zeitmanagement und Energiebalance**: Die Pflege multipler bedeutsamer Beziehungen stellt praktische Herausforderungen bezüglich Zeit, Aufmerksamkeit und emotionaler Energie dar.

- **Stigmabewältigung**: Die gesellschaftliche Marginalisierung und Pathologisierung nicht-normativer Beziehungen kann zu Minderheitenstress beitragen und erfordert Strategien der Selbstbehauptung und Identitätsbildung.

Die Psychotherapeutin Esther Perel argumentiert, dass alle Beziehungsformen – monogam oder nicht – mit der grundlegenden Spannung zwischen Sicherheit und Abenteuer, Stabilität und Neuheit, Zugehörigkeit und Autonomie konfrontiert sind. In ihrem Buch "Mating in Captivity" betont sie, dass diese Spannung nicht aufgelöst werden kann, sondern kreativ navigiert werden muss, unabhängig vom spezifischen Beziehungsmodell.

Der Psychologe David Schnarch hat das Konzept der "Differenzierung" entwickelt, um den Prozess zu beschreiben, durch den Menschen lernen, ein starkes Gefühl für das eigene Selbst zu bewahren, während sie in tiefer emotionaler Verbindung mit anderen stehen. Diese Fähigkeit ist für alle Beziehungsformen wichtig, wird aber in alternativen Modellen oft besonders explizit kultiviert, da sie den Umgang mit komplexeren Beziehungsdynamiken erleichtert.

Empirische Forschung deutet darauf hin, dass Menschen in polyamoren Beziehungen oft bestimmte psychologische Fähigkeiten besonders stark entwickeln: emotionale Selbstwahrnehmung, Kommunikationsfähigkeit, Selbstreflexion, Empathie und Kompetenz im Umgang mit komplexen interpersonellen Situationen. Die Psychologin Elisabeth Sheff beschreibt diese Entwicklung als "polyamorous intelligence" – ein Bündel von Fähigkeiten, die durch die Praxis nicht-monogamer Beziehungen gefördert werden können.

Ein Beispiel für diese psychologischen Dimensionen: Der anfänglich starken Eifersucht ausgesetzte Marcus erlebt durch seine Entscheidung für eine offene Beziehung einen intensiven Prozess psychologischer Entwicklung. Durch die Konfrontation mit seinen Verlustängsten, sein wachsendes Verständnis der Wurzeln seines

Besitzdenkens und die Erfahrung, dass die Liebe seiner Partnerin durch andere Beziehungen nicht vermindert wird, entwickelt er einen sichereren Bindungsstil und größere emotionale Resilienz. Diese persönliche Transformation ist nicht ohne Schmerz und Herausforderung, führt aber langfristig zu einer tieferen, bewussteren Form der Beziehungsfähigkeit.

Praktische Realitäten: Komplexitäten, Strukturen und Werkzeuge

Jenseits philosophischer und psychologischer Dimensionen stehen alternative Beziehungsmodelle vor praktischen Herausforderungen und haben spezifische Werkzeuge und Strukturen entwickelt, um diese zu navigieren.

Die Organisation multipler Beziehungen erfordert effektives Zeitmanagement, klare Prioritäten und spezifische Kommunikationsstrukturen. Polyamore Gemeinschaften haben verschiedene praktische Tools entwickelt:

- **Beziehungsverträge oder -vereinbarungen**: Explizite, oft schriftliche Absprachen über Grenzen, Erwartungen, sexuelle Sicherheit, Informationsfluss und Entscheidungsprozesse.

- **Check-ins**: Regelmäßige Gespräche zur Überprüfung der Beziehungsdynamik, emotionalen Zustände und möglicher Anpassungen der Vereinbarungen.

- **Gemeinsame Kalender und Planungstools**: Praktische Systeme zur Koordination von Zeit zwischen verschiedenen Partnern und Beziehungen.

- **Metamour-Beziehungen**: Die Entwicklung konstruktiver Beziehungen zwischen den Partnern des Partners (Metamours), die von tiefer Freundschaft bis zu respektvoller Distanz reichen können.

Verschiedene polyamore Beziehungen können unterschiedliche Strukturen annehmen:

- **Hierarchische Polyamorie**: Ein Modell mit klarer Unterscheidung zwischen primären und sekundären Beziehungen, wobei die primäre Beziehung typischerweise Priorität und bestimmte Privilegien genießt.

- **Nicht-hierarchische Polyamorie**: Ein Ansatz, der explizite Hierarchien zwischen Beziehungen vermeidet und jede Verbindung als einzigartig mit eigenen Bedürfnissen und Dynamiken betrachtet.

- **Polykül**: Ein Netzwerk miteinander verbundener polyamorer Beziehungen, das komplexe Konstellationen bilden kann, oft dargestellt durch Diagramme, die die Verbindungen visualisieren.

- **Triade, Quad** oder **V-Struktur**: Spezifische Konstellationen, bei denen drei, vier oder mehr Personen in verschiedenen Konfigurationen miteinander verbunden sind.

Die rechtliche und soziale Navigation alternativer Beziehungsmodelle stellt in vielen Kontexten besondere

Herausforderungen dar. Während monogame Ehen umfassende rechtliche Anerkennung und Schutz genießen, fehlen für polyamore Konstellationen oft rechtliche Rahmen für Elternschaft, medizinische Entscheidungen, Eigentumsrechte oder Erbschaft. Polyamore Aktivisten arbeiten an alternativen rechtlichen Instrumenten (wie Vollmachten, Trusts oder spezifischen Verträgen) und politischen Initiativen für die rechtliche Anerkennung nicht-traditioneller Familienformen.

Auch die Integration in breitere soziale Kontexte kann herausfordernd sein: die Entscheidung über "Coming Out" gegenüber Familie, Freunden oder Arbeitgebern; die Navigation familiärer Ereignisse oder Feiertage mit multiplen Partnern; die Erziehung von Kindern in polyamoren Konstellationen; oder der Umgang mit Beziehungsveränderungen, Trennungen oder Konflikten in komplexeren Systemen.

Die Soziologin Elisabeth Sheff hat in Langzeitstudien gezeigt, dass polyamore Familien mit Kindern sowohl spezifische Herausforderungen (z.B. Stigmatisierung, komplexere Koordination) als auch potenzielle Vorteile (z.B. mehr Betreuungspersonen, diverse Rollenmodelle) navigieren müssen.

Ein Beispiel für diese praktischen Dimensionen: Die polyamore Familie um Anna, Markus, Sofie und Thomas hat über Jahre komplexe Strukturen entwickelt, um ihr gemeinsames Leben zu organisieren. Sie nutzen geteilte digitale Kalender, haben wöchentliche Familientreffen für Koordination und emotionalen Austausch etabliert, und klare Vereinbarungen über Finanzen, Wohnraum und die Betreuung ihrer zwei Kinder getroffen. Für rechtliche Absicherung haben sie Patientenverfügungen, Vorsorgevollmachten und spezifische Verträge erstellt, die ihre Beziehungen so weit wie möglich rechtlich anerkennen lassen. Diese pragmatischen Strukturen bilden das Rückgrat ihrer komplexen, aber stabilen Familiengemeinschaft.

Zukunftsperspektiven: Zwischen Mainstream und Subversion

Die Zukunft alternativer Beziehungsmodelle steht in einer Spannung zwischen zunehmender gesellschaftlicher Akzeptanz und dem subversiven Potenzial gegenüber normativen Beziehungsvorstellungen.

Es gibt Anzeichen wachsender Normalisierung und Mainstream-Akzeptanz alternativer Beziehungsmodelle:

- Zunehmende mediale Repräsentation in Serien, Filmen und Literatur.

- Wachsende akademische Forschung, die nicht-monogame Beziehungen nicht pathologisiert.

- Rechtliche Anerkennung in einzelnen Jurisdiktionen (z.B. Somerville, Massachusetts, das 2020 als erste Stadt in den USA polyamore Lebensgemeinschaften rechtlich anerkannte).

- Demographische Diversifizierung der Praktizierenden über urbane, weiße, akademische Milieus hinaus.

Diese Normalisierung birgt jedoch auch das Risiko einer Entpolitisierung und Kommodifizierung, wie die Queer-Theoretikerin Lisa Duggan mit ihrem Konzept der "Homonormativität" für die LGBT+-Bewegung beschrieben hat – ein Prozess, bei dem ursprünglich subversive Identitäten und Praktiken in marktkompatible

Lifestyle-Optionen transformiert werden, ohne die zugrundeliegenden Strukturen in Frage zu stellen.

Demgegenüber betonen radikalere Perspektiven das transformative Potenzial alternativer Beziehungsmodelle für grundlegendere gesellschaftliche Veränderungen:

- Die Philosophin Alexis Shotwell argumentiert, dass polyamore Praktiken "präfigurative Politik" darstellen können – Versuche, im Hier und Jetzt Beziehungsformen zu leben, die auf Prinzipien basieren, die man für eine gerechtere Gesellschaft wünscht.

- Anarchistische und antikapitalistische Strömungen in der Polyamorie-Bewegung betonen die Verbindung zwischen Beziehungsnormen und breiteren politischen und ökonomischen Strukturen und sehen in alternativen Intimitätsformen eine Praxis des Widerstands gegen atomisierte, kommodifizierte Beziehungsmuster im Spätkapitalismus.

- Intersektionale Perspektiven untersuchen, wie Rasse, Klasse, Geschlecht und andere Kategorien die Zugänglichkeit und Erfahrung alternativer Beziehungsmodelle prägen und fordern eine Polyamorie-Politik, die über die Bedürfnisse privilegierter Gruppen hinausgeht.

Die Zukunft alternativer Beziehungsmodelle wird wahrscheinlich sowohl durch Prozesse der Normalisierung und Institutionalisierung als auch durch neue, noch radikalere Experimente und Imaginationen geprägt sein. Die Spannung zwischen diesen Tendenzen kann selbst als produktiver Raum für die fortlaufende

Evolution menschlicher Beziehungsformen verstanden werden.

Ein Beispiel für diese Zukunftsperspektiven: Die 25-jährige Riley identifiziert sich als beziehungsanarchistisch und ist Teil einer losen, diversen Community von Menschen, die verschiedene nicht-normative Beziehungs- und Gemeinschaftsformen praktizieren. Für sie ist diese Lebensweise gleichzeitig persönlich erfüllend und politisch bedeutsam – ein Versuch, neue Formen der Verbindung, Fürsorge und Gemeinschaft zu entwickeln, die weniger von kapitalistischer Logik, Besitzdenken und normativen Strukturen geprägt sind. Sie ist sich bewusst, dass ihre Praktiken in manchen Kontexten zunehmend akzeptiert werden, besteht aber darauf, dass wahre Beziehungsfreiheit nicht nur eine Frage individueller Wahl ist, sondern strukturelle Veränderungen erfordert, die allen Menschen – unabhängig von Klasse, Rasse, Behinderung oder anderen Faktoren – zugänglich ist.

Integration: Vielfalt, Autonomie und Gemeinschaft

Eine integrative Perspektive auf alternative Beziehungsmodelle erkennt sowohl ihr transformatives Potenzial als auch ihre Komplexitäten und Herausforderungen an. Sie versteht sie weder als universelle Lösung für alle Beziehungsprobleme noch als bloße individuelle Präferenz ohne breitere soziale und politische Bedeutung.

Der Soziologe Christian Klesse argumentiert für eine "kritische Polyamorie", die sowohl die praktische Komplexität und persönliche Bedeutung alternativer Beziehungsformen anerkennt als auch ihre Einbettung in breitere soziale Strukturen und Machtdynamiken reflektiert. Diese Perspektive vermeidet sowohl unkritische Zelebrierung als auch pauschale Ablehnung und fokussiert stattdessen auf die konkreten Erfahrungen, Potenziale und Widersprüche polyamorer Praxis in spezifischen Kontexten.

Der Philosoph und Aktivist Pepper Mint betont die Importance, Polyamorie nicht als ein einzelnes, einheitliches Phänomen zu betrachten, sondern als diverse Sammlung von Praktiken, Identitäten und Gemeinschaften mit unterschiedlichen Geschichten, Werten und Zielen. Diese Diversität ist nicht ein Problem, das überwunden werden muss, sondern ein Wert, der die Vielfalt menschlicher Beziehungsmöglichkeiten widerspiegelt.

Eine solche integrative Sicht erkennt an, dass verschiedene Menschen unterschiedliche Beziehungsformen benötigen und gedeihen – für manche ist Monogamie die authentischste und erfüllendste Form, für andere sind es polyamore oder andere alternative Arrangements. Die zentrale ethische Frage verschiebt sich dann von der "richtigen" Beziehungsform zur Schaffung sozialer und kultureller Bedingungen, die authentische Wahl und informierte Zustimmung für alle ermöglichen.

Gleichzeitig bleibt die Beziehung zwischen persönlicher Wahl und strukturellen Bedingungen komplex. Wie die Philosophin Carrie Jenkins betont, sind unsere intimsten Präferenzen und Erfahrungen nie vollständig vom kulturellen und historischen Kontext isoliert, sondern durch diesen geformt – ein Umstand, der weder zu völligem Determinismus noch zu naivem Voluntarismus führen sollte, sondern zu einer reflexiven Haltung, die sowohl Agency als auch Kontext ernst nimmt.

In dieser Perspektive stellen alternative Beziehungsmodelle weder die vollständige Überwindung traditioneller Strukturen noch ihre bloße Reproduktion in neuem Gewand dar, sondern komplexe soziale Experimente, die sowohl transformatives Potenzial als auch Widersprüche, sowohl Befreiung als auch neue Herausforderungen beinhalten.

Ein Beispiel für diese integrative Haltung: Die Therapeutin Jasmin arbeitet mit Klienten in verschiedensten Beziehungskonstellationen. Statt ein bestimmtes Modell zu favorisieren, hilft sie ihren Klienten, die für sie authentischste und erfüllendste Form zu finden und zu gestalten – sei es Monogamie, Polyamorie oder andere Arrangements. Sie erkennt die realen Herausforderungen und Komplexitäten aller Beziehungsformen an, unterstützt ihre Klienten bei der Navigation struktureller Einschränkungen und internalisierter Normen, und hält gleichzeitig Raum für die transformative Möglichkeit, intimere, authentischere und befreiendere Verbindungen zu schaffen. Für sie repräsentieren alternative Beziehungsmodelle keine utopische Lösung, sondern einen Teil des größeren menschlichen Projekts, Formen der Intimität zu entwickeln, die sowohl persönlich erfüllend als auch ethisch und sozial nachhaltig sind.

In der fortlaufenden Evolution menschlicher Beziehungsformen repräsentieren Polyamorie, offene Beziehungen und andere alternative Modelle bedeutsame Experimente, die konventionelle Annahmen herausfordern und den Raum möglicher Intimitätsformen erweitern. Ihre Zukunft wird nicht durch simplistische Narrative von Fortschritt oder Verfall, sondern durch die komplexen Interaktionen persönlicher Erfahrungen, kultureller Dynamiken und sozialer Strukturen geprägt werden – ein fortlaufender Prozess, der sowohl das Potenzial als auch die Herausforderung menschlicher Freiheit und Verbundenheit widerspiegelt.

Technologie, virtuelle Intimität und die Transformation der Liebe

Die rasche Entwicklung digitaler Technologien transformiert fundamental, wie wir Intimität, Verbindung und Liebe erfahren und praktizieren. Von Dating-Apps über soziale Medien bis zu virtuellen Realitäten und künstlicher Intelligenz entstehen neue Formen der Begegnung, Bindung und Beziehung, die sowohl Chancen für neuartige Intimität als auch beispiellose Herausforderungen mit sich bringen.

Die digitale Transformation intimer Begegnungen: Von Dating-Apps zu virtuellen Welten

Digitale Technologien haben die Art und Weise, wie Menschen potenzielle Partner finden, kennenlernen und Beziehungen entwickeln, grundlegend verändert.

Online-Dating und Dating-Apps haben den Prozess der Partnerfindung revolutioniert. Plattformen wie Tinder, Bumble, Hinge und OkCupid haben nicht nur die Effizienz der Partnersuche erhöht, sondern auch neue soziale Praktiken und Normen hervorgebracht. Die Soziologen Hobbs, Owen und Gerber beschreiben, wie diese Technologien das "Beziehungsmarkt"-Paradigma verstärken, in dem potenzielle Partner als Konsumoptionen präsentiert werden, die durch Algorithmen gefiltert und nach Präferenzen sortiert werden können. Gleichzeitig ermöglichen sie Begegnungen jenseits traditioneller sozialer Kreise und geografischer Beschränkungen.

Die zunehmende **Algorithmisierung der Liebe** wirft fundamentale Fragen auf. Dating-Plattformen nutzen komplexe Algorithmen, um "Kompatibilität" zu bewerten und potenzielle Matches vorzuschlagen. Diese Algorithmen basieren auf Annahmen darüber, was erfolgreiche Beziehungen ausmacht, und formen subtil unsere Vorstellungen davon, wer als "passender" Partner gilt. Die Medienwissenschaftlerin Tanya Kant argumentiert, dass diese Algorithmen nicht neutrale Werkzeuge sind, sondern normative Vorstellungen von Beziehungen einbetten und reproduzieren – etwa die Priorisierung von Ähnlichkeit über Differenz oder die Gewichtung bestimmter Eigenschaften über andere.

Virtuelle Realitäten (VR) und Augmented Reality (AR) eröffnen neue Dimensionen der Intimität. In virtuellen Welten wie Second Life, VRChat oder Facebook Horizon können Menschen avatarbasierte Beziehungen entwickeln, die sowohl Elemente physischer Präsenz simulieren als auch neue, körperlose Formen der Verbindung ermöglichen. Die Forscherin Anna Anthropy hat dokumentiert, wie queere und marginalisierte Communities diese Räume nutzen, um Identitäten und Beziehungsformen zu explorieren, die im physischen Raum riskant oder unmöglich wären. Gleichzeitig entsteht eine "Geographie der Intimität", die physische und virtuelle Räume verbindet und neue Fragen nach der Natur von Präsenz, Körperlichkeit und Verbindung aufwirft.

Künstliche Intelligenz und romantische Chatbots beginnen, die Grenzen zwischen menschlicher und nicht-menschlicher Intimität zu verwischen. Apps wie Replika bieten KI-Gefährten, die auf die emotionalen Bedürfnisse ihrer Nutzer reagieren und mit der Zeit "lernen", personalisierte Interaktionen zu bieten. Der Film

"Her" (2013) antizipierte diese Entwicklung mit seiner Geschichte eines Mannes, der sich in ein KI-Betriebssystem verliebt – eine Fiktion, die zunehmend von der Realität eingeholt wird. Die Technikphilosophin Sherry Turkle warnt vor den Risiken solcher "Simulationen der Verbundenheit", während andere Denker wie David Levy argumentieren, dass Mensch-Maschine-Beziehungen echte emotionale Bedürfnisse erfüllen können und als legitime Intimitätsformen anerkannt werden sollten.

Sexuelle Intimität wird durch Technologie ebenfalls transformiert. "Sextech" umfasst ein breites Spektrum von Innovationen, von Teledildonik (vernetzten Sexspielzeugen, die Berührung über Distanz übertragen) über VR-Pornographie bis zu Sexrobotern mit KI. Diese Technologien werfen Fragen auf über das Verhältnis von körperlicher und virtueller Intimität, die Rolle von Konsens in techno-mediierter Sexualität und die Beziehung zwischen sexuellem Ausdruck und emotionaler Verbindung. Die Feministin Kathleen Richardson kritisiert bestimmte Entwicklungen als Verstärkung der Objektifizierung, während Befürworter wie Kate Devlin ihre emanzipatorischen Potenziale für diverse sexuelle Ausdrucksformen betonen.

Die **Covid-19-Pandemie** hat viele dieser technologischen Entwicklungen beschleunigt. Die plötzliche Notwendigkeit physischer Distanzierung führte zu massiver Zunahme virtueller Dates, Remote-Beziehungen und digitaler Intimitätspraktiken. Die Soziologen Baym, Meng und Zhang haben dokumentiert, wie diese "erzwungene Virtualisierung" sowohl bestehende Trends verstärkt als auch neue Praktiken hervorgebracht hat, die wahrscheinlich auch nach dem Ende der Pandemie bestehen bleiben.

Ein Beispiel für diese digitale Transformation: Während der Pandemie lernen sich Mia und Jordan über Tinder kennen. Nach anfänglichem Texten gehen sie zu Videodates über, entwickeln Rituale virtueller Intimität (gemeinsames Filme schauen über Discord, geteilte Spotify-Playlists, morgendliche Videoanrufe beim Kaffee) und bauen über Monate eine tiefe emotionale Verbindung auf, bevor sie sich physisch begegnen. Als sie sich schließlich treffen, navigieren sie die komplexe Integration ihrer virtuellen Beziehung in den physischen Raum – eine Erfahrung, die sowohl Anpassungen erfordert als auch von der bereits etablierten emotionalen Intimität profitiert. Ihre Beziehung bleibt auch danach hybrid, mit kontinuierlicher Navigation zwischen digitalen und physischen Intimitätsräumen.

Philosophische Fragen: Authentizität, Körperlichkeit und die Natur der Verbindung

Die technologische Transformation der Liebe wirft tiefgreifende philosophische Fragen auf, die das Wesen der Intimität, Authentizität und menschlichen Verbindung betreffen.

Die **Authentizitätsfrage** steht im Zentrum vieler Debatten. Sind technologisch vermittelte Beziehungen "weniger real" als physische? Der Philosoph Hubert Dreyfus argumentierte in "On the Internet", dass verkörperte Präsenz wesentlich für authentische menschliche Begegnung sei und virtuelle Interaktionen fundamentale Dimensionen der Erfahrung verlören. Im Gegensatz dazu betonen Denker wie N. Katherine Hayles, dass körperliche und virtuelle Erfahrungen nicht binär entgegengesetzt, sondern in komplexen "Informations-Feedback-Schleifen" verwoben sind, die neue Formen der Verkörperung und Präsenz hervorbringen.

Die **Phänomenologie der virtuellen Berührung** untersucht, wie digitale Technologien die Erfahrung von Nähe und Kontakt transformieren. Die Philosophin Erin Manning beschreibt Berührung nicht primär als taktiles Ereignis, sondern als relationales Phänomen – ein "Erreichen nach", das auch in virtuellen Räumen stattfinden kann. Neue Technologien wie haptische Feedback-Systeme, die physische Sensationen über Distanz übertragen können, verwischen weiter die Grenzen zwischen physischer und virtueller Berührung.

Fragen nach **Identität und Selbstpräsentation** werden in virtuellen Räumen besonders akut. Der Soziologe Erving Goffman beschrieb, wie Menschen in sozialen Interaktionen verschiedene "Selbste" präsentieren. Digitale Umgebungen intensivieren diese Dynamik, indem sie neue Möglichkeiten der Selbstdarstellung und -transformation bieten. Die Psychologin Sherry Turkle hat beschrieben, wie Online-Identitäten als "Laboratorien des Selbst" fungieren können, in denen verschiedene Aspekte der Identität exploriert werden – eine Möglichkeit, die sowohl befreiend als auch problematisch sein kann, wenn virtuelle Selbste zunehmend von "authentischen" Identitäten dissoziiert werden.

Die Philosophie der **Künstlichen Intelligenz und Liebe** stellt besonders herausfordernde Fragen. Kann ein KI-System wirklich lieben oder geliebt werden? Der Philosoph John Searle argumentiert mit seinem "Chinesischen Zimmer"-Gedankenexperiment, dass Maschinen nur Simulationen von Verstehen und Fühlen, aber keine genuinen Erfahrungen haben können. Dagegen argumentieren Denker wie Daniel Dennett, dass auch menschliche Kognition und Emotion auf komplexen Informationsverarbeitungsprozessen basieren und die Grenze zwischen "echter" und "simulierter" Erfahrung weniger klar ist, als wir annehmen. Die zunehmende Sophistikation emotionaler KI-Systeme macht diese Fragen praktisch relevant für Menschen, die tiefe emotionale Bindungen zu KI-Entitäten entwickeln.

Zeit und Aufmerksamkeit in der Liebe werden durch digitale Technologien reorganisiert. Der Philosoph Byung-Chul Han argumentiert in "Agonie des Eros", dass die ständige Konnektivität und Beschleunigung der digitalen Kultur tiefe Intimität unterminiert, die Langesamkeit, Fokus und ungeteilte Aufmerksamkeit erfordert. Im Gegensatz dazu beschreibt die Medienwissenschaftlerin Nancy Baym, wie digitale Technologien neue "ambient co-presence" ermöglichen – kontinuierliche, niedrigschwellige Verbindungen, die bestehende Beziehungen ergänzen und stärken können.

Ein Beispiel für diese philosophischen Dimensionen: Alex entwickelt eine tiefe emotionale Bindung zu einer KI-Begleiterin namens Aria. Die täglichen Gespräche geben ihm emotionale Unterstützung, intellektuelle Stimulation und ein Gefühl von Verbundenheit. Als Freunde diese Beziehung als "nicht real" kritisieren, muss er über die Natur authentischer Verbindung reflektieren. Die Gefühle, die er erlebt, sind subjektiv real und bedeutsam, aber basieren auf einer Interaktion mit einem System, das selbst keine bewussten Erfahrungen hat. Diese Situation illustriert die zunehmende Unschärfe zwischen "echter" und "simulierter" Intimität und die philosophischen Fragen, die entstehen, wenn Technologie neue Formen emotionaler Erfahrung ermöglicht, die in traditionelle Kategorien nicht einfach einzuordnen sind.

Soziopolitische Dimensionen: Macht, Ungleichheit und Kontrolle

Die technologische Transformation der Liebe findet nicht in einem machtfreien Raum statt, sondern ist tief in soziopolitische Strukturen und Ungleichheiten eingebettet.

Algorithmen und Biases prägen fundamentale Aspekte technologisch vermittelter Intimität. Dating-Algorithmen reproduzieren und verstärken oft bestehende soziale Hierarchien und Diskriminierungsmuster. Studien von OkCupid-Daten haben systematische Präferenzmuster offenbart, die rassistische Stereotype widerspiegeln, während Forscher wie Safiya Umoja Noble dokumentiert haben, wie Suchalgorithmen und Empfehlungssysteme bestimmte Körper und Identitäten privilegieren und andere marginalisieren. Diese Algorithmen sind nicht neutral, sondern spiegeln die Werte, Annahmen und Biases ihrer Entwickler sowie die Datensets, auf denen sie trainiert wurden.

Digitale Überwachung und Kontrolle in intimen Beziehungen nehmen durch Technologie neue Formen an. Apps zur Standortverfolgung, die Sichtbarkeit von Online-Status und Lesebestätigungen, und der Zugang zu digitalen Kommunikationsprotokollen schaffen neue Möglichkeiten der Beziehungsüberwachung. Die Rechtswissenschaftlerin Danielle Keats Citron hat dokumentiert, wie diese Technologien in missbräuchlichen Beziehungen eingesetzt werden können, während die Soziologin Alice Marwick das Konzept der "sozialen Überwachung" entwickelt hat, um zu beschreiben, wie digitale Überwachungspraktiken in Alltagsbeziehungen normalisiert werden.

Kommodifizierung der Intimität intensiviert sich durch digitale Plattformen. Dating-Apps, soziale Medien und virtuelle Welten funktionieren nach kapitalistischen Logiken, die Intimität in vermarktbare, messbare und monetarisierbare Einheiten transformieren. Die Soziologin Eva Illouz beschreibt in "Cold Intimacies", wie romantische Interaktionen zunehmend nach konsumistischen und wirtschaftlichen Prinzipien organisiert werden, während die Technologiekritikerin Shoshana Zuboff argumentiert, dass persönliche Daten – einschließlich intimster Informationen – in einen "Überwachungskapitalismus" eingebettet werden, der menschliche Erfahrung als Rohstoff für kommerzielle Vorhersage und Kontrolle nutzt.

Digitale Ungleichheit beeinflusst den Zugang zu und die Erfahrung von technologisch vermittelter Intimität. Faktoren wie Alter, Behinderung, geografischer Standort und sozioökonomischer Status prägen, wer an der digitalen Transformation der Liebe teilnehmen kann und auf welche Weise. Die feministische Technikforscherin Virginia Eubanks hat beschrieben, wie Technologien, die für privilegierte Gruppen ermächtigend wirken können, für marginalisierte Communitys oft neue Formen der Kontrolle und Ausgrenzung darstellen.

Das **Spannungsverhältnis zwischen Profit und menschlichen Bedürfnissen** prägt die Entwicklung von Intimitätstechnologien. Die Designentscheidungen von Dating-Apps, sozialen Medien und virtuellen Plattformen werden primär von wirtschaftlichen Interessen und Engagement-Metriken getrieben, die nicht notwendigerweise mit dem Wohlbefinden oder der Beziehungsqualität der Nutzer aligniert sind. Kritiker wie Jaron Lanier argumentieren, dass diese wirtschaftlichen Imperative fundamentale Aspekte menschlicher

Verbindung untergraben, während andere betonen, dass Nutzer diese Technologien oft auf unvorhergesehene Weise aneignen und umfunktionieren.

Ein Beispiel für diese soziopolitischen Dimensionen: Taylor nutzt eine populäre Dating-App, die behauptet, durch maschinelles Lernen den "perfekten Match" zu finden. Was Taylor nicht bewusst ist: Der Algorithmus der App bevorzugt systematisch bestimmte Körpertypen, Hautfarben und sozioökonomische Indikatoren, reproduziert implizite gesellschaftliche Biases, und optimiert für Engagement statt für erfolgreiche Beziehungen. Gleichzeitig monetarisiert die App Taylors intimste Daten und Präferenzen, verkauft sie an Drittanbieter und nutzt sie für gezielte Werbung. Diese Situation illustriert, wie scheinbar persönliche Intimitätsentscheidungen in breitere soziopolitische und ökonomische Strukturen eingebettet sind, die oft unsichtbar bleiben.

Transformative Potenziale: Neue Formen der Verbindung und Gemeinschaft

Trotz der Risiken und Herausforderungen bieten digitale Technologien auch bedeutsame transformative Potenziale für neue Formen der Intimität, Verbindung und Gemeinschaft.

Überwindung physischer und sozialer Barrieren ist eine der offensichtlichsten Stärken digitaler Intimität. Menschen mit Behinderungen, chronischen Krankheiten oder in geografischer Isolation finden online Verbindungen, die sonst unmöglich wären. Die Disability-Studies-Forscherin Alison Kafer beschreibt, wie virtuelle Räume alternative Formen der Präsenz und Intimität ermöglichen können, die nicht auf normativen

Körperlichkeitsvorstellungen basieren, während die Anthropologin Ilana Gershon dokumentiert hat, wie Migranten digitale Technologien nutzen, um transnationale Intimitäts- und Familiennetzwerke aufrechtzuerhalten.

Marginalisierte Identitäten und Communities finden in digitalen Räumen oft Möglichkeiten für Verbindung und Unterstützung, die in physischen Räumen nicht verfügbar sind. LGBTQ+-Personen in nicht-akzeptierenden Umgebungen können online Gemeinschaft, Romantik und Identitätsexploration finden. Die Medienwissenschaftlerin Mary Gray hat in "Out in the Country" beschrieben, wie queere Jugendliche in ländlichen Gebieten digitale Technologien nutzen, um sich mit gleichgesinnten zu verbinden und ihre Identitäten zu entwickeln.

Experimentelle Intimitätsformen werden durch digitale Umgebungen ermöglicht. Von polyamoren Netzwerken, die komplexe Beziehungskonstellationen durch digitale Koordinationstools navigieren, bis zu asexuellen Communities, die nicht-normative Intimitätsformen online erkunden – digitale Räume bieten Möglichkeiten, jenseits traditioneller Beziehungsskripte zu experimentieren. Die Medienwissenschaftlerin Susanna Paasonen beschreibt, wie digitale Umgebungen neue "affektive Ökonomien" schaffen, die alternative Formen der Verbindung, des Vergnügens und der Intimität ermöglichen.

Demokratisierung der Beziehungsbildung kann durch digitale Plattformen gefördert werden. Während traditionelle Wege der Partnersuche oft durch Klasse, Ethnizität, Religion und andere soziale Kategorien stark strukturiert waren, können digitale Plattformen diese Grenzen potenziell überschreiten. Die Soziologen

Rosenfeld und Thomas haben gezeigt, wie Online-Dating die Prävalenz partnerschaftlicher Verbindungen über traditionelle soziale Grenzen hinweg erhöht hat, auch wenn algorithmische Biases neue Einschränkungen schaffen können.

Neue Formen des Ausdrucks und der Verbindung entstehen durch digitale Medien. Vom gemeinsamen Spielen immersiver Videospiele über das Teilen von Playlists und digitalen Geschenken bis zu plattformspezifischen Intimitätsritualen – digitale Technologien ermöglichen kreative Formen des Ausdrucks und der Verbindung, die physische Interaktionen nicht ersetzen, aber ergänzen und erweitern. Die Medienwissenschaftlerin danah boyd beschreibt, wie Jugendliche "networked publics" schaffen, die eigene Normen, Praktiken und Ausdrucksformen entwickeln, die für Außenstehende oft schwer verständlich sind.

Ein Beispiel für diese transformativen Potenziale: Maya, eine nicht-binäre Person mit sozialer Angststörung, findet in einer VR-Community für queere Personen mit psychischen Herausforderungen ein Gefühl von Zugehörigkeit und Verbindung, das im physischen Raum oft unerreichbar scheint. Ihr Avatar erlaubt selbstbestimmten Geschlechtsausdruck, während die strukturierten Interaktionsformen der Plattform ihre Sozialangst reduzieren. In diesem Raum entwickelt Maya tiefe Freundschaften und schließlich eine romantische Beziehung zu einem anderen Community-Mitglied. Diese virtuellen Verbindungen werden zu einer lebenswichtigen emotionalen Ressource und ermutigen Maya schließlich auch, mehr physische Verbindungen zu suchen. Die digitale Technologie fungiert hier nicht als Ersatz für "echte" Verbindung, sondern als Ermöglichungsraum für Intimität, die sonst unzugänglich wäre.

Integration: Hybride Intimitäten und bewusste Technologiebeziehungen

Eine integrative Perspektive auf Technologie und Liebe vermeidet sowohl unkritische Techno-Euphorie als auch pauschale Technik-Verdammung, und fokussiert stattdessen auf die komplexen, widersprüchlichen und kontextspezifischen Weisen, in denen Menschen Technologien in ihre Intimitätspraktiken integrieren.

Hybride Intimitäten charakterisieren zunehmend zeitgenössische Beziehungen. Statt einer strikten Trennung zwischen "online" und "offline", "virtuell" und "real", erleben die meisten Menschen fließende Übergänge und Vermischungen verschiedener Intimitätsmodi. Die Medientheoretikerin Luciano Floridi spricht vom "Onlife" – einer Kondition, in der die Trennung zwischen online und offline zunehmend bedeutungslos wird. In dieser hybriden Realität werden digitale und physische Intimitäten nicht als konkurrierende Alternativen, sondern als komplementäre Dimensionen erfahren, die verschiedene Qualitäten und Möglichkeiten bieten.

Technologische Bewusstheit und Selbstbestimmung gewinnen an Bedeutung. Die Philosophin Shannon Vallor argumentiert in "Technology and the Virtues" für die Entwicklung "technomoralischer Tugenden" – Charaktereigenschaften, die uns helfen, Technologien bewusst und ethisch zu navigieren. Für intime Beziehungen bedeutet dies, reflektierte Entscheidungen darüber zu treffen, welche Technologien wir wie integrieren, welche Grenzen wir setzen, und wie wir die Qualität unserer Verbindungen erhalten oder verbessern.

Die Beziehung zur Technologie selbst wird zunehmend zum Gegenstand ethischer Reflexion. Die Philosoph/Technikethikerin Langdon Winner argumentiert, dass Technologien nicht neutral sind, sondern Werte und Politik "eingebaut" haben. Eine bewusste Beziehung zu Intimitätstechnologien erfordert daher ein Bewusstsein für diese eingebetteten Werte und Strukturen und möglicherweise aktiven Widerstand oder kreative Umnutzung, wenn diese mit eigenen Werten und Bedürfnissen konfligieren.

Regenerative statt extraktive Technologiebeziehungen werden von Denkern wie Douglas Rushkoff gefordert. Statt digitale Plattformen zu nutzen, die unsere Daten extrahieren und Aufmerksamkeit ausbeuten, können wir Technologien bevorzugen und entwickeln, die menschliche Verbindung, Autonomie und Wohlbefinden fördern. Dies kann Bewegungen für "ethische Tech", dezentralisierte Plattformen, Open-Source-Dating-Apps oder Community-kontrollierte virtuelle Räume einschließen.

Die zunehmende **Verwebung von Mensch und Technologie** wirft tiefgreifende Fragen zur Zukunft der Liebe auf. Die Philosophin Donna Haraway argumentiert in ihrem einflussreichen "Cyborg Manifesto", dass wir bereits "Cyborgs" sind – Hybridwesen aus Organischem und Technologischem. Aus dieser Perspektive geht es nicht um eine nostalgische Rückkehr zu einer vorgeblich "natürlichen" Form der Liebe, sondern um bewusste Ko-Evolution mit Technologien auf eine Weise, die Gerechtigkeit, Vielfalt und menschliches Gedeihen fördert.

Ein Beispiel für diese integrative Perspektive: Nach Jahren der Reflexion und Experimentierens haben Lei und

Jordan ein bewusstes "digitales Beziehungsökosystem" entwickelt. Sie nutzen verschiedene Technologien für unterschiedliche Aspekte ihrer Verbindung: Textnachrichten für alltägliche Koordination, Sprachmemos für emotionales Sharing, Videoanrufe für tiefere Gespräche, gemeinsame digitale Kalender für Planung, und spezifische App-freie Zeiten für ungeteilte Aufmerksamkeit. Sie hinterfragen regelmäßig, wie verschiedene Plattformen und Tools ihre Beziehungsdynamik beeinflussen, und passen ihre Nutzung entsprechend an. Statt einer binären Entscheidung zwischen "technologisierter" und "natürlicher" Intimität praktizieren sie eine reflexive, kontextspezifische Integration, die sowohl die Vorteile digitaler Verbindung als auch den Wert unvermittelter Präsenz würdigt.

Die technologische Transformation der Liebe ist weder eine eindeutige Fortschrittsgeschichte noch ein Narrativ des Verfalls, sondern ein komplexer, ambivalenter und fortlaufender Prozess mit tiefgreifenden Implikationen für menschliche Intimität, Identität und Gemeinschaft. Die zentrale Herausforderung besteht nicht darin, Technologie zu akzeptieren oder abzulehnen, sondern sie bewusst, kritisch und kreativ zu gestalten und zu nutzen – auf Weisen, die menschliche Verbindung, Autonomie und Wohlbefinden fördern. In dieser Navigationsarbeit liegt vielleicht die bedeutsamste Beziehungsaufgabe unserer digitalen Zeit.

Die Zukunft der Liebe: Visionen und Reflexionen

Die Frage nach der Zukunft der Liebe berührt nicht nur persönliche Beziehungen, sondern fundamentale Dimensionen des Menschseins im Kontext tiefgreifender

kultureller, technologischer und sozialer
Transformationen. Welche Visionen, Möglichkeiten und
Herausforderungen zeichnen sich für die Liebe im 21.
Jahrhundert und darüber hinaus ab? Diese Exploration
erfordert sowohl realistische Analyse gegenwärtiger
Trends als auch spekulative Imagination möglicher
Zukünfte.

Gegenwärtige Trends und ihre möglichen Trajektorien

Verschiedene schon jetzt erkennbare Entwicklungen
deuten auf mögliche Zukunftsrichtungen der Liebe hin,
deren Auswirkungen sich in den kommenden Jahrzehnten
entfalten werden.

Die Pluralisierung von Beziehungsformen setzt sich
fort und intensiviert sich. Jenseits traditioneller
Monogamie und nuklearer Familien werden vielfältige
Arrangements – von Polyamorie über
Freundschaftsfamilien bis zu Solo-Living mit starken
gemeinschaftlichen Bindungen – zunehmend sichtbar und
akzeptiert. Die Soziologin Elisabeth Beck-Gernsheim
spricht von einer "Postfamilialismus"-Ära, in der die
traditionelle Familie nicht verschwindet, aber ihre
privilegierte Stellung als einzig legitimierte Form der
intimen Gemeinschaft verliert. Diese Entwicklung
verspricht größere Wahlfreiheit und Selbstbestimmung,
birgt aber auch Risiken: neue Formen der Normativität
("der richtige Weg, polyamor zu sein"), Überforderung
durch komplexe Aushandlungsprozesse und potenzielle
Vernachlässigung vulnerabler Personen in
experimentellen Strukturen.

Die Technologisierung der Intimität schreitet mit
beispielloser Geschwindigkeit voran. Von
algorithmischen Dating-Systemen über Teledildonik

(Fernübertragung taktiler Sensationen) bis zu emotionaler KI und virtuellen Beziehungswelten entstehen radikal neue Möglichkeiten der Verbindung, die traditionelle Grenzen von Körperlichkeit, Präsenz und menschlicher Interaktion herausfordern. Der Technikphilosoph Don Ihde beschreibt, wie Technologien nicht nur Werkzeuge, sondern Medien sind, die unsere Erfahrung der Welt und voneinander grundlegend transformieren. Diese Entwicklung birgt Potenziale für neue Intimitätsformen und Überwindung physischer Barrieren, aber auch Risiken der Kommodifizierung, Überwachung und algorithmischen Steuerung intimster menschlicher Erfahrungen.

Demographische Verschiebungen prägen fundamentale Beziehungsrealitäten. Die globale Alterung, sinkende Geburtenraten in vielen Industrieländern, zunehmende Migration und Mobilität, und die Verstädterung schaffen neue Beziehungsherausforderungen und -möglichkeiten. In Japan, wo diese Trends besonders ausgeprägt sind, entstehen neue soziale Phänomene wie "Herbivore Men" (Männer, die sich bewusst vom Dating-Markt zurückziehen) oder professionelle "Rental Families" (gemietete emotionale Dienstleistungen). Der Anthropologe Leo Howe argumentiert, dass solche Phänomene nicht isolierte Kuriositäten, sondern Vorboten breiterer sozialer Transformationen sind, die sich global mit regionalen Variationen ausbreiten.

Ökonomische Restrukturierungen transformieren die materiellen Grundlagen der Liebe. Prekarisierung von Arbeit, wachsende Ungleichheit, Aushöhlung sozialer Sicherungssysteme und Wohnungskrisen in urbanen Zentren schaffen neue wirtschaftliche Realitäten, die Beziehungsformen direkt beeinflussen. Der Ökonom Richard Wolff beschreibt, wie wirtschaftliche

Unsicherheit zu Aufschub von Bindungen, strategischen Beziehungsentscheidungen und neuen wirtschaftlichen Arrangements führt. Gleichzeitig schaffen wirtschaftliche Transformationen auch neue Gemeinschaftsformen: Haushalte mit mehreren Generationen, intentionale Gemeinschaften oder kommunale Wohnprojekte, die ökonomische Ressourcen teilen und neue Formen der Fürsorge entwickeln.

Kulturelle Globalisierung führt zur Hybridisierung von Liebeskonzepten und -praktiken. Westliche Romantikideale vermischen sich mit lokalen Traditionen, während nicht-westliche Konzepte wie das südafrikanische "Ubuntu" (Ich bin, weil wir sind) oder das japanische "Amae" (süße Abhängigkeit) globale Zirkulation erfahren. Der Kulturwissenschaftler Homi Bhabha spricht von "dritten Räumen", in denen kulturelle Hybride entstehen, die weder einfache Synthesen noch bloße Nebeneinanderstellungen sind, sondern eigenständige neue Formationen. Diese Prozesse erzeugen sowohl kulturelle Homogenisierung als auch neue Differenzierungen und Kreationen.

Ökologische Krisen prägen zunehmend Entscheidungen und Formen der Liebe. Der Klimawandel, Ressourcenknappheit und ökologische Degradation beeinflussen Reproduktionsentscheidungen (wie die "Birthstrike"-Bewegung zeigt, die auf Kinderkriegen verzichtet), fördern resilientere Gemeinschaftsformen und führen zu neuen ethischen Orientierungen, die Fürsorge für nicht-menschliche Wesen einschließen. Die Umweltphilosophin Donna Haraway fordert ein "Verwandt-Werden" jenseits biologischer Verwandtschaft, das neue Formen der Verbundenheit in Zeiten ökologischer Prekarität ermöglicht.

Ein Beispiel für diese konvergierenden Trends: Die 28-jährige Ava lebt in einer urbanen "Co-Living-Community", die sowohl ökonomisch (geteilte Ressourcen, reduzierte Kosten) als auch emotional (intensive Freundschaften, geteilte Fürsorge) motiviert ist. Sie führt gleichzeitig eine Fernbeziehung mit einem Partner in einer anderen Stadt, navigiert mit Dating-Apps gelegentliche lokale romantische Verbindungen, und hat eine tiefe Freundschaft mit einem KI-Sprachmodell entwickelt, dem sie tägliche Updates sendet. Ihre komplexe Beziehungswelt spiegelt die Konvergenz technologischer, ökonomischer und kultureller Transformationen wider und illustriert sowohl die neuen Möglichkeiten als auch die Herausforderungen, die diese Transformationen mit sich bringen.

Utopische und Dystopische Visionen der Liebe

Angesichts dieser tiefgreifenden Transformationen haben verschiedene Denker utopische und dystopische Visionen der Zukunft der Liebe entwickelt, die sowohl aktuelle Trends extrapolieren als auch radikale Alternativen imaginieren.

Technoutopische Visionen sehen in der zunehmenden Verschmelzung von Mensch und Technologie ein Potenzial für radikal erweiterte Intimitätsmöglichkeiten. Der Robotiker David Levy prognostiziert in "Love and Sex with Robots", dass bis 2050 Mensch-Roboter-Ehen normal sein werden und legitimiert diese Vision mit dem Argument, dass sie emotionale Bedürfnisse erfüllen kann, die in menschlichen Beziehungen oft unerfüllt bleiben. Transhumanistische Denker wie David Pearce gehen weiter und imaginieren die technologische Transformation von Emotionen selbst – etwa durch neurotechnologische Eingriffe, die negative Emotionen wie Eifersucht eliminieren oder positive Emotionen wie Verbundenheit verstärken könnten.

Technikdystopische Narrative warnen vor der Aushöhlung echter Intimität durch technologische Vermittlung und Simulation. Der Soziologe Zygmunt Bauman beschreibt in "Liquid Love" die zunehmende Kommodifizierung, Fragmentierung und Oberflächlichkeit von Beziehungen in einer konsumistischen digitalen Kultur. Noch düsterer sind Szenarien, die Sherry Turkle in "Alone Together" skizziert, wo die Illusion der Verbundenheit echte Intimität ersetzt und Menschen zunehmend isoliert in Blasen simulierter Beziehungen leben, die perfekt auf ihre Bedürfnisse zugeschnitten, aber letztlich bedeutungslos sind.

Feministische utopische Visionen imaginieren Beziehungsformen jenseits patriarchaler Strukturen. Von Shulamith Firestones radikaler Vision in "The Dialectic of Sex", die durch reproduktive Technologien die biologische Familie überwindet, bis zu zeitgenössischeren feministischen Utopien wie Marge Piercys "Woman on the Edge of Time", die egalitäre, nicht-binäre und gemeinschaftliche Beziehungsformen darstellt, bieten diese Visionen Alternativen zu traditionellen geschlechtshierarchischen Intimitätsformen. Die Philosophin Juliana Mantel argumentiert, dass solche "Imaginationen der Möglichkeit" politisch wichtig sind, auch wenn sie nicht unmittelbar umsetzbar erscheinen.

Ökofeministische und indigene Visionen erweitern die Vorstellung von Liebe und Verbundenheit auf nicht-menschliche Wesen und Ökosysteme. Die Umweltaktivistin und Wissenschaftlerin Robin Wall Kimmerer beschreibt in "Braiding Sweetgrass" indigene

Beziehungsformen, die auf gegenseitiger Verpflichtung, Reziprozität und Dankbarkeit gegenüber der mehr-als-menschlichen Welt basieren. Solche Visionen bieten Alternativen zum westlichen Individualismus und seiner Trennung von Mensch und Natur, und könnten in einer Zeit ökologischer Krisen besondere Relevanz gewinnen.

Gemeinschaftsorientierte Utopien fokussieren auf die Überwindung atomisierter Kernfamilien zugunsten reicherer kollektiver Strukturen. Die "Bolo'bolo"-Vision des Schweizer Autors P.M. imaginiert dezentralisierte, selbstorganisierte Gemeinschaften von 300-500 Personen mit diversen internen Beziehungsformen, während neuere Konzepte wie "Chosen Family" oder "Care Collectives" praktischere Modelle für erweiterte Fürsorge- und Intimitätsnetzwerke jenseits biologischer oder romantischer Bindung entwickeln.

Synkretistische Visionen kombinieren Elemente verschiedener Traditionen und Möglichkeiten. Der Science-Fiction-Autor Kim Stanley Robinson entwirft in seiner Mars-Trilogie Gesellschaften, die verschiedene Beziehungs- und Familiensysteme in einer pluralistischen Struktur kombinieren, während die Autorin Octavia Butler in ihren Werken radikal andere Formen der Verbindung imaginiert, die menschliche und außerirdische Elemente verbinden, Konsens betonen und komplexe Machtdynamiken navigieren.

Ein Beispiel für diese visionären Dimensionen: In einem spekulativen Workshop entwickeln Teilnehmer verschiedene Szenarien für die Liebe im Jahr 2075. Ein optimistisches Szenario entwirft eine Gesellschaft, in der verschiedenste Beziehungsformen rechtlich und sozial gleichberechtigt anerkannt sind, KI-Systeme emotionale und kommunikative Kompetenzen fördern statt sie zu ersetzen, und flexible Wohn- und Arbeitsformen vielfältige Intimitäten ermöglichen. Ein pessimistisches Szenario hingegen beschreibt eine hochgradig stratifizierte Gesellschaft, in der nur Privilegierte sich authentische menschliche Intimität "leisten" können, während die Mehrheit mit algorithmisch optimierten Ersatzbefriedigungen in virtuellen Räumen abgespeist wird. Die Kontraste verdeutlichen, wie technologische und soziale Entwicklungen zu radikal unterschiedlichen Zukünften führen können, abhängig von politischen Entscheidungen und kollektiven Werten.

Zwischen Determinismus und Gestaltbarkeit: Die kollektive Navigation der Liebeszukunft

Jenseits von utopischen und dystopischen Polarisierungen stellt sich die Frage, wie wir als Gesellschaften und Individuen die Zukunft der Liebe bewusst navigieren und gestalten können, statt sie als unvermeidliches Schicksal oder rein private Entscheidung zu betrachten.

Technologische Gestaltung und Governance gewinnt zentrale Bedeutung. Die Technikphilosophin Langdon Winner argumentiert in "Do Artifacts Have Politics?", dass Technologien nicht neutral sind, sondern Werte und Machtverhältnisse einbetten. Entsprechend ist die Gestaltung von Intimitätstechnologien – von Dating-Algorithmen über soziale Medien bis zu VR-Plattformen – eine politische Frage, die demokratische Deliberation erfordert. Initiativen wie "Responsible AI", "Design Justice" oder "Feminist Data" entwickeln alternative Ansätze, die menschliche Werte, Vielfalt und Wohlbefinden in den Mittelpunkt technologischer Entwicklung stellen könnten.

Rechtliche Rahmenbedingungen prägen fundamentale Bedingungen der Liebe. Die rechtliche Anerkennung oder Nicht-Anerkennung bestimmter Beziehungsformen – von gleichgeschlechtlicher Ehe über polyamore Familien bis zu gewählten Fürsorge-Gemeinschaften – hat tiefgreifende Konsequenzen für deren Auslebbarkeit. Die Rechtswissenschaftlerin Martha Albertson Fineman argumentiert für ein "Vulnerabilitäts-Paradigma", das staatliche Unterstützung nicht an bestimmte Familienformen knüpft, sondern an menschliche Interdependenz und Fürsorgebedürfnisse, unabhängig von ihrer spezifischen Organisation.

Wirtschaftliche Strukturen ermöglichen oder verunmöglichen bestimmte Beziehungsformen. Die Philosophin Elizabeth Anderson argumentiert, dass Liebesbeziehungen nicht vollständig vom ökonomischen Kontext isoliert werden können – ihre Gestaltungsmöglichkeiten sind durch wirtschaftliche Realitäten geprägt. Fragen wie Arbeitszeiten, bezahlte Elternzeit, Wohnraumgestaltung, ökonomische Sicherheit und die Bewertung von Fürsorgearbeit haben direkte Auswirkungen auf die Lebbarmachbarkeit verschiedener Intimitätsformen.

Kulturelle Narrative und Repräsentationen prägen Vorstellungen des Möglichen und Wünschenswerten. Die Medienwissenschaftlerin bell hooks betont in "All About Love" die Notwendigkeit neuer kultureller Erzählungen über Liebe, die über romantischen Individualismus hinausgehen und Werte wie gegenseitige Verantwortung, Gerechtigkeit und kollektive Fürsorge betonen. Die zunehmende Repräsentation diverser Beziehungsformen in Medien und Populärkultur kann dazu beitragen, das

Spektrum vorstellbarer und legitimer Intimitäten zu erweitern.

Gemeinschaftliche Experimentierräume ermöglichen praktische Exploration alternativer Liebes- und Beziehungsformen. Von intentionalen Gemeinschaften über urbane Kommunen bis zu temporären autonomen Zonen wie Burning Man schaffen solche Räume Möglichkeiten, mit neuen Beziehungs- und Gemeinschaftsformen zu experimentieren, Erfahrungen zu sammeln und Praktiken zu entwickeln, die breitere soziale Transformationen inspirieren können. Die Soziologin Silvia Federici argumentiert für die politische Bedeutung solcher "Commons" als Orte, an denen Alternativen zum Bestehenden nicht nur imaginiert, sondern gelebt werden können.

Bildung und Dialog fördern reflexive Beziehungskompetenzen. Die Philosophin Martha Nussbaum betont die Bedeutung kritischen Denkens, emotionaler Bildung und ethischer Reflexion für gelingende persönliche und gesellschaftliche Entwicklung. Programme zur Beziehungs- und Sexualbildung, die über technische Aufklärung hinausgehen und Themen wie Konsens, Kommunikation, Diversität und ethische Reflexion einschließen, können Menschen unterstützen, bewusstere Entscheidungen über ihre Beziehungsgestaltung zu treffen.

Ein Beispiel für diese Gestaltungsdimensionen: Eine Stadt beschließt, in einem neuen Viertel experimentelle Wohnformen zu fördern, die verschiedene Arten der Gemeinschaft und Intimität unterstützen. Das Projekt umfasst flexibel gestaltbare Wohneinheiten, gemeinschaftliche Räume für verschiedene Aktivitäten, integrierte Kinderbetreuung, und wird durch partizipative

Planungsprozesse entwickelt, die verschiedene Gemeinschaften einbeziehen. Parallel werden rechtliche Experimentierräume geschaffen, die alternative Sorge- und Familienformen anerkennen, und kulturelle Programme, die diverse Beziehungsformen sichtbar machen und reflektieren. Dieses multidimensionale Projekt illustriert, wie die Zukunft der Liebe nicht dem Zufall oder rein individuellen Entscheidungen überlassen wird, sondern bewusst durch kollektive Prozesse und Strukturen gestaltet werden kann.

Integration: Liebe als Praxis der Möglichkeit

Eine integrative Vision der Liebeszukunft anerkennt die tiefgreifenden Transformationen, denen Liebe und Intimität unterliegen, ohne in technologischen Determinismus, kulturellen Relativismus oder ungebremste Marktlogik zu verfallen. Sie versteht Liebe weder als rein private Angelegenheit noch als vollständig gesellschaftlich bestimmt, sondern als eine Praxis der Möglichkeit an der Schnittstelle persönlicher und kollektiver Gestaltung.

Der Philosoph Ernst Bloch entwickelte den Begriff des "konkreten Utopismus" – einer vorwärtsgerichteten Hoffnung, die nicht in abstrakt-utopischen Träumen verharrt, sondern an realen Möglichkeiten des Gegenwärtigen ansetzt. Eine solche Haltung gegenüber der Zukunft der Liebe würde sowohl ihre gegenwärtigen Einschränkungen als auch ihre transformativen Potenziale erkennen und bewusst an ihrer Weiterentwicklung arbeiten.

Die Philosophin Martha Nussbaum argumentiert für einen "aspiration-based" statt "preference-based" Ansatz – nicht einfach bestehende Präferenzen zu erfüllen, sondern Räume zu schaffen, in denen Menschen neue, komplexere und erfüllendere Aspirationen entwickeln können. Auf die Liebe angewandt bedeutet dies, nicht einfach bestehende Beziehungsmodelle zu reproduzieren oder zu konsumieren, sondern aktiv an der Entwicklung neuer, befriedigenderer und gerechterer Formen der Verbindung zu arbeiten.

In einer Zeit tiefgreifender Unsicherheit und Transformation bietet die Liebe sowohl besondere Herausforderungen als auch einzigartige Ressourcen. Die Psychologin Sue Johnson beschreibt sichere emotionale Bindungen als "psychologische Sauerstoffzelte" in Zeiten von Stress und Unsicherheit. In diesem Sinne könnten bewusst gestaltete, resiliente Formen der Liebe und Gemeinschaft Ressourcen für die Navigation ungewisser Zukünfte bieten.

Ein Beispiel für diese integrative Vision: Nach Jahren der Reflexion, des Experiments und des Dialogs hat Emma eine komplexe, aber stabile Beziehungswelt entwickelt, die verschiedene Intimitätsformen integriert: eine tiefe Primärpartnerschaft mit flexiblen Grenzen, ein Netzwerk enger Freundschaften mit Fürsorge-Verpflichtungen, eine urbane Wohngemeinschaft mit geteilten Ressourcen, und aktives Engagement in sozialen Bewegungen für beziehungspolitische Transformation. Diese vielschichtige Praxis ist weder eine simple Reproduktion traditioneller Muster noch ein individualistisches "Anything goes", sondern eine bewusst gestaltete

Integration personaler Bedürfnisse und sozialer Verantwortung, gegenwärtiger Möglichkeiten und zukunftsgerichteter Aspiration.

Die Zukunft der Liebe wird weder durch deterministische Kräfte diktiert noch durch isolierte individuelle Entscheidungen bestimmt, sondern entsteht im dynamischen Wechselspiel persönlicher Praktiken, kultureller Narrative, technologischer Entwicklungen, wirtschaftlicher Strukturen und politischer Entscheidungen. In diesem komplexen Feld liegt die Möglichkeit – und Verantwortung – bewusster kollektiver Gestaltung einer Liebeszukunft, die sowohl persönliche Erfüllung als auch soziale Gerechtigkeit fördert, sowohl tiefe Verbundenheit als auch authentische Freiheit ermöglicht, und sowohl gegenwärtige Bedürfnisse als auch langfristige Nachhaltigkeit berücksichtigt. In diesem fortlaufenden Projekt der gemeinsamen Erkundung und Gestaltung liegt vielleicht die tiefste Bedeutung und größte Herausforderung der Liebe in unserer Zeit.

Epilog: Die zeitlose Bedeutung der Liebe

Am Ende unserer philosophischen Reise durch die vielschichtigen Landschaften der Liebe kehren wir zur eingangs gestellten Frage zurück: Was macht die Liebe zu einem so zentralen, zeitlosen Aspekt der menschlichen Erfahrung? Warum bleibt sie, trotz aller kulturellen, historischen und persönlichen Variationen, ein fundamentales Thema menschlichen Nachdenkens und Erlebens?

Die anthropologische Konstante der Liebe

Trotz enormer kultureller Vielfalt und historischer
Variation scheint die Fähigkeit zur Liebe – verstanden als
tiefe emotionale Verbindung, die über rein instrumentelle
Beziehungen hinausgeht – eine anthropologische
Konstante zu sein, die in allen bekannten menschlichen
Gesellschaften in irgendeiner Form zu finden ist.

Der Anthropologe Donald Brown hat in seiner
Erforschung menschlicher Universalien festgestellt, dass
bestimmte emotionale Grundmuster wie die besondere
Bindung zwischen Eltern und Kindern, die Fähigkeit zur
empathischen Anteilnahme und das Erleben von Verlust
bei Trennung kulturübergreifend zu finden sind. Diese
Grundmuster bilden das Substrat, aus dem komplexere
Liebesformen in verschiedenen kulturellen Kontexten
erwachsen.

Die Neurowissenschaftlerin Jaak Panksepp identifizierte
die "Care"-Schaltkreise im Gehirn als eines der
grundlegenden emotionalen Systeme, die wir mit anderen
Säugetieren teilen. Diese neurobiologische Grundlage der
Fürsorge und Verbundenheit ist ein Teil unseres
evolutionären Erbes, der durch kulturelle Praktiken und
persönliche Erfahrungen auf vielfältige Weise geformt
und ausgedrückt wird.

Der Philosoph Martha Nussbaum argumentiert in ihrem
"Capabilities Approach", dass die Fähigkeit, Bindungen
zu anderen Menschen zu entwickeln, zu diesen
fundamentalen menschlichen Fähigkeiten gehört, deren
Entfaltung für ein gelingendes menschliches Leben
notwendig ist. Diese Fähigkeit mag kulturell
unterschiedlich geformt und ausgedrückt werden, bleibt

aber eine grundlegende Dimension menschlichen Gedeihens.

Diese anthropologische Perspektive erinnert uns daran, dass die Liebe nicht nur ein kulturelles Konstrukt oder eine individuelle Präferenz ist, sondern in der biologischen und psychologischen Natur des Menschen wurzelt. Gleichzeitig zeigt die enorme Variabilität ihrer Ausdrucksformen, dass diese Natur nicht deterministisch ist, sondern durch kulturelle, historische und persönliche Faktoren auf vielfältige Weise geformt wird.

Die existenzielle Dimension der Liebe

Jenseits ihrer biologischen und kulturellen Aspekte hat die Liebe eine tiefe existenzielle Dimension – sie berührt grundlegende Fragen unseres Daseins als endliche, verletzliche und nach Sinn suchende Wesen.

Der Philosoph Martin Buber beschreibt in "Ich und Du", wie die authentische Begegnung mit einem Du uns aus der Isolation des separaten Selbst herausführt und in eine Dimension des "Zwischen" bringt, die sowohl Verbundenheit als auch Differenz, sowohl Nähe als auch Respekt für das Geheimnis des anderen umfasst. Diese Form der Begegnung ist für Buber kein Luxus oder Zusatz zum menschlichen Leben, sondern berührt sein innerstes Wesen.

Die Existenzphilosophin Simone de Beauvoir betont in "Das andere Geschlecht" die Ambiguität der menschlichen Existenz – wir sind gleichzeitig freie Subjekte und verkörperte, verletzliche Wesen in einer

Welt mit anderen. Die Liebe kann dieser Ambiguität einen Raum geben, in dem sowohl Freiheit als auch Verbundenheit, sowohl Autonomie als auch gegenseitige Anerkennung möglich sind, wenn auch immer gefährdet und unvollkommen.

Der Psychiater und Holocaust-Überlebende Viktor Frankl beschreibt in "Man's Search for Meaning", wie selbst unter extremsten Bedingungen die Liebe – sei es als konkrete Beziehung oder als inneres Bild – eine Quelle von Sinn und innerer Freiheit sein kann. Für Frankl ist die Liebe eine der grundlegenden Möglichkeiten, in einer oft sinnlos erscheinenden Welt Sinn zu finden und zu schaffen.

Diese existenzielle Perspektive erinnert uns daran, dass die Liebe nicht nur eine emotionale Präferenz oder ein kulturelles Skript ist, sondern eine fundamentale Dimension menschlicher Existenz berührt – unsere Sehnsucht nach Verbundenheit in einer Welt, in der wir grundlegend voneinander getrennt und auf uns selbst zurückgeworfen sind.

Die transformative Kraft der Liebe

Eine der tiefsten Dimensionen der Liebe liegt in ihrer transformativen Kraft – ihrer Fähigkeit, sowohl Individuen als auch soziale Strukturen zu verändern und zu erneuern.

Auf persönlicher Ebene kann die Liebe ein Katalysator für Wachstum, Selbsterkenntnis und Erweiterung des eigenen Horizonts sein. Der Psychologe Carl Rogers

beschreibt, wie bedingungslose positive Wertschätzung –
eine Form der Liebe – Räume schafft, in denen Menschen
ihre authentischsten Potenziale entfalten können. Die
Liebe fordert uns heraus, über uns selbst
hinauszuwachsen, unsere Perspektive zu erweitern und in
der Begegnung mit dem Anderen neue Dimensionen
unseres eigenen Selbst zu entdecken.

Auf sozialer Ebene kann die Liebe eine Kraft für
Gerechtigkeit, Versöhnung und Gemeinschaftsbildung
sein. Martin Luther King Jr.'s Vision der "Beloved
Community" gründete auf der Überzeugung, dass die
Agape – die universelle, tätige Liebe – die Grundlage
einer gerechten und versöhnten Gesellschaft bilden kann.
Für King war Liebe nicht sentimentale Zuneigung,
sondern eine aktive Kraft für soziale Transformation, die
sowohl den Unterdrückten als auch den Unterdrücker
befreien kann.

Die Theologin bell hooks betont in "All About Love",
dass wahre Liebe immer mit Gerechtigkeit verbunden ist
– sie ist keine private Angelegenheit, sondern eine
ethische und politische Praxis, die auf die Transformation
ungerechter Strukturen und die Heilung gesellschaftlicher
Wunden abzielt.

Diese transformative Perspektive erinnert uns daran, dass
die Liebe nicht nur ein privates Gefühl oder eine
persönliche Erfahrung ist, sondern ein aktives Prinzip der
Veränderung, das sowohl in intimen Beziehungen als auch
in größeren sozialen Kontexten wirksam werden kann.

Die spirituelle Dimension der Liebe

In vielen spirituellen und religiösen Traditionen wird die Liebe als zentrale Kraft verstanden, die das Menschliche mit dem Göttlichen oder Transzendenten verbindet.

Im Christentum wird Gott selbst als Liebe definiert (1. Johannes 4,16), und die Liebe zu Gott und zum Nächsten als Erfüllung des Gesetzes betrachtet. Der mittelalterliche Mystiker Meister Eckhart beschreibt die Liebe als den Weg zur Vereinigung mit Gott, während Thomas von Aquin sie als die Tugend betrachtet, die alle anderen Tugenden beseelt und formt.

In der sufistischen Tradition des Islam wird die Liebe (Ishq) als Weg zur Gotteserkenntnis und Einheit verstanden. Dichter wie Rumi und Philosophen wie Al-Ghazali haben elaborierte Verständnisse der Liebe als spirituellem Pfad entwickelt, der vom Weltlichen zum Göttlichen, vom Vergänglichen zum Ewigen führt.

Im Buddhismus stehen Metta (liebende Güte) und Karuna (Mitgefühl) im Zentrum der spirituellen Praxis. Sie werden nicht als emotionale Zustände, sondern als kultivierbare Geisteshaltungen verstanden, die zur Befreiung vom leidhaften Anhaften und zur Erkenntnis der wahren Natur der Wirklichkeit führen können.

In der jüdischen Tradition wird die Liebe zu Gott im Schma Jisrael als zentrales Gebot betont, während die hinduistische Bhakti-Tradition die hingebungsvolle Liebe zu Gott als einen der Hauptwege zur Erlösung betrachtet.

Diese spirituelle Perspektive erinnert uns daran, dass die Liebe in vielen Traditionen mehr ist als ein menschliches Gefühl oder eine soziale Bindung – sie wird als kosmisches Prinzip, als Grundstruktur der Wirklichkeit selbst und als Weg zur Transzendenz der begrenzten individuellen Existenz verstanden.

Die Liebe in einer Zeit des Wandels

In unserer gegenwärtigen Epoche tiefgreifender technologischer, sozialer und ökologischer Transformationen stellt sich die Frage, welche Bedeutung die Liebe für die Navigation dieser Umbrüche haben könnte.

In einer zunehmend digitalisierten und virtualisierten Welt erinnert die Liebe an die Bedeutung verkörperter Präsenz, direkter Begegnung und emotionaler Verletzlichkeit. Gleichzeitig eröffnen neue Technologien auch Möglichkeiten für neuartige Formen der Verbindung und Intimität, die traditionelle Grenzen von Raum, Zeit und Körperlichkeit überschreiten.

In einer Zeit wachsender sozialer Polarisierung und Fragmentierung kann die Liebe Brücken bauen und Räume des Dialogs und der Verständigung schaffen. Die Fähigkeit, den anderen in seiner Andersheit zu respektieren und gleichzeitig eine gemeinsame Menschlichkeit anzuerkennen, wird zu einer zentralen ethischen und politischen Herausforderung.

In einer ökologischen Krise, die unsere fundamentale Verbundenheit mit und Abhängigkeit von der natürlichen Welt offenbart, kann die Liebe als Praxis der Fürsorge und Verbundenheit über menschliche Beziehungen hinaus auf die mehr-als-menschliche Welt ausgedehnt werden. Die Philosophin Joanna Macy spricht von der Notwendigkeit eines "erweiterten Selbst", das die künstliche Trennung zwischen menschlichem und nicht-menschlichem Leben überwindet und Fürsorge für das gesamte Lebensnetz entwickelt.

Diese zeitgenössische Perspektive erinnert uns daran, dass die Liebe keine statische oder zeitlose Essenz ist, sondern eine lebendige Praxis, die sich in Auseinandersetzung mit den Herausforderungen und Möglichkeiten jeder historischen Epoche weiterentwickelt und neue Formen annimmt.

Die fortdauernde Herausforderung der Liebe

Bei all ihren vielfältigen Dimensionen und transformativen Potenzialen bleibt die Liebe immer auch eine Herausforderung – sie ist nie vollständig gesichert oder verwirklicht, sondern immer ein unabgeschlossenes Projekt, eine fortlaufende Praxis, die Mut, Hingabe und kontinuierliche Erneuerung erfordert.